W.K.

Über dieses Buch Mit diesem Band wird eine Einführung in einen neuen Forschungszweig der Geschichtswissenschaft vorgelegt, eine Einführung in die Mentalitätsgeschichte. Nach der Personen-, Ereignis- und Struktur-orientierten Geschichtsschreibung wird derzeit vor allem in Frankreich ein weiterführendes Konzept entwickelt, das sich mit dem Einstellungswandel der unterschiedlichen Gruppen gegenüber ihrem jeweiligen Lebensumfeld befaßt.
Michel Vovelle, einer der wichtigsten Schüler des berühmten französischen Wirtschafts- und Sozialhistorikers Ernest Labrousse, ist an der Universität von Aix-en-Provence die treibende Kraft, die diesen neuen Forschungszweig voranbringt.
Der Autor rekapituliert in einem glänzenden Essay zunächst den faktischen Ablauf der Französischen Revolution, um danach in einem zweiten Teil auf die vielseitige und schillernde Geschichtsschreibung über diese Ereignisse zu kommen.
Im dritten (Haupt-)Teil des Bandes führt Vovelle dann anhand bislang ungenutzten Quellenmaterials vor, was die Mentalitätsgeschichtsschreibung über die Französische Revolution zu sagen hat; zu welch neuen Ergebnissen diese neue Sichtweise führt. Er beschreibt, wie sich Sprache, Einstellung und Verhalten allmählich verändert haben bis zum qualitativen Sprung, der Revolution. Die Volksmenge entdeckte neue Werte, entwickelte neue Vorstellungen vom revolutionären Menschen, demokratisierte ihr gesellschaftliches Leben und veränderte ihr Alltagsverhalten.
Das Buch gehört heute zum festen Bestand jeder Bibliothek, die Literatur zur Französischen Revolution sammelt.

Der Autor Michel Vovelle, geb. 1933, Meisterschüler von Ernest Labrousse, dem Nestor der modernen französischen Wirtschafts- und Sozialgeschichte, Stipendiat der École Normale Superieure von Saint-Cloud, Ordinarius für Neuere Geschichte an der Universität von Aix-en-Provence. Gründer und Leiter des ›Forschungszentrums zur Sozialgeschichte der Mentalitäten und Kulturen‹ in Aix.

Michel Vovelle

Die Französische Revolution

Soziale Bewegung und Umbruch der Mentalitäten

Mit einem Nachwort des Autors
und einer Einführung von Rolf Reichardt

Aus dem Französischen von Peter Schöttler

Fischer
Taschenbuch
Verlag

14.–16. Tausend: Juni 1989

Ungekürzte Ausgabe
Veröffentlicht im Fischer Taschenbuch Verlag GmbH,
Frankfurt am Main, Januar 1985

Die italienische Originalausgabe erschien unter dem Titel
›Breve storia della rivoluzione francese‹

Lizenzausgabe mit freundlicher Genehmigung
des R. Oldenbourg Verlages GmbH, München

Umschlaggestaltung: Jan Buchholz/Reni Hinsch
Foto: Archiv für Kunst und Geschichte, Berlin
Druck und Bindung: Clausen & Bosse, Leck
Printed in Germany
ISBN 3-596-24340-8

Inhalt

Abbildungen

Abkürzungen (Zeitschriftentitel)

AESC *Annales: Economies – Sociétés – Civilisations*
AHRF *Annales historiques de la Révolution française*
HZ *Historische Zeitschrift*
IASL *Internationales Archiv für Sozialgeschichte der deutschen Literatur*
RHES *Revue d'histoire économique et sociale*
RHMC *Revue d'histoire moderne et contemporaine*
ZHF *Zeitschrift für Historische Forschung*

Zur Einführung

Noch eine Geschichte der Französischen Revolution, wie sie im deutschen Sprachbereich bereits von einer ganzen Reihe neuerer Monographen dargestellt, wird, obendrein verfaßt von einem in unseren Buchhandlungen bisher so gut wie unbekannten Autor? Dem nicht zu flüchtigen, halbwegs nachdenklichen Leser des vorliegenden Buches dürfte schon nach wenigen Abschnitten klarwerden, daß solche Zweifel unbegründet sind, daß vielmehr ihr genaues Gegenteil zutrifft. Darin liegt die Rechtfertigung dieses Bandes.

1.

Während schon zu Lebzeiten „klassische" französische Historiker wie Philippe Ariès, François Furet, Pierre Goubert und Emmanuel Le Roy Ladurie deutschen Interessenten und Studierenden der Geschichte seit Jahren durch Übersetzungen wichtiger Bücher zugänglich gemacht werden, sind von Michel Vovelle – und dies erst seit kurzem – bislang nur drei Aufsätze übertragen[1]. Dabei zählt Vovelle zweifellos zu den Meisterschülern von Ernest Labrousse, dem Nestor der modernen französischen Wirtschafts- und Sozialgeschichte, und hat einen ganz wesentlichen Anteil am wissenschaftlichen wie am breiten Publikumserfolg, den diese „Nouvelle Histoire" derzeit in Frankreich und den angelsächsischen Ländern erlebt. Entscheidende Gründe dieses Erfolgs sind aus Vovelles wissenschaftlicher Entwicklung ersichtlich.

Als Labrousse um 1955 sein berühmtes Programm zur Erforschung des alteuropäischen Bürgertums auf völlig neuer – statistischer – Grundlage entwarf, war sein Student Vovelle, Jahrgang 1933, unter den ersten, die an dessen Umsetzung in die Forschung arbeiteten. Gemäß den Grundsätzen der „Neuen Geschichtswissenschaft" tat er das nicht (wie

[1] M. VOVELLE: Die Elite oder der Trug der Wörter (1974), in IRMGARD HARTIG (Hg.): Geburt der bürgerlichen Gesellschaft: 1789, Frankfurt, Suhrkamp 1980 (es 937), S. 236–270; DERS.: Die Einstellungen zum Tode: Methodenprobleme, Ansätze, unterschiedliche Interpretationen (1976), in Arthur E. IMHOF (Hg.): Biologie des Menschen in der Geschichte, Stuttgart, Fromman-Holzboog 1978 (Kultur und Gesellschaft 3), S. 174–197; DERS.: Vom Vendémiaire zum Fructidor des Jahres II: „Die andere Entchristianisierung" (1980), in H. U. GUMBRECHT/R. REICHARDT/T. SCHLEICH (Hg.): Sozialgeschichte der Aufklärung in Frankreich, Teil II, München/Wien, Oldenbourg 1981 (Ancien Régime, Aufklärung und Revolution 4) S. 202–228.

früher üblich) mehr oder weniger global anhand einiger kanonisierter Quellen wie Gesetze und Memoiren, sondern am konkreten Beispiel einer Region und aufgrund über längere Zeiträume erhaltener, jeweils formal gleichartiger archivalischer Quellenmassen (Steuerlisten, Heiratsverträge, Nachlaßverzeichnisse, Erbschaftsregister usw.), die quantifizierende Auswertungen und Aussagen über den durchschnittlichen Alltagsmenschen erlauben; auch beschränkte er sich nicht auf die Zeit des Ancien Régime, sondern führte seine Studien über die magische Grenze von 1789 hinaus. Was er so in seiner (als Ganzes leider nie veröffentlichten) Diplomarbeit über Chartres und sein Umland zu den wirtschaftlichen und bevölkerungsmäßigen Wechselbeziehungen von Stadt und Land, zu Eigenart und Strukturwandel der Rentenbürger beim Übergang von der alten Monarchie zur Restauration zutage förderte[2], ist an Eindringlichkeit, Scharfsicht und Prägnanz unübertroffen; und man mag bedauern, daß er diese „Vorstudien" nicht zu einer systematischen Regionalmonographie ausgebaut hat.

Doch hatte Vovelle, inzwischen Stipendiat der Ecole Normale Supérieure von Saint-Cloud, ein noch höheres Ziel im Auge, seit er als einer der ersten erkannt hatte, daß der von Labrousse geprägten neuen Geschichte der Wirtschaftswechsellagen und Gesellschaftsstrukturen die anthropologisch-sozialpsychische Dimension der gesellschaftlichen Einstellungen und Grundwerte, also der „Mentalitäten" fehlte. Um dies Brachland der quantifizierend-seriellen Sozialhistorie durch eine methodologische Fallstudie zu erschließen, begann er vielversprechende Forschungen über die bäuerlichen Bettlerzüge und Brotunruhen in den Getreideebenen des Pariser Beckens während der Französischen Revolution[3], konnte sie aber nicht zu Ende führen, weil ihm eine Assistentenstelle in Aix-en-Provence die Hochschullaufbahn eröffnete.

Aber wenn er auch mit dem Arbeitsplatz sein Forschungsthema wech-

[2] VOVELLE: Structure et répartition de la fortune foncière et de la fortune mobiliaire dans un ensemble urbain: Chartres de la fin de l'Ancien Régime à la Restauration, in: RHES 36. 1958, S. 385–398; DERS.: Formes de dépendance d'un milieu urbain, Chartres, à l'égard du monde rural, de la fin de l'Ancien Régime à la Restauration, in: *Actes du Congrès national des sociétés savantes, Section d'histoire moderne et contemporaine* 83. 1959, S. 483–512; DERS./DANIEL ROCHE: Bourgeois, rentiers, propriétaires. Eléments pour la définition d'une catégorie sociale à la fin du XVIIIe siècle, in: ebd. 84. 1960, S. 419–452.

[3] VOVELLE: Les taxations populaires de février-mars et novembre-décembre 1792 dans la Beauce et sur ses confins, in: ebd. 82. 1958, S. 107–159; DERS.: De la mendicité au bringandage: les errants en Beauce sous la Révolution, in: ebd. 86. 1962, S. 483–512.

seln mußte, so hielt er doch am Ziel einer mentalitätshistorischen Habilitationsschrift fest. Zunächst nahm er eine breit angelegte Monographie über die radikale Entchristianisierungswelle in der Provence während der Revolution in Angriff. Als jedoch die etablierten Revolutionshistoriker, schon damals von Albert Soboul angeführt, seine – heute als wegweisend erkannte – Vorarbeit[4] als zu wenig „materialistisch" kritisierten, behandelte Vovelle die gleiche Problematik im Rahmen der Ancien-Régime-Forschung, die für neue Arbeitsansätze offener war. Aus Zehntausenden von alten Testamenten, genauer aus ihrem vielfältigen geistlichen Teil, erarbeitete er in wenigen Jahren eine sozial, geographisch und chronologisch höchst differenzierte, durch eine Vielzahl ingeniöser Statistiken und sich wechselseitig kontrollierender Kurven untermauerte Geschichte des Frömmigkeitsschwunds in der Provence von etwa 1680 bis 1790, die von Pierre Chaunu als eigentliche Grundlegung, als „Discours de la méthode" der Mentalitätshistorie gerühmt wurde und immer mehr gleichartigen Feldforschungen als Muster dient[5]. Nachdem er so den wissenschaftlichen Durchbruch erzielt hatte, führte Vovelle sein unterbrochenes Vorhaben über die revolutionäre Entkatholisierung, das er auf ganz Südostfrankreich erweitert hatte, zu Ende, indem er sowohl deren Verbindungslinien zum 18. Jahrhundert als auch ihren Eigencharakter sichtbar machte[6].

Heute darf der Ordinarius für Neuere Geschichte an der Universität Aix-en-Provence, jedenfalls was die Stringenz quantifizierender Methoden und die Ingeniosität graphischer Darstellung betrifft, als der international führende Mentalitätshistoriker gelten. Mit ungewöhnlichem Spürsinn erschließt er ständig weitere bislang ungenutzte Quellen, um dem schleichenden Einstellungswandel in der Gesellschaft des alten Frankreich von immer neuen Seiten auf die Spur zu kommen. So hat er ein vielbeachtetes Buch über die öffentlichen Feste in der Provence vor-

[4] VOVELLE: Prêtres abdicataires et déchristianisation en Provence, in: ebd. 89, Teilband 1, 1965, S. 63–98.

[5] VOVELLE: Piété baroque et déchristianisation en Provence au XVIIIe siècle, Paris, Plon 1973, 697 S., 112 Graphiken. Zur Bedeutung dieses Werkes im Rahmen der Mentalitätsgeschichtsschreibung vgl. R. REICHARDT: „Histoire des Mentalités". Eine neue Dimension der Sozialgeschichte am Beispiel des französischen Ancien Régime, in: IASL 3, 1978, S. 130–166, hier S. 147 ff.; über die konkrete Arbeitsweise im Anschluß an Vovelle berichtet JEAN-MICHEL THIRIET: Methoden der Mentalitätsforschung in der französischen Sozialgeschichte, in: *Ethnologia Europaea* 11. 1979/80, S. 208–225.

[6] VOVELLE: Religion et Révolution: la déchristianisation de l'an II, Paris, Hachette 1976, 316 S., 21 Graph.

gelegt[7] und am Beispiel eines sozialen Aufsteigers und seines Grabmals in Aix mustergültig die Möglichkeiten einer mentalitätshistorischen Biographie demonstriert[8]. Seine in der Habilitationsschrift begonnenen Forschungen über die Einstellungen zum Tode (s. Anm. 5) wurden u. a. durch eine Erhebung über die Altarbilder in der Provence sowie durch eine allgemeine Textdokumentation ergänzt[9] und gipfeln in einer Synthese über den Wandel der gesellschaftlichen Todesauffassung in Westeuropa vom Mittelalter bis zur Gegenwart sowie in einer Untersuchung über die Friedhöfe im 19. und 20. Jahrhundert[10]. Als Gründer und Leiter des Aixer „Forschungszentrums zur Sozialgeschichte der Mentalitäten und der Kulturen" betreut er nicht nur eine ganze Reihe avantgardistischer Dissertationen, sondern organisiert auch sehr anregende Kongresse[11]. Zwei umfangreiche Aufsatzbände sammeln mit seinen kürzeren Beiträgen Marksteine seines Weges von der klassischen Sozial- und Wirtschaftsgeschichte zur Mentalitätshistorie und zeigen einmal mehr, wie stark all seine Arbeit in bodennaher Feldforschung wurzelt[12].

2.

Welche neuen Erkenntnischancen der von Vovelle vertretene Arbeitsansatz für die Geschichte der Französischen Revolution bedeutet, wird erst angesichts der gegenwärtigen Lage der Revolutionshistoriographie – besonders in Frankreich – richtig verständlich. Diese bleibt, von wenigen Ausnahmen abgesehen, in die These verbissen, daß die Französische

[7] VOVELLE: Les métamorphoses de la fête en Provence de 1750 à 1820, Paris, Aubier-Flammarion 1976, 300 S., 6 Taf., 49 Graphiken u. Tabellen.

[8] VOVELLE: L'irrésistible ascension de Joseph Sec, bourgeois d'Aix, Aix-en-Provence, Edisud 1975, 95 S., 10 Taf.

[9] VOVELLE: Mourir autrefois. Attitudes collectives devant la mort aux XVIIe et XVIIIe siècles, Paris, Gallimard/Julliard 1974 (Archives 53), 251 S., 16 Taf., 9 Graph.

[10] VOVELLE: La mort et l'Occident de 1300 à nos jours Paris, 1982; DERS./REGIS BERTRAND: La ville des morts. Essai sur l'imaginaire urbain d'après les cimetières provençaux de 1800 à nos jours, Paris, 1982.

[11] Vgl. u.a. die Kongreßakten: *Iconographie et Histoire des Mentalités,* Paris, CNRS 1979, 189 S., 20 Abb.; *Les Intermédiaires culturels.* Actes du Colloque du Centre méridional d'histoire sociale, des mentalités et des cultures (1978), Aix-en-Provence/Paris, Publications de l'Université de Provence/Champion 1981, 682 S.

[12] VOVELLE: Ville et campagne au 18e siècle. Chartres et la Beauce. Préface d'ERNEST LABROUSSE, Paris, Editions sociales 1980, 307 S., 71 Graph. u. Tab.; DERS.: De la cave au grenier. Un itinéraire en Provence au XVIIIe siècle: de l'histoire sociale à l'histoire des mentalités, Québec, Fleury 1980, 481 S., 125 Graph. u. Tab.

Revolution hauptsächlich ein Umbruch der Wirtschaftsverhältnisse und der Gesellschaftsstruktur gewesen sei. Zugleich beschränkt sie sich in der Regel auf das Jahrzehnt von 1789 bis 1799 mit der Tendenz, dessen historische Besonderheit stillschweigend vorauszusetzen. Beides gilt auch für die verbreitetsten allgemeinen Revolutionsdarstellungen in deutscher Sprache[13]. Mustert man jedoch die empirischen sozio-ökonomischen Regionalstudien der letzten dreißig Jahre sowohl zum Ancien Régime als auch zum 19. Jahrhundert, so erweist sich die Zäsurwirkung der Französischen Revolution als viel geringer, als seit Jean Jaurès weithin angenommen wurde. Eine solche Relativierung herrschender Lehrmeinungen soll nun aber keineswegs das Epochenereignis der Revolution gleichsam in der langfristigen historischen Kontinuität auflösen; vielmehr fordert sie dazu heraus, von der Wissenschaft lange vernachlässigte Lebensbereiche, welche die Revolution vielleicht tiefer veränderte als Wirtschaft und Gesellschaft, in verstärktem Maße zu erforschen und danach den Charakter der Französischen Revolution historisch richtiger zu erfassen[14].

Genau dazu leistet nun Vovelle einen fundamentalen Beitrag. Denn zum einen sind Ancien-Régime- und Revolutionsforschung, herkömmlicherweise scharf getrennte Disziplinen, in seiner Person eine seltene Verbindung eingegangen, die neue, serielle Methoden und Fragestellungen wie die über das Spannungsverhältnis von kurzer und langer historischer Dauer in die Geschichtsschreibung der Französischen Revolution einbringt. Zum anderen zielt sein mentalitätshistorischer Forschungsansatz auf jenen gesellschaftlichen Bereich, in dem die Revolution wohl den radikalsten Umbruch herbeigeführt hat. Daß die folgende Darstellung in ihrem ersten Teil dieser Perspektive nur teilweise folgt, erklärt sich aus der didaktischen Notwendigkeit, zunächst den Ereignisrahmen abzustecken – ein Rahmen allerdings, der viel weniger nach einem vorgefaßten Schema konstruiert ist als bei vielzitierten Standardwerken; und Vovelle hat bewiesen, daß es ihm nicht schwer fallen würde, eine ebenso offen konzipierte politisch-soziale Geschichte der Revolution in mehreren Bänden zu schreiben[15]. Doch anstatt Bekanntes ein weiteres

[13] Reichardt: Die Debatte um die Französische Revolution in deutschen Neuerscheinungen, in: ZHF 5. 1978, S. 70–79.

[14] Ders./Eberhard Schmitt: Die Französische Revolution – Bruch oder Kontinuität?, in: ebd. 7. 1980, S. 257–320.

[15] Vovelle: La chute de la monarchie, 1787–1792, Paris, Le Seuil 1972 (Nouvelle Histoire de la France contemporaine 1), 287 S., 26 Graph.

Mal aufzubereiten, unternimmt er es im zweiten und vor allem im dritten Teil seines vorliegenden Buches zum ersten Mal, die bisher verstreuten, oft von ihm selbst erarbeiteten Bausteine einer Mentalitätsgeschichte der Revolution zu einem Gesamtbild zusammenzufügen: von der treibenden Kraft der kollektiven Ängste und der Psychologie der revolutionären Volksmenge über die sich in politisch-sozialen Schlüsselbegriffen, öffentlichen Festen und einer Art revolutionärer Gegenreligion niederschlagenden neuen Grundwerte bis hin zum gesellschaftlichen Alltagsverhalten in der Familie wie gegenüber dem Tod. Wenn diese Darstellung angesichts unseres heutigen, noch sehr lückenhaften Wissens nicht mehr als eine vorläufige Skizze sein kann, so bietet sie doch eine sehr neuartige Einführung in die Revolutionsgeschichte über die kollektiven Einstellungen und Verhaltensweisen der durchschnittlichen miterlebenden Zeitgenossen. Zugleich schafft sie die Voraussetzung für weitere, systematische Fallstudien auf diesem Gebiet.

Mit einer solchen Konzeption befindet sich Vovelle im Kreise der französischen Revolutionshistoriker in einer delikaten Lage. Die dort äußerlich herrschende Lehrmeinung tut die Mentalitäten nach wie vor als sozialhistorisch irrelevantes „idealistisches" Überbauphänomen ab[16]; und Albert Sobouls Standardwerke, welche dieser Sicht verpflichtet sind, genießen eine so ausschließliche Autorität, daß seit fast zwanzig Jahren praktisch keiner seiner Kollegen gewagt hat, alleine eine neue Revolutionsgeschichte zu veröffentlichen. Daher ist es vielleicht kein Zufall, daß die vorliegende Darstellung zunächst in Italien, bislang aber noch nicht in Frankreich erschienen ist. Mitglied der kritischen Opposition innerhalb der KPF, stößt Vovelle – methodischer – in die gleiche Richtung vor wie François Furet, der neuerdings seine frühere mit Denis Richet entwickelte These von der terroristischen „Entgleisung" der Revolution aufgegeben hat und die wichtigste Errungenschaft der Französischen Revolution in einer neuen politischen Kultur sieht[17]. So erscheint es nicht völlig unmöglich, daß die von Vovelle wesentlich mitentwickelte umfassendere Konzeption von Sozialgeschichte dazu beitragen

[16] VOVELLE: La Révolution française – mutation ou crise des valeurs, in E. SCHMITT/R. REICHARDT (Hg.): Die Französische Revolution – Zufall oder notwendiges Ereignis? Akten des internationalen Symposions (Bamberg, Juni 1979), München/Wien, Oldenbourg 1982 (Ancien Régime, Aufklärung und Revolution), sowie die Diskussion zu diesem Beitrag.

[17] FURET: 1789 – Vom Ereignis zum Gegenstand der Geschichtswissenschaft (1978), übers. von Tamara Schoenbaum-Holtermann, Berlin, Ullstein 1980 (Ullstein-Buch 35053), 250 S.

kann, daß die revolutionshistorischen „Schulen" in Frankreich ihre derzeitige heftige Feindschaft allmählich mildern oder gar überwinden.

3.

Was die redaktionelle Seite des vorliegenden Bandes betrifft, so waren einige Probleme zu überwinden, welche die italienische Erstausgabe mit sich brachte. Wäre diese allein der Übertragung zugrundegelegt worden, hätte dies teilweise zur Fehlleitung des deutschen Lesers geführt, weil die Prägnanz vieler originärer Formulierungen von Vovelle durch die fällige Doppelübersetzung gelitten hätte. Daher geht die deutsche Ausgabe vom ursprünglichen französischen Manuskript aus, das der Autor dankenswerterweise zur Verfügung gestellt hat. Seine adäquate, klare Übersetzung durch Peter Schöttler ist in anbetracht von Vovelles anspielungsreichem Insiderstil eine respektable wissenschaftliche Leistung.

Da ferner die oft für den italienischen Leser bestimmten bibliographischen Angaben des Originals dem deutschen Nichtfachmann wenig weitergeholfen hätten, werden im folgenden zu den zitierten französischen Titeln nach Möglichkeit Übersetzungen genannt. Es ist auch vermerkt, wenn die von Vovelle angeführten Arbeiten neu aufgelegt oder nachgedruckt worden sind[18]. Allerdings sind Übersetzer und Herausgeber nicht so weit gegangen, überall da, wo der Autor locker in den Handbüchern genauer nachgewiesene Quellentexte und Interpretationen zitiert, immer den genauen Beleg zu ermitteln[19]. Anstatt die Argumentation Vovelles zu unterstützen, hätte eine solche schulmeisterliche Nachbesserung die vorliegende Skizze mit einem umfangreichen Anmerkungsapparat belastet und sie damit ihrer Leichtigkeit, ihres experimentierenden Charakters beraubt.

Schließlich geht das vorliegende Buch auch dadurch über seinen italienischen Vorläufer hinaus, daß es zwei Karten sowie ein Register enthält und daß Vovelle die Zeit fand, in einem aktualisierenden Nachwort einige seiner Überlegungen weiterzuführen.

Rolf Reichardt

[18] Bei den Aufsätzen Vovelles konnte nicht nur auf seine neuen Sammelbände (s. Anm. 12) verwiesen werden, weil diese auf viele Anmerkungen verzichten.

[19] Weiterführende Hinweise – nicht zuletzt für deutsche Arbeiten, die Vovelle kaum nennt – bei E. SCHMITT: Einführung in die Geschichte der Französischen Revolution, 2. Aufl., München, Beck 1980.

Vorbemerkung

Noch vor kurzem schien die Geschichtswissenschaft sich von der Französischen Revolution abzuwenden. War sie nicht lediglich ein „pathetisches" Ereignis, das sich gegen einen Forschungsansatz sperrte, der zunehmend die lange Dauer säkularer Entwicklungsprozesse in den Vordergrund stellte?

Aber ein derartig massives Ereignis, das sich in der Geschichte nicht nur Frankreichs, sondern auch der Menschheit als entscheidender Einschnitt erwiesen hat, läßt sich nicht einfach ausklammern.

Oder sollte die Französische Revolution nur ein „Mythos" sein, wie manche behauptet haben?

Bevor wir auf diese recht dreiste Frage eine Antwort geben, ist es wohl angebracht, zunächst in aller Bescheidenheit den Ablauf der Revolution zu verfolgen und dem Bericht einen entsprechenden Platz einzuräumen.

Anschließend werden wir dann etwas Abstand nehmen, um zunächst das Problemfeld der Interpretationen zu umreißen und schließlich anhand der Mentalitätsgeschichte eines der wichtigsten Arbeitsfelder der neueren Revolutionsforschung vorzustellen.

Erster Teil: Die Geschichte

I. DIE ENTSTEHUNG DER REVOLUTION

1. Die Krise des Ancien Régime

Die Revolution verfolgte die Absicht, die *Feudalität* zu zerstören. Moderne Historiker haben manchmal aus Purismus diesen Begriff abgelehnt oder zumindest korrigiert, da er sicherlich eher auf das mittelalterliche Gesellschaftssystem als auf das Ancien Régime zutrifft. Die revolutionären Juristen hatten aber bei dem Wort „Feudalität" eine genaue Vorstellung im Kopf: Bei den von ihnen in Frage gestellten Strukturen lassen sich leicht die charakteristischen Merkmale der „feudalen" Produktionsweise oder des Feudalismus im heutigen Sinne wiederfinden. Das Frankreich von 1789 ist eine Illustration dieses Systems, allerdings mit einigen spezifischen Merkmalen, deren Bedeutung im Verlauf der Französischen Revolution immer wieder sichtbar wird. Von Feudalismus sprechen, heißt zunächst, das traditionelle Wirtschaftssystem einer vom Agrarsektor dominierten Welt anzusprechen. Die Landbevölkerung stellte 1789 85% der Franzosen, und die Wirtschaftskonjunktur wurde immer noch wesentlich durch den Rhythmus von Hungersnöten und Ernährungskrisen bestimmt. Ökonomische Einbrüche sind in diesem System immer zugleich Krisen der bäuerlichen Unterproduktion. Gegenüber diesen wesentlichen Faktoren und trotz des ständigen Rückgangs der großen Hungersnöte vergangener Jahrhunderte ist die Industrie nur von zweitrangiger Bedeutung. Der im Vergleich zu England besonders frappierende Traditionalismus und die Rückständigkeit der bäuerlichen Techniken verstärken das Bild einer in vieler Hinsicht „unbeweglichen" Provinz. Das gesamte Gesellschaftssystem spiegelt noch die Bedeutung der „seigneurialen" Abgaben. Der Adel als Gruppe verfügt über einen Großteil des französischen Bodens – nahezu 30% –, während der Klerus als ein weiterer privilegierter Stand vermutlich 6 bis 10% besitzt. Insgesamt befindet sich mehr als ein Drittel des Bodens in den Händen der Privilegierten. Vor allem aber – und darin liegt das wichtigste Erbe des Feudalismus – ist der Boden mit feudalen und seigneurialen Abgaben belastet, die an das „unmittelbare" Eigentum des Grundherrn an dem von seinen Grundholden – den Bauern – bearbeiteten Boden erinnern. Diese Belastungen sind äußerst vielfältig, weshalb sie in der Juristensprache als „complexum feudale" bezeichnet werden. Zu ihnen gehören Geldleistungen wie der *cens,* aber auch der als besonders belastend empfundene *champart,* d. h. ein bestimmter abzuliefernder Ernteanteil. Daneben gibt es noch viele weitere Abgaben, von denen einige jährlich zu zahlen sind, andere gelegentlich, manche in bar, manche in Naturalien. So gibt es die *lods et ventes* (Wechselrente bei Verkauf oder Vererbung von Besitz), den *hommage* (Abgabe bei Lehensantritt), die *aveux* (Lehensanerkennungsgebühren) und die *banalités* (Banngerechtsame), wobei die zuletzt genannten Lasten das seigneuriale Monopol auf Windmühlen, Backöfen oder Keltern zum Ausdruck bringen. Schließlich besitzt der Grundherr noch das Recht, über die Bauern seiner Ländereien zu Gericht zu sitzen – was die Bauern freilich in zunehmendem Maße dadurch umgehen, daß sie sich direkt an die königliche Justiz wenden. In manchen Provinzen des Königreichs gibt es außerdem noch persönliche Frondienste, die auf den *mainmortables* (Schollengebundenen) lasten, deren Bewegungsfreiheit (Heirat, Erbschaft) beschränkt ist.

Bei diesem zwangsläufig verkürzenden Überblick ist vor allem auf die besondere Stellung Frankreichs innerhalb der allgemeinen Krise des europäischen Feudalismus hinzuweisen. Das französische Agrarsystem des 18. Jahrhunderts wird gewöhnlich dem englischen System gegenübergestellt, in dem die radikale Zerstörung der feudalen Überreste bereits zu einer kapitalistischen Landwirtschaft geführt hat. Umgekehrt läßt sich die französische Entwicklung aber auch mit den Modellen Mittel- und Osteuropas vergleichen, wo sich die Aristokratie, die fast das gesamte Land besitzt, im 19. Jahrhundert manchmal mehr und mehr auf die Zwangsarbeit leibeigener, an die Scholle gebundener Bauern stützt. Die französische Version des Feudalismus befindet sich auf halbem Wege zwischen diesen beiden Systemen und wird vielleicht gerade deshalb als besonders unerträglich empfunden, weil sie das letzte Zersetzungsstadium schon erreicht hat. Die französische Bauernschaft verfügt über Eigentum und ist äußerst differenziert; auch fällt ihr eine wichtige Rolle in den revolutionären Kämpfen an der Seite der Bourgeoisie zu, während der Adel gesellschaftlich und ökonomisch weit weniger mächtig ist als in Osteuropa. Vergleicht man andererseits die französische Gesellschaft mit weiter fortgeschrittenen Gesellschaften, für die England das

Modell ist, so wird deutlich, was alles in den revolutionären Auseinandersetzungen auf dem Spiel steht.

Eine ganze Strömung innerhalb der französischen Historiographie hat noch vor kurzem behauptet, daß sich eine moderne Klassenanalyse auf das Frankreich des klassischen Zeitalters nicht anwenden lasse. Für R. Mousnier z. B. ist die französische Gesellschaft jener Zeit eher eine Stände- denn eine Klassengesellschaft. Dabei wird nicht nur die an die offizielle Dreiteilung in Adel, Klerus und *Tiers Etat* gedacht, sondern auch an die Organisationsnormen einer hierarchisierten, pyramidenförmig aufgebauten Welt. Es fällt leicht, sich die französische Gesellschaft bildlich vorzustellen. Man braucht nur den Aufmarsch der Abgeordneten der drei Stände bei der Eröffnungszeremonie der *Etats Généraux* im Mai 1789 zu betrachten: Zunächst kommt der Klerus – als erster privilegierter Stand –, der jedoch selbst ein heterogenes Gemisch aus hohem und niederem Klerus ist; dann der Adel und schließlich der „Dritte Stand", einfach gekleidet in seinen schwarzen Röcken. Eine solche Hierarchie ist keine pure Illusion; die Privilegierten haben in der Tat einen ganz besonderen Status. Klerus und Adel verfügen über Steuerprivilegien, die sie nahezu vollständig von den königlichen Steuern befreien. Außerdem gibt es Ehrenrechte oder Privilegien bei der Stellenvergabe: So wird der Dritte Stand am Ende des Ancien Régime in zunehmendem Maße vom Offizierskorps ausgeschlossen. Man spricht von einem „Wasserfall der Verachtung", der von den Privilegierten auf die Bürgerlichen niedergehe, und es fällt leicht, konkrete Beispiele anzuführen, um das Wort vom „gesellschaftlichen Eckensteher" zu erklären, das auf den französischen Bürger am Ende des Ancien Régime angewandt worden ist. Diese sozialpsychologische Hierarchie der „Ehren" wird umso mehr herausgekehrt, als sie in schreiendem Widerspruch zu den gesellschaftlichen Realitäten steht und sich hinter der Fiktion einer Ständegesellschaft bereits die Wirklichkeit der Klassenkonfrontation abzeichnet.

Neben dem Feudalismus und der Ständestruktur der Gesellschaft ist der Absolutismus die dritte Komponente des bedrohten Gleichgewichts des Ancien Régime. Zwar gibt es keine vollständige Überlagerung von Absolutismus und Ständegesellschaft, da die Privilegierten der wirklichen Revolution durch eine Verschwörung gegen den königlichen Absolutismus zuvorkommen, aber die Garantie einer Sozialordnung, die die Macht der Privilegierten sichert, findet im Bild des allmächtigen Königs, der zum lebendigen Gesetz für seine Untertanen geworden ist, ihren idealen Ausdruck. Im klassischen Zeitalter hat sich das französische

Königreich – neben Spanien – als das vollendete Beispiel eines staatlichen Systems durchgesetzt, in dem der König gegenüber seinen „Ratgebern" eine Autorität ohne nennenswertes Gegengewicht darstellt. Ludwig XVI. übt sein Amt seit 1774 aus: eine mittelmäßige Figur mit einer bedeutsamen Rolle. Seit Ludwig XIV. hat die Monarchie die Träger der staatlichen Zentralisierung – die Polizei-, Gerichts- und Finanzintendanten – durchgesetzt, von denen behauptet wird, sie seien „der König in seinen Provinzen", weil sie das Land von den Generalitäten aus verwalten. Gleichzeitig hat die Monarchie auch die Domestizierung der „korporativen Zwischengewalten" (Montesquieu) durchgesetzt. Beispielhaft dafür ist ihre Politik gegenüber den Parlamenten, also jenen Gerichtshöfen, die die höchste Instanz der königlichen Justiz in den Provinzen bilden. Im Mittelpunkt des politischen Systems des Ancien Régime steht die Monarchie von Gottes Gnaden: Der König wird bei seiner Krönung mit dem Öl aus der „heiligen Phiole" gesalbt; er ist ein wundertätiger König, der durch seine Berührung Aussätzige heilt. Als Vaterfigur und heilige Person ist der König zugleich oberster Kirchenherr, da der Katholizismus Staatsreligion ist und das Religionssystem erst in den letzten Jahren des Ancien Régime (1787) eine gewisse Toleranz gegenüber Protestanten entwickelt. 1789 befindet sich diese ganze alte Welt in einer Krise: Die Ursachen dafür sind – wie wir gleich noch sehen werden – äußerst vielfältig, aber es ist offenkundig, daß das gesamte System tiefe Risse aufweist. Allgemein beklagt werden vor allem die Schwächen des Staatsapparates – aber waren dies wirklich die wichtigsten?

Nicht nur von den Zeitgenossen, auch von den klassischen Darstellungen der modernen Historiographie ist dieser Aspekt besonders betont worden. Man hat z. B. das Chaos der sich überschneidenden territorialen Zuständigkeiten beschrieben, wo die Verwaltung, das Gerichtswesen, das Steuerwesen oder die Kirche jeweils andere Einheiten bildeten. Die ehemaligen „Provinzen", die nur noch im Rahmen der Militärverwaltung existierten, deckten sich keineswegs mit den „Generalitäten", in denen die Intendanten wirkten, und auch nicht mit den *Bailliages* des nördlichen und den *Sénéchaussées* des südlichen Frankreich (vergleichbar den deutschen Vogteien), die Verwaltungs- und Gerichtsbezirke zugleich darstellten. Wie andere absolute Monarchien auch, aber in größerem Maße, litt das Frankreich des ausgehenden 18. Jahrhunderts unter der Schwäche und Inkohärenz des königlichen Steuersystems. Dessen Lasten unterschieden sich je nach sozialer Gruppe – Privilegierte oder Nichtprivilegierte –, aber auch je nach Ort und Region – ob Norden oder Süden, ob (meist „abonnierte“) Stadt oder plattes Land. Der Druck dieses Erbes ist natürlich nichts Neues, aber am Ende des 18. Jahrhunderts dringt er ganz besonders ins öffentliche Bewußtsein und wird geradezu unerträglich. Woher diese Sensibilisierung? Ein Historiker – François Furet – hat kürzlich geschrieben, damals sei der „Reformwille der Monarchie versiegt“. Allerdings wäre dann zu klären, warum es keinen französischen Aufgeklärten Absolutismus gegeben hat. Damit sind wir von der Krise der Institutionen erneut auf die Krise der Gesellschaft verwiesen. Die soziale Krise am Ende des Ancien Régime bedeutet nämlich eine grundsätzliche Infragestellung der bestehenden Gesellschaftsordnung: Zwar ist sie sehr diffus und vielschichtig, aber in einigen Bereichen wird sie besonders spürbar. So etwa im relativen Niedergang des Adels. Aufs ganze gesehen, lebt ein Teil des Adels weit über seine Verhältnisse und verschuldet sich. Dies gilt sowohl für den parasitären Hochadel am Hof von Versailles, der von der königlichen Gunst abhängt, als auch für die meisten alteingesessenen, aber verarmten Provinzadeligen. Dem läßt sich natürlich die Existenz eines dynamischen Landadels entgegenhalten, welcher der von den Physiokraten verherrlichten „Grundbesitzerklasse“ angehört und im Laufe des Jahrhunderts bzw. vor allem nach 1750 von der Grundrente profitiert hat. Aber dieser aus Renten gewonnene Reichtum geht im Verhältnis zur bürgerlichen Profitexplosion immer mehr zurück. Der kollektive Niedergang des Adels kann je nach Situation verschiedene Reaktionen hervorrufen. Sogar innerhalb der Adelskaste selbst häufen sich die Beispiele für eine Verweigerung der Klassensolidarität, so etwa bei den deklassierten Adligen, für die Mirabeau oder auch der Marquis de Sade ein Beispiel sind. Die kollektive Haltung des Adels äußert sich freilich eher in dem, was man die „adlige“ bzw. „aristokratische Reaktion“ nennt: Die Grundherren lassen alte Rechte wiederaufleben und eignen sich – meist mit Erfolg – das bäuerliche Gemeindeland an, bzw. stellen die entsprechenden Nutzungsrechte der Gemeinden in Frage. Die seigneuriale Reaktion auf dem Lande geht mit einer triumphierenden adligen Reaktion einher. Die Zeiten sind vorbei, wo die absolutistische Monarchie – wie noch unter Ludwig XIV. – aus der „häßlichen Bourgeoisie“ (wie Saint-Simon sagte) die höchsten Beamten ihrer Macht rekrutierte. Vielmehr gilt das aristokratische Monopol auf den staatlichen Regierungsapparat nun wieder ungebrochen, wobei Necker als Bankier und Bürgerlicher nur die Ausnahme ist, die die Regel bestätigt. Auf den verschiedenen Stufen der Hierarchie verteidigen die Körperschaften oder „Gesellschaften" die jeweils über Bruchstücke der Macht verfügen – Gerichtshöfe, Domkapitel –, das adlige Privileg oder verstärken es sogar. Die Monarchie hat diese Entwicklung sanktioniert und in den letzten Jahrzehnten des Ancien Régime den Zugang zum Offiziersrang (in der Armee wie in der Marine) für aufsteigende Bürgerliche versperrt. Die Macht der Hofgenealogen (Chérin z. B.) ist mehr als nur eine symbolische. Indem die seigneuriale und adlige Reaktion die Feindschaft der Bauern wie der Bürger provoziert, hat sie wesentlich zum Aufkommen des vorrevolutionären Klimas beigetragen. Und die Monarchie hat sich kompromittiert, indem sie dies unterstützte. Es ist nur scheinbar paradox, wenn die Krise der alten Welt sich in dieser Situation auch in Spannungen zwischen absoluter Monarchie und Adel äußert. Vielfach ist diese Periode zwischen 1787 und 1789 als „aristokratische Revolution" oder „Adelsrevolte", manchmal auch als „Vorrevolution" bezeichnet worden. 1787 beruft Calonne, ein im großen und ganzen liberaler Minister, eine Notabelnversammlung ein, um die Finanzkrise zu lösen. Aber er stößt auf die Halsstarrigkeit der Privilegierten. Sie greifen den Absolutismus in der Person seines unbedeutenden Ministers an, und der bedrohte Calonne tritt zurück. Sein Nachfolger, Loménie de Brienne, sucht direkte Verhandlungen mit den hohen Gerichtshöfen – den Parlamenten. Nach alter Tradition bringen diese ihre „Remonstrationen" vor und finden dann eine widersprüchliche Unterstützung im Volk, als sie zum ersten Mal seit 1614 wieder eine Einberufung der „Generalstände" des Königreiches vorschlagen. Hinter dieser liberalen Fassade verteidigen sie allerdings nur ihre Klassenprivilegien, indem sie jeden Kompromiß, der das monarchische System hätte retten können, ablehnen.

2. Der Angriff der neuen Kräfte

Die entscheidende Krise des Ancien Régime läßt sich aber nicht ausschließlich durch dessen innere Widersprüche erklären: Das System ist zugleich nämlich auch von außen, durch die Bourgeoisie und die unteren Volksklassen angegriffen worden. Dieses seinerseits widersprüchliche Bündnis führt zu der klassischen Frage: War die Französische Revolution eine Revolution des Elends oder eine Revolution des Wohlstands? Das mag wie eine rein akademische Debatte erscheinen, in der sich Michelet und Jaurès über die Zeiten hinweg gegenüberstehen. Aber diese

Kontroverse ist nach wie vor aktuell. Michelet, der das Elend betont, verweist nicht zu unrecht auf die prekäre Lage der meisten Bauern. Die Landarbeiter (*manouvriers* oder *brassiers*) sowie auch die Halbpächter (*métayers*) bildeten damals die Masse der als „konsumierende" Bauern bezeichneten Gruppe, jener also, die nicht genügend produzierte, um ihren Eigenbedarf zu decken. Für diese Bauern ist das ökonomische 18. Jahrhundert keineswegs so „glorreich", wie oft behauptet wird. Das langanhaltende Ansteigen der Agrarpreise begünstigt die Großpächter, die ihren Überschuß verkaufen, aber belastet die Unterschichten. Ist der Aufschwung des Jahrhunderts also spurlos an ihnen vorübergegangen? E. Labrousse hat dazu treffend bemerkt, sie hätten sich „wenigstens ihr Leben verdient". In der Tat gehen in demographischer Hinsicht vor allem während der zweiten Hälfte des 18. Jahrhunderts die großen, mit den steigenden Getreidepreisen verbundenen Hungersnöte zurück bzw. verschwinden ganz. Aber das neue Gleichgewicht bleibt bedroht, und innerhalb dieser Ökonomie alten Stils bleibt das Elend des Volkes eine unbestreitbare Realität. Dennoch wäre es unzutreffend, würde man die Beteiligung des Volkes an der Revolution in all ihren städtischen und ländlichen Formen auf einen Ausbruch primitiver Rebellion reduzieren. Vielmehr verbindet sie sich mit der bürgerlichen Revolution, die ganz eindeutig in der Kontinuität eines säkularen Aufschwungs der Wirtschaft stattfindet. Das Ansteigen der Preise und folglich der Zinsen und Profite hat zu Beginn der 1730er Jahre begonnen und wird bis 1817 anhalten (nicht ohne Einbrüche in Form von Wirtschaftskrisen oder – etwas längerfristig – ohne einen interzyklischen Abschwung zwischen 1770 und dem Beginn der Revolution). Oberflächlich betrachtet ist der Wohlstand des Jahrhunderts nicht zu bestreiten. Die französische Bevölkerung nimmt zu; vor allem in der zweiten Jahrhunderthälfte wächst sie von 20 auf 26 Millionen Einwohner. Nach Rußland ist Frankreich das volkreichste Land Europas.

Die französische Historiographie hat traditionellerweise in der Bourgeoisie die hauptsächliche Nutznießerin dieses säkularen Aufschwungs gesehen. Diesem Erklärungsansatz ist, wie wir noch sehen werden, in letzter Zeit durch die angelsächsische Schule, aber auch in Frankreich das Argument entgegengehalten worden, daß es 1789 eine Bourgeoisie im heutigen Sinne noch gar nicht gegeben habe. Auch wenn wir später auf diese Frage noch zurückkommen, verweist sie uns hier doch auf die Notwendigkeit einer präziseren Definition dieser Gruppe, die man sich weder monolithisch noch allbeherrschend vorstellen sollte. Im Frankreich von 1789 macht die Stadtbevölkerung allenfalls 5% aus. Die städtischen Bürgerschichten beziehen häufig den wichtigsten Teil ihrer Einkünfte aus der Grundrente und nicht aus dem Profit. Die *bourgeois* versuchen nämlich dadurch aufzusteigen, daß sie Ländereien und Grundstücke oder möglichst sogar königliche Offizierspatente kaufen, die ihren Eigentümern einen erblichen Adel verleihen. Auch lebt ein Teil dieser Bourgeoisie, der einzige, der sich in den Texten selbst als *bourgeois* bezeichnet, ausschließlich von seinen Renten, d. h. (wie man damals sagte) „auf adlige Weise", und ahmte den adligen Lebensstil nach. Die Mehrheit der Bourgeoisie im weitesten Sinne ist freilich in produktiven Unternehmungen engagiert: Hier finden wir die Masse der kleinen unabhängigen Produzenten – Kleinhändler und Handwerker –, je nach Ort in Zünften organisiert oder nicht, weiterhin die Unternehmer, Kaufleute und Händler, von denen viele in Hafenstädten wie Nantes, La Rochelle, Bordeaux oder Marseille ihren Reichtum aus dem Überseehandel beziehen. Schließlich gehören hierzu auch die Bankiers und Finanziers, die in einzelnen Handelsorten wie z. B. Lyon, vor allem aber in Paris konzentriert sind. Es gibt auch eine industrielle Bourgeoisie im engeren Sinne, die Unternehmer und Fabrikanten umfaßt, aber sie spielt in einer Welt, in der die modernen Produktionstechniken (Bergbau, eisenschaffende oder -verarbeitende Industrien) noch in den Anfängen stecken und die Textilindustrie noch weitgehend dominiert, nur eine zweitrangige Rolle. Das 18. Jahrhundert ist die Zeit des Handelskapitalismus, für den die Kaufherren mit Wolle, Baumwolle oder auch Seide (Lyon) das Beispiel geben. Sie kontrollieren eine weitverzweigte Produktion städtischer oder ländlicher Werkmeister, die unter ihrer Abhängigkeit arbeiten. Daneben umfaßt die Finanzbourgeoisie aber auch eine Welt von Staatsanwälten, Advokaten, Notaren und Ärzten, kurzum: die Mitglieder der „freien Berufe", die während der Revolution eine wichtige Rolle spielen. Ihre Stellung ist nicht immer ganz eindeutig: Von ihrer Funktion her erwartet man oft, daß sie das alte System verteidigen, von dem sie ja leben. Aber zugleich betonen sie ihre ideologische Unabhängigkeit und ihre Zugehörigkeit zur Bourgeoisie. Denn die Bourgeoisie erweist ihre Existenz vor allem dadurch, daß sie ein kohärentes Programm und einheitliche Grundideen verfolgt und sich gegenüber den anderen sozialen Gruppen, die ganz oder teilweise den revolutionären Kampf mit ihr zusammen führen werden, als Trägerin des Fortschritts begreift. Handwerker und Kleinhändler sowie deren Gesellen und Gehilfen, die mit ihnen zusammenwohnen, bleiben von der

Bourgeoisie auch dann ideologisch abhängig, wenn sie eigene Kampfziele verfolgen. Erst recht aber wäre es verfrüht, von den städtischen Lohnarbeitern ein autonomes Klassenbewußtsein zu erwarten.

Trotz all ihrer ökonomischen, sozialen und kulturellen Zerklüftung ist die entstehende Bourgeoisie diejenige kollektive Kraft, die der Revolution ihr Programm verleiht. Die Aufklärungsphilosophie ist längst formuliert und in einfache Schlagworte umgemünzt worden. Ein Teil der Literatur sowie bestimmte Geselligkeitsformen (vor allem die Freimaurerlogen) besorgen ihre Verbreitung. Die in einfache Formeln gestanzten Grundgedanken der *lumières* – Freiheit, Gleichheit, Glück, repräsentative Regierung usw. – werden im Zusammenhang mit der Krise von 1789 eine einzigartige Durchsetzungschance erhalten. Auch werden die unmittelbaren Ursachen dieser Krise erst vor dem Hintergrund dieser tieferliegenden Ursachen deutlich sichtbar.

Die ökonomische Krise, die vor allem die unteren Volksschichten trifft, hat zunächst die Formen der Unzufriedenheit verschärft. Die ersten Anzeichen der Flaute zeichnen sich schon in den 80er Jahren auf dem flachen Lande ab: stagnierende Getreidepreise, eine ernste Überproduktionskrise im Weinbau und gleichzeitig (1786) ein französisch-englischer Handelsvertrag, der die Textilindustrie in Schwierigkeiten bringt. In diesem ungünstigen Zusammenhang werden 1788 aufgrund einer extrem schlechten Ernte die stagnierenden Preise plötzlich in die Höhe getrieben; eine Preissteigerung um 150% ist keine Seltenheit. Die Städte geraten in Aufruhr: Im April 1789 erhebt sich der Faubourg Saint-Antoine – ein volkstümliches Viertel in Paris –, und auch in vielen Provinzstädten brechen Unruhen aus. Die mit der Teuerung verbundenen Sozialkonflikte geben der politischen Krise, die bis dahin auf das Problem der Staatsverschuldung zugespitzt war, eine neue Dimension. Diese Verschuldung war so alt wie die Monarchie. Aber erst jetzt wurde sie zum sichtbarsten Anzeichen für die institutionelle und gesellschaftliche Krise. Auch hatte sie vor allem seit dem amerikanischen Unabhängigkeitskrieg derartig zugenommen, daß alle üblichen Lösungen versperrt waren.

Zu den unmittelbaren Ursachen des Konflikts gehört schließlich auch die besondere Persönlichkeit des Königs. Ludwig XVI. regiert seit 1774. Er ist gutmütig, aber wenig begabt und ganz gewiß nicht der Mann der Stunde. Auch die Person der Königin Marie-Antoinette, durch die die gefährliche Lobby des Hofadels ihren Einfluß ausübt, ist nicht dazu angetan, die Situation zu verbessern. Es liegt jedoch auf der Hand, daß in einer solchen Konstellation, in der so viele wesentliche Faktoren zusammenkommen, eine einzelne Persönlichkeit – und sei es der König – den Lauf der Dinge ohnehin kaum hätte ändern können. Wie schon erwähnt, haben zwei Minister, Calonne und Loménie de Brienne, vergeblich versucht, ihre Projekte zur Steuerreform gegen die in der Notabelnversammlung repräsentierten Privilegierten ebenso wie gegen die Parlamente durchzusetzen. Aber die ablehnende Haltung dieser Institutionen, die dann zur „Adelsrevolte" führt, hatte für deren Urheber unvorhergesehene Konsequenzen: In der Bretagne oder im Dauphiné nahm die Forderung nach Einberufung der Generalstände geradezu eine revolutionäre Färbung an. Im August 1788 gab der König dieser Forderung nach, während er gleichzeitig den Bankier Necker, eine populäre Persönlichkeit, zum Minister machte und ihm die Leitung der Geschäfte übertrug.

II. DIE BÜRGERLICHE REVOLUTION

1. Die verfassungsgebende Revolution (1789–1791)

War es *eine* Revolution oder waren es drei? Im Sommer '89, so sagt man, habe es zunächst eine institutionelle oder parlamentarische Revolution gegeben, daneben aber auch eine städtische oder munizipale und schließlich eine bäuerliche. Unter didaktischen Gesichtspunkten ist eine solche Darstellung durchaus nützlich.

Die Generalstände waren am 5. Mai 1789 feierlich eröffnet worden. Weniger als drei Monate später, am 9. Juli, erklärten sie sich zur konstituierenden Nationalversammlung, und der Sieg der Pariser Volksmassen am 14. Juli vollendete dann die erfolgreiche Entwicklung. Diese drei entscheidenden Monate haben bis in die letzten Konsequenzen hinein die Elemente einer explosiven Konstellation herausgebildet. Im Wahlkampf hatte das französische Volk zum ersten Mal in seiner Geschichte das Rederecht erhalten. Es hatte diese Möglichkeit in seinen Versammlungen wahrgenommen und die *cahiers de doléances* (Beschwerdehefte) formuliert, die in ihrer ganzen Vielfalt – von naivsten Bittschriften bis hin zu ausgefeilten Programmen – noch heute ein eindrucksvolles Zeugnis für die kollektive Hoffnung auf Veränderung darstellen. Das veraltete Eröffnungszeremoniell der Generalstände schien wenig geeignet, diesen Hoffnungen Ausdruck zu verleihen. Aber gleich zu Anfang, beim

Problem der Abstimmung „nach Köpfen“ oder „nach Ständen“, ließ der Dritte Stand die Privilegierten spüren, welche Stelle er einzunehmen gedachte. Am 20. Juni 1789 schworen die Abgeordneten des Dritten Standes im Ballhaus zu Versailles, „sich niemals zu trennen ... bis die Verfassung vollendet ist“. Die „königliche Sitzung“ am 23. Juni, auf der Ludwig XVI. die Zügel wieder in die Hand nehmen wollte, bestätigte die Entschlossenheit des Tiers, der durch einen seiner Sprecher (Bailly) erklären ließ, daß „die versammelte Nation keine Befehle zu empfangen hat“. Obwohl die Abgeordneten des Dritten Standes sich nun als „Nationalversammlung“ bezeichnen und auch die Privilegierten gezwungen haben, – wohl oder übel – mit ihnen zusammen zu tagen, spüren sie doch, als sich die königliche Gegenoffensive abzeichnet, wie prekär ihre Situation eigentlich ist: Truppen werden in Paris konzentriert, und am 11. Juni wird Necker entlassen. Nun aber schreitet die Pariser Bevölkerung ein und beginnt sich revolutionär zu organisieren. Mit Hilfe der Wahlversammlungen zu den Generalständen hat die Pariser Bourgeoisie seit Anfang Juni die Grundlagen einer neuen Machtstruktur gelegt, und das Volk von Paris hat begonnen, sich zu bewaffnen. Die aufkommende Unruhe nach Neckers Entlassung führt zum entscheidenden 14. Juli: das Volk erobert die Bastille, königliches Gefängnis und Trutzburg zugleich. Aber diese Episode geht über das punktuelle Ereignis hinaus: Mit der Bastille wird das Symbol der königlichen Willkür und gewissermaßen des Ancien Régime gestürmt. Die Revolution der Pariser Bevölkerung nimmt nun ihren Lauf: Noch im Juli wird der Intendant der Generalität von Paris, Bertier de Sauvigny, umgebracht. Vor allem aber kommt es am 5. und 6. Oktober – angesichts neuer militärischer Drohungen – zum Marsch der Männer und Frauen von Paris nach Versailles, um die königliche Familie in die Hauptstadt zu holen: „den Bäcker, die Bäckerin und den kleinen Bäckerlehrling“. Eine politische Forderung (Kontrolle über die königliche Familie) verbindet sich hier mit einer ökonomischen. Auch läßt sich aus dieser Ereignisfolge erkennen, welcher Zusammenhang zwischen der parlamentarischen Revolution in der Nationalversammlung und der Volksrevolution auf der Straße besteht. Zwar verhält sich die Bourgeoisie zurückhaltend gegenüber den Gewaltaktionen des Volkes und den brutalen Formen des Kampfes um das tägliche Brot, aber zwischen diesen beiden Revolutionen besteht mehr als nur eine zufällige Koinzidenz: Dank der Interventionen des Volkes hat die parlamentarische Revolution ihre Erfolge materialisieren können, dank des 14. Juli hat der König schon am 16. nachgegeben,

Necker zurückgerufen und die blau-weiß-rote Cocarde – das Symbol der neuen Zeiten – tragen müssen. Auch haben dann erst die Oktobertage der geplanten Reaktion Einhalt geboten.

Der Druck der Volksmassen ist in diesem Stadium bei weitem nicht auf Paris beschränkt. Nach dem Vorbild der Hauptstadt haben zahlreiche Städte ihre „Munizipalrevolution" vollzogen. Friedlich, wenn die alten Behörden ohne weiteres abdanken, aber auch mit Gewalt, wenn es – wie in Bordeaux, Straßburg oder Marseille – zu Kämpfen kommt.

Die sogenannte „bäuerliche Revolution" schließlich ist nicht bloß ein Nebenprodukt dieser städtischen Revolution. Vielmehr hat sie ihren eigenen Rhythmus und ihre spezifischen Ziele. Nach den ersten Erhebungen im Frühjahr 1789 haben sich die Agrarrevolten auf mehrere Regionen ausgebreitet (im Norden auf das Hainaut, im Westen auf die Bretagne und das normannische Hainland, im Osten auf das Oberelsaß und die Franche-Comté, dann auf das Gebiet um Mâcon). Ein antiadliger Schub, der oft die Schlösser in Flammen aufgehen läßt, gewalttätig, aber selten blutig. Im Zusammenhang mit diesen örtlichen Revolten kommt es in der zweiten Juli-Hälfte zu einer Bewegung, die zugleich ähnlich und verschieden ist: die sogenannte *Grande Peur* (Große Furcht), die bald halb Frankreich erfaßt.

Diese kollektive Panik, die auf den ersten Blick unerklärlich scheint, jedoch von Georges Lefebvre in einem klassischen Buch analysiert wird, ist gleichsam das verzerrte Echo der urbanen Revolutionen im ländlichen Raum. Ihr Thema ist einfach und kompliziert zugleich: Die Dorfbewohner greifen zu den Waffen, weil imaginäre Gefahren bekannt werden: In den Alpen sind es die Piemontesen, an der Küste die Engländer und überall die „Briganten". Diese durch Kontakt übertragene Furcht löst sich bald wieder in Luft auf, aber sie erreicht dennoch in wenigen Tagen alle Winkel des Königreiches. Sie wird zum Anstoß für die Agrarrevolte und setzt sich in der Plünderung der Schlösser und der Verbrennung der seigneurialen Rechtstitel fort. Die Große Furcht ist daher mehr als nur eine „vorsintflutliche" Bewegung – wie Michelet meinte –; vielmehr führt sie zur Mobilisierung der Bauern und symbolisiert deren offiziellen Eintritt in den revolutionären Kampf. Die revolutionäre Bourgeoisie hat diesem unerwünschten Beitritt zunächst kein Verständnis entgegengebracht. Als die Nationalversammlung am 3. August 1789 diese Frage behandeln soll, neigen viele Abgeordnete des Dritten Standes (so z. B. der Ökonom Dupont de Nemours) dazu, die Ordnung schleunigst wieder herzustellen. Allein der Realismus einiger „liberaler"

Aristokraten (Noailles, d'Aiguillon usw.) führt schließlich zur berühmten Nacht des 4. August, in der die Privilegierten ihren Status aufgeben, so daß das Ancien Régime in sozialer und institutioneller Hinsicht beseitigt ist.

Noch vor kurzem ist der Zeitraum zwischen dem Ende des Jahres 1789 und den ersten Monaten von 1791 als eine Chance für die Bourgeoisie dargestellt worden, ihr eigentliches Ziel zu erreichen: die friedliche Installierung einer Kompromißlösung, in der sich alte und neue Eliten verständigen, um die Grundlagen der modernen französischen Gesellschaft zu legen. Ist aber dieses Bild einer verfassungsgebenden, konstruktiven und tränenlosen Revolution nicht nur eine retrospektive Illusion?

Ganz zweifellos sind die wichtigsten Errungenschaften, durch die die Gesellschaftsordnung wirklich von Grund auf verändert wurde, nur durch den revolutionären Druck der Massen erreicht worden. Dies gilt nicht zuletzt für die Abschaffung der Feudalität im August 1789. Auch die Installierung des neuen politischen Systems erfolgte nicht aufgrund eines versöhnlichen Kompromisses, sondern unter heftigen Spannungen. Zwar hat innerhalb eines Jahres eine Verbesserung der ökonomischen Situation dazu beitragen können, daß der Druck der Volksmassen 1790 nachließ, aber dieses sogenannte „glückliche Jahr" konnte allenfalls eine Atempause sein, die die revolutionäre Bourgeoisie dazu nutzte, die wichtigsten Grundlagen des neuen Regimes zu errichten.

In der Nacht des 4. August wurde die Zerstörung der Gesellschaft des Ancien Régime mit äußerster Konsequenz vollzogen – theoretisch zumindest. Die Angriffe einiger weitsichtiger und realistischer Adliger gegen die „Feudalität" führten zu einem allgemeinen Beschluß, der die Gesamtheit der feudalen Lasten und Privilegien beseitigte. In dieser Nacht wurden alle mitgerissen; Adlige und Kleriker wetteiferten großmütig darin, ihre Vorrechte aufzugeben. Bald aber hat man sich wieder gefangen: Das Abschlußdekret erklärt zwar, daß die Nationalversammlung „das Feudalsystem als Ganzes aufhebt", aber zugleich werden genaue Unterscheidungen eingeführt: zwischen persönlichen Rechten, die unwiderruflich abgeschafft sind, und „realen Rechten" auf Grundbesitz, die lediglich rückkaufbar sein sollen. Trotz dieser Einschränkung legte die Nacht des 4. August die Grundlagen eines neuen bürgerlichen Zivilrechtes, das auf der Rechtsgleichheit und Unternehmensfreiheit basierte. Auch wurden jene Einschränkungen in den folgenden Monaten und Jahren allein schon dadurch überwunden, daß sich die Bauern weigerten, sie zu respektieren: die Gewaltsamkeit des ländlichen Protests wird die vollständige Abschaffung der feudalen Überreste einfach erzwingen. Auf dieser tabula rasa galt es danach aufzubauen: Vom Ende des Jahres 1789 an bis 1791 berät die „konstituierende" Nationalversammlung über eine neue Verfassung des Königreiches. Bereits am 26. August 1789 gibt sie feierlich die *Déclaration des Droits de l'Homme et du Citoyen* bekannt, die die neuen Werte der Freiheit, der Gleichheit, ... der Sicherheit und des Eigentums proklamiert. Erst später wird von der Revolution auch die Brüderlichkeit entdeckt...

Die Ausarbeitung der neuen Verfassung verlief keineswegs unter friedlichen Bedingungen. Im Feuer des Gefechts entsteht während dieser konstituierenden Periode ein neuer politischer Stil. Erstmals bildet sich eine politische Klasse mit unterschiedlichen Tendenzen heraus, die allerdings noch keine Parteien sind: auf der Rechten die Aristokraten, in der Mitte die Monarchisten, auf der Linken die „Patrioten". Es gibt nun Führer und Sprecher: Cazalès oder der Abbé Maury bei den Aristokraten, Mounier oder Malouet beim Zentrum. Die Patrioten sind gespalten in Anhänger Mirabeaus, eines begabten Redners, aber schillernden Staatsmanns, der sich bald insgeheim an den Hof verkauft, und Lafayettes, der seine politische Mittelmäßigkeit hinter Süffisanz verbirgt und der französische Washington sein möchte. Auf der äußersten Linken setzte sich damals gewissermaßen ein „Triumvirat" durch: Dupont, Lameth und vor allem Barnave, ein scharfsinniger Analytiker, der allerdings bald durch die weitere Entwicklung der Revolution erschreckt wird. Daneben kündigen einige zunächst noch isolierte Führer von Morgen wie Robespierre und der Abbé Grégoire das Ideal einer fortgeschrittenen Demokratie an.

Die Diskussion über die künftige Verfassung hat den größten Teil der Sitzungen der Nationalversammlung in Anspruch genommen. Anhand einiger Kernfragen haben sich die Fronten geklärt: so etwa beim Problem des Rechts über Krieg und Frieden oder beim Vetorecht, das dem König die Möglichkeit gibt, ein von der Nationalversammlung geschlossenes Gesetz zu blockieren. Aber noch bevor die Verfassungsgebung beendet ist, sieht sich die Konstituante durch die Umstände bezwungen, neue Erfahrungen auf einem bisher unerforschten Terrain zu sammeln. So führt die von der Monarchie des Ancien Régime übernommene und noch immer ungelöste Finanzkrise zu dem monetären Experiment der Assignaten, einem Papiergeld, das im Vorgriff auf den Verkauf der im Namen der Nation enteigneten Kirchengüter ausgegeben wird.

Infolgedessen muß die Versammlung dem Klerus einen neuen Status geben und seine Mitglieder als Staatsbeamte besolden. Dies leistet die 1791 verabschiedete „Zivilverfassung des Klerus“, die außerordentlich folgenreich ist. Zwar war die bereits Ende 1789 (am 2. November) beschlossene Einziehung der Kirchengüter zugunsten der Nation eine durchaus revolutionäre Maßnahme, aber sie entsprach immerhin auch einer gewissen gallikanen Tradition. Das im Frühjahr 1790 begonnene Abenteuer der Assignaten, die bald als Papiergeld fungieren, hat schwerwiegende Folgen, weil die rasche Entwertung der Assignaten und die daraus resultierende Inflation ein wichtiges Moment in der Auslösung der revolutionären sozio-ökonomischen Krise bildet. Auch der Verkauf der Kirchengüter, die zu nationalem Eigentum erklärt werden, hat schwerwiegende Konsequenzen. Diese umfassendste Enteignung der frühen Neuzeit betrifft 6 bis 10% des Grund und Bodens. Obwohl von den Konterrevolutionären angeprangert, findet der Verkauf den Beifall des Publikums: bereits 1790 und vor allem 1791 ist er weitgehend abgeschlossen, wodurch die Gruppe der Käufer von Kirchengütern für immer mit dem Schicksal der Revolution verbunden ist.

Diese Konsolidierung der revolutionären Lagers hatte auch ihren Preis: Der Verkauf der Kirchengüter und mehr noch die Zivilverfassung des Klerus haben die Nation endgültig gespalten. Die im Juli 1790 verabschiedete Zivilverfassung machte aus Pfarrern und Bischöfen staatliche Beamte, die im Rahmen der neuen Verwaltungsbezirke gewählt wurden. Sie verpflichtete sie außerdem zu einem Treueeid auf die Verfassung des Königreiches. Da Papst Pius VI. im April 1791 dieses System verurteilte, kam es zu einem Schisma zwischen konstitutionellen Priestern bzw. Klerus und den sogenannten Eidverweigerern. Bald war der Bruch zwischen beiden Lagern unwiderruflich. Nur 7 von 130 Bischöfen leisteten den erforderlichen Eid, während die Priesterschaft ungefähr zur Hälfte – je nach Region – konstitutionell war. Der Südosten, die Alpen und die Ebenen um Paris haben mehrheitlich den Eid geleistet, während der atlantische Westen, der Norden und ein Teil des Zentralmassifs sich geweigert haben. Damit zeichneten sich für lange Zeit die Gebiete religiöser Treue und Verweigerung ab sowie kurzfristig die Bereiche des konstitutionellen Schismas und der daraus folgenden Unruhen (siehe die Karte S. 56).

Bevor wir die Entstehung dieser revolutionären Eskalation weiter verfolgen, wollen wir kurz unterbrechen und – ähnlich wie einige neuere Historiker – die Frage aufwerfen, ob zu diesem Zeitpunkt auf der Basis des bis dahin Erreichten eine Stabilisierung noch möglich war. So lautete schon die Meinung der Zeitgenossen. Sie maßen daher den Föderationsfesten, die im Juli 1790 ausgiebig gefeiert und in den folgenden Jahren mit sehr viel weniger Überzeugung wiederholt wurden, eine große Bedeutung bei. Die Idee, am 14. Juli 1790 auf dem riesigen Marsfeld des Bastillesturms zu gedenken, war zunächst in der Provinz entstanden und dann von den Parisern aufgegriffen worden. Als Antwort darauf feierte die Provinz die Verbrüderung der Nationalgarden und das Ende der alten Spaltungen. Obwohl halb improvisiert, war das Fest in Paris ein überwältigender Erfolg. Es ist das wohl beste Beispiel für die Einmütigkeitsideologie der bürgerlichen Revolution.

2. Die revolutionäre Eskalation (1791–1799)

Ein Jahr später ist diese fiktive Einmütigkeit überholt: Am 17. Juli 1791 – als makabre Erinnerung an das Föderationsfest – wird das Marsfeld zum Schauplatz eines Massakers. Delegierte des *Club des cordeliers,* die die Absetzung des Königs fordern, werden von der Nationalgarde unter Berufung auf das Kriegsrecht niedergeschossen. Verantwortlich sind der Bürgermeister Bailly und der Kommandant Lafayette. Zwischen der von ihnen verkörperten konstitutionellen Bourgeoisie und der Revolution des Volkes hat sich eine Kluft aufgetan, die sich von nun an ständig vertieft.

Diese Wende der Revolution ist nicht leicht zu interpretieren. Zwischen 1791 und der Abschaffung der Monarchie am 10. August 1792 hat der revolutionäre Marschzug seine Richtung geändert. Aber war dies die Folge einer geradezu unvermeidlichen Eigendynamik oder eines zufälligen Zusammentreffens von Faktoren? Einige Historiker wie z. B. F. Furet und D. Richet haben in letzter Zeit die These vom „Abgleiten“ der Revolution vertreten, was heftige Kontroversen ausgelöst hat. Für sie stand das Eingreifen der städtischen oder ländlichen Volksmassen in den Verlauf einer liberalen, an ihr Ziel gelangten Revolution noch nicht auf der Tagesordnung. Die übertriebene Furcht vor einer mythischen Konterrevolution habe – gestützt auf die These von der „aristokratischen Verschwörung“ – die alten Dämonen populärer Ängste wiederbelebt und dazu geführt, daß die Revolution „durchdrehte“. Umgekehrt hätten die Ungeschicklichkeit, ja die offenkundige Heuchelei des Königs und die Umtriebe der Aristokraten innerhalb und außerhalb des Reiches dieses Abgleiten der Revolution begünstigt. So sei der damals von den Eliten – Bürger und liberale Adlige – angestrebte Kompromiß – obwohl er leicht möglich war – am Ende doch gescheitert. Dieses neue Interpretationsmodell ist zwar verlockend, aber meines Erachtens wenig überzeugend. Aufgrund einer vielleicht allzu pariszentrierten Sichtweise, die die Kampffronten der Revolution im Lande selbst vernachlässigt, untertreibt es die Bedeutung der konterrevolutionären Gefahr. Die Konterrevolution in Aktion, das ist vor allem die Gruppe der Emigranten: Die Bewegung beginnt im Herbst 1792 mit der Flucht der am stärksten kompromittierten Kurtisanen und Prinzen von Geblüt (Graf von Provence und Graf von Artois), ist aber zunächst noch nicht sehr bedeutsam. Erst die Zivilverfassung des Klerus und die Verschärfung der Antagonismen hat dann zwischen 1790 und 1792 die Reihen der Emigranten anschwellen lassen. Um den Prinzen Condé organisiert sich die Emigration an den Ufern des Rheins; in Turin gruppiert sie sich um den Grafen von Artois. Im ganzen Land beginnt sie ein konspiratives Netz zu knüpfen, das konterrevolutionäre Erhebungen provozieren soll. In Paris bereitet sie die Flucht des Königs vor (Verschwörung des Marquis von Favras). Diese Unternehmungen stoßen örtlich auf durchaus günstigen Boden: zunächst weniger im Westen als im Süden Frankreichs. Dabei vermischen sich soziale, religiöse und politische Konflikte und Antagonismen, wie sie in Regionen vorkommen, in denen sich die Konfessionen berühren (z. B. in Nîmes und Montauban, wo die Protestanten die befreiende Revolution begrüßt haben). In den Bergen des Vivarais, im Südosten des Zentralmassifs, finden zwischen 1790 und 1793 bewaffnete konterrevolutionäre Treffen – die Lager von Jalès – statt. Auch die Städte des Südens, von Lyon über Arles bis Marseille, sind zwischen 1791 und 1792 Schauplätze heftiger Zusammenstöße, die anzeigen, wie prekär das Gleichgewicht zwischen Revolution und Konterrevolution ist. Letztere verfügt immer noch über starke Bastionen im Staatsapparat, und neben konspirativen Aktivitäten läßt sich leicht auch eine offizielle Konterrevolution „von oben“ erkennen: So schlägt im August 1790 der Militärkommandant von Nancy, Graf von Bouillé, eine Revolte der patriotischen Schweizer Soldaten aus dem Regiment von Châteauvieux blutig nieder. Dieser Versuch einer Machtkonsolidierung mit konterrevolutionärer Absicht ist durchaus kein Einzelfall.

Die Haltung des Königs, die oft als zögernd und ungeschickt bezeichnet wird, ist in diesem Zusammenhang ziemlich eindeutig. Ludwig XVI. ist einem Kreuzfeuer von Vorschlägen verschiedenster Ratgeber ausgesetzt: Mirabeau, Lafayette, Lameth oder Barnave usw., ganz zu schweigen von seinen familiären Kontakten zum Ausland und zu den Emigranten, die für ihn den Ausschlag geben. Das Ergebnis einer langen Reihe von Geheimverhandlungen ist bekannt: Am 20. Juni 1791 verläßt die gesamte königliche Familie verkleidet den Palast. Unterwegs wird der König erkannt, in Varennes mit seiner Familie verhaftet und nach Paris zurückgebracht. Die Nachricht von der Flucht nach Varennes versetzt die Pariser und bald ganz Frankreich in Bestürzung.

Dieser Geschichte der Widerstände und der Konterrevolution steht die Politisierung und das wachsende Engagement der städtischen und manchmal ländlichen Massen gegenüber. Zwischen 1791 und 1792 bildet sich etappenweise jenes Aggregat aus bewaffneten Patrioten heraus, die sich zur Verteidigung der Revolution erheben und später als *sansculottes* bezeichnet werden. Die ökonomische Flaute hat zu dieser Mobilisierung sicher mit beigetragen: Nach dem Lichtblick von 1790 gibt es 1791 nur eine magere Ernte; die Spekulation und die auf den Wertverlust der Assignaten folgende Inflation verschlechtern die Situation, so daß die Forderungen der Volksmassen lauter werden. Vor allem aber findet in diesen Jahren die faktische Befreiung von den letzten Resten seigneurialer Abgaben statt, weil sich die Bauern oft mit Gewalt dagegen wehren, die 1789 für rückkaufbar erklärten Lasten zu zahlen. Zwischen dem Winter 1791 und dem Herbst 1792 kommt es immer wieder zu Bauernaufständen wie seinerzeit während der Großen Furcht. In den Ebenen mit intensiver Landwirtschaft zwischen Seine und Loire marschieren riesige Bauernhaufen von einem Markt zum anderen, um einen Höchstpreis festzusetzen – eine „Steuer" auf Getreide- und Brotpreise. Anderswo, im gesamten Südosten – von den Alpen bis zum Languedoc und zur Provence –, plündern und brandschatzen sie die Schlösser.

Dies gilt für das platte Land. In den Städten und Marktflecken bilden sich währenddessen unzählige Clubs und Volksgesellschaften. Bald ist ganz Frankreich von einem manchmal sehr dichten Netz überzogen. In Paris fungiert vor allem der aus dem Bretonischen Club hervorgegangene Jakobinerclub seit 1789 als wichtiger Versammlungs- und Diskussionsort, wo die großen Entscheidungen vorbereitet werden. Der Club, dem zahlreiche Gesellschaften angeschlossen sind, hat die Krise von Varennes und die durch sie ausgelöste Verwirung erfolgreich überwunden. Seine Rekrutierung ist immer noch exklusiver als die des Cordeliers-Clubs, wo volkstümliche Redner wie Danton oder Marat – der „Volksfreund" – auftreten. Die Vielfalt der Presse – auch eine revolutionäre Neuheit –, von den *Actes des Apôtres* auf der extremen Rechten über den *Courrier de Provence* Mirabeaus bis zu den demokratischen Organen wie *Les Révolutions de France et de Brabant* von Camille Desmoulins oder Marats *Ami du Peuple,* ist ein weiterer Faktor dieser beschleunigten Politisierung.

Konterrevolution oder radikalisierte, auf die Politisierung der Massen gestützte Revolution? Dies ist das eigentliche Dilemma, dem sich die Führer der bürgerlichen Revolution Ende 1792 gegenübersehen, als sie die Verfassungsgebung für das neue System zum Abschluß bringen. Um das höchst empfindliche Gleichgewicht nicht zu gefährden, hat man die Fiktion akzeptiert, daß der König nicht aus freien Stücken geflohen, sondern entführt worden sei, weshalb man ihm seine Prärogativen zurückgeben müsse. Für die radikaleren Revolutionäre, die das Prinzip der Monarchie zunehmend ablehnen, ist dies ein ungeheurer Skandal.

Die Verfassung von 1791, die mit der Erklärung der Menschen- und Bürgerrechte beginnt und zu einer vollständigen Neuordnung der Verwaltungs-, Gerichts-, Finanz- und sogar Kirchenstrukturen führt – wir werden auf sie noch zurückkommen, wenn wir die Bilanz der Revolution diskutieren –, ist keineswegs ein Zufallsprodukt: Sie ist der vollendete Ausdruck der konstituierenden bürgerlichen Revolution mit ihrem Versuch einer konstitutionellen Monarchie.

Auf der Basis dieses neuen Systems tritt am 16. Dezember 1791 die neue „Gesetzgebende Versammlung" (Legislative) zusammen, die auch deshalb neu ist, weil sich die Verfassungsgeber für nicht wiederwählbar erklärt hatten. Viele Mitglieder der Legislative treten mit der festen Absicht an, die Revolution zu beenden oder – wie Dupont de Nemours sagt –, „die Insurrektionsmaschine zu zerschlagen". Diese Tendenz vertritt die Fraktion der *Feuillants,* die zwar 263 von 745 Abgeordneten stellt, aber zerstritten ist in Anhänger Lafayettes auf der einen Seite und Anhänger des „Triumvirats" (Barnave, Dupont, Lameth) auf der anderen. Ihnen steht die bald als *Brissotins* bezeichnete Fraktion gegenüber, die man später auch *Girondins* nennen wird. Bei ihnen gibt es ebenfalls einen Unterschied zwischen der Führungsgruppe, der neben Brissot so brillante Köpfe wie Vergniaud, Guadet, Roland und Condorcet angehören, und einigen fortgeschrittenen Demokraten (Carnot, Merlin, Chabot). Ihre Haltung läßt sich am besten mit einer Formulierung Jérôme Pétions, des Bürgermeisters von Paris, umschreiben, der damals sagte: „Die Bourgeoisie und das Volk haben gemeinsam die Revolution gemacht. Allein ihre Einheit kann sie bewahren." Um welche Art von Einheit soll es sich dabei handeln? Für einige Führer, die nicht der Legislative angehören, aber Einfluß haben – wie Robespierre bei den Jakobinern oder Marat mit seiner Zeitung –, ist diese Überlebensbedingung weit mehr als nur eine Vernunftehe. Die Brissotins dagegen sehen in diesem Bündnis nur eine ungeduldig ertragene Notwendigkeit. Die Gemeinsamkeit zwischen ihnen und der Volksbewegung wird immer zweideutig bleiben, da sie die sozialen und ökonomischen Zielsetzungen der Sansculotten nicht teilen. Bald wird die Kluft immer tiefer.

Beschleunigt wird die Entwicklung vor allem durch den Krieg, der die politischen Optionen verhärten und die sozialen Spannungen zuspitzen wird. Die äußere Gefahr kommt nicht überraschend: Bereits die Konstituante war trotz ihrer „Friedenserklärung an die Welt“ auf die Feindschaft des monarchischen Europa gestoßen, das aus dynastischer Solidarität, vor allem aber aus Furcht vor dem revolutionären Ferment seine Besorgnis äußerte. Nachdem die Herrscher – der König von Preußen, der Kaiser von Österreich usw. – zunächst noch anderswo beschäftigt waren (Aufteilung Polens), haben sie im August 1791 mit der Erklärung von Pillnitz ein Bündnis der monarchischen Mächte gegen die revolutionäre Gefahr gebildet. Erstaunlicherweise hatten in Frankreich die meisten politischen Tendenzen die Möglichkeit eines Konflikts eher positiv eingeschätzt – eine mehrdeutige Gemeinsamkeit aufgrund äußerst unterschiedlicher Prämissen: der König und seine Berater bei Hofe erwarteten einen raschen Sieg der europäischen Fürsten; Lafayette träumte von einem siegreichen Krieg, der ihm eine führende Rolle zuschanzen würde; die Brissotins schließlich, die seit dem Frühjahr 1792 die Regierung kontrollierten, hofften, daß der Krieg den König und seine Berater zum Offenbarungseid zwingen und auf diese Weise die Lage klären würde. Fast als einziger warnt Robespierre im Jakobinerclub vor den Gefahren eines Krieges, auf den die Revolution nicht vorbereitet sei und der, indem er die Chancen der Konterrevolution vergrößere, vielleicht dereinst einen militärischen Diktator hervorbringen werde ... Das dramatische Rededuell im Jakobinerclub zwischen Brissot und Robespierre endet zugunsten von Brissot. Am 20. April 1792 erklärt Frankreich dem „König von Böhmen und Ungarn“ den Krieg. Aber die Revolution steht faktisch von Anfang an einer ganzen Koalition gegenüber, der Preußen, Österreich, Rußland und die Könige von Piemont und Spanien angehören.

Wie die *Brissotins* vorausgesagt haben, zwingt der Krieg den König sehr bald, die Maske fallen zu lassen und seine Karten auf den Tisch zu legen: Er weigert sich (durch Einlegung seines „Veto“), die Dringlichkeitsbeschlüsse der Legislative zu verkünden (darunter jenen, in der Nähe von Paris ein Lager der Nationalgardisten aus der Provinz zu errichten), und entläßt das Kabinett der Brissotins. Aber auch die Hoffnungen des Königs und der Aristokraten erfüllen sich: Die ersten Gefechte enden für die aufgrund der Emigration der Hälfte ihrer Offiziere völlig desorganisierte französische Armee mit einem Desaster. An den nördlichen Grenzen befinden sich die Truppen in heilloser Flucht, während im ganzen Land die Spannung zunimmt. Die Koalierten versuchen, diesen Vorteil zu nutzen, indem sie am 15. Juli 1792 das berühmte „Manifest von Braunschweig“ erlassen und damit drohen, „Paris einer militärischen Plünderung und totalen Vernichtung“ auszusetzen.

Die drohende Gefahr führt in Paris zu der noch fast spontanen revolutionären Erhebung vom 20. Juni 1792: Die Demonstranten dringen in den Tuilerien-Palast ein und versuchen vergeblich, den König einzuschüchtern, der ihnen seinen ganzen passiven Mut entgegenstellt. Zwar scheitert der Aufstand, aber er kündigt schon weitere Massenmobilisierungen an. Im ganzen Land – so z. B. im Süden, der zu dieser Zeit an der Spitze des revolutionären Engagements steht – kommt es zu Appellen, die eine Absetzung des Königs fordern. Bereits am 11. Juli erklärt die Legislative feierlich: „Das Vaterland ist in Gefahr“. Aus allen Landesteilen strömen Bataillone von Nationalgardisten nach Paris. Darunter sind auch die berühmten Marseiller, deren Marschlied bald populär wird: die *Marseillaise*.

Der heiße Sommer 1792 markiert zweifellos eine entscheidende Wende der Revolution. Die Front der revolutionären Bourgeoisie steht der Volksbewegung nicht mehr geschlossen gegenüber, die sich nun in der Provinz wie in Paris im Rahmen von „Sektionen“ (Versammlungen von Wohnvierteln) und Clubs mobilisiert und bald zum Motor der revolutionären Initiative wird. Die girondistische Bourgeoisie, die den Aufstand vom 20. Juni nur passiv unterstützt hat, gerät in die Versuchung, sich mit den Statthaltern der monarchischen Ordnung zu verbünden, um nicht selbst überschwemmt zu werden. Sie hat die Initiative bereits verloren, die in der Hauptstadt von der „Aufständischen Kommune von Paris“, den bewaffneten Sansculotten der Sektionen und dem Cordeliers-Club ausgeht, denen sich einige Führer wie Marat, Danton und Robespierre anschließen.

Am 10. August fällt die Entscheidung: Die Pariser Sektionsmitglieder und die aus der Provinz kommenden „Föderierten“ stürmen die Tuilerien, aus denen die königliche Familie bereits geflohen ist. Nach einer mörderischen Schlacht mit der Schweizer Palastwache triumphiert der Volksaufstand. Die Legislative beschließt die Suspendierung des Königs von allen seinen Ämtern. Die königliche Familie wird im Temple-Gefängnis eingekerkert. Außerdem wird die Einberufung eines nach dem allgemeinen, gleichen und geheimen Wahlrecht gewählten Nationalkonvents beschlossen, der das Land – bald wird es heißen: „die Republik“ – führen und eine neue Verfassung ausarbeiten soll. Diese Etappe endet mit zwei spektakulären Ereignissen: Der Sieg bei Valmy am 20. September 1792 beendet den Vormarsch der Preußen in der Champagne und verändert zugleich den Verlauf eines bis dahin verheerenden Feldzuges. Valmy ist keine große Schlacht, sondern nur eine Kannonade, die mit dem preußischen Rückzug endet, aber diese Begegnung ist von großer historischer Bedeutung, was bereits einem Zeitgenossen wie Goethe, der Augenzeuge war, nicht entgangen ist. Die noch unerfahrenen, schlecht ausgebildeten französischen Truppen haben ohne zurückzuweichen das Feuer der preußischen Armee erwidert. Darin liegt ein symbolischer Sieg, der weit über die unmittelbaren Konsequenzen der Schlacht hinausgeht.

Die „Septembermorde“ bilden demgegenüber eines der dunkelsten Kapitel der Revolution. Diese panische Reaktion läßt sich nur durch die doppelte Furcht vor einer ausländischen Invasion und einer innenpolitischen Verschwörung, einem „Dolchstoß in den Rücken“, erklären. Aufgrund der Machtvakanz – der König sitzt im Gefängnis, die Entscheidungsgewalt wird von einer provisorischen Exekutive unter der Führung Dantons ausgeübt – konnte sich diese panische Reaktion ungehindert austoben. Vom 2. bis 5. September dringt eine aufgebrachte Menge in die Pariser Gefängnisse und macht dort unterschiedslos etwa 1500 Gefangene nieder: Aristokraten, Priester (über 300), aber auch unzählige Strafgefangene. Dabei versteht sich dieses Massaker, das sich auf eine Gerichtsfarce beruft, als ein Ausdruck der Volksjustiz. Mit dem Kontrast dieser beiden Bilder – Valmy und die Septembermorde – endet die Phase der bürgerlichen Revolution und des Kompromisses. Nun beginnt eine neue Etappe, in der die revolutionäre Bourgeoisie mit den Volksmassen rechnen muß.

III. DIE JAKOBINISCHE REVOLUTION

1. Die Hegemonie der Bergpartei

Erinnern wir uns an das Wort des Pariser Bürgermeisters Pétion, der 1792 erklärte, die Revolution könne nur siegen, wenn sie die Einheit von „Volk und Bourgeoisie" herstelle. Bezeichnenderweise ist es wieder Pétion, der im Frühjahr 1792 erklärt: „Euer Eigentum ist in Gefahr." Dabei denkt er natürlich an das bürgerliche Eigentum, das durch ein Aufbegehren des Volkes gefährdet wird; zumal bei einem Mann, der lange Zeit zwischen Gironde und Montagne geschwankt hat, zeigt dieser Haltungswechsel deutlich die Kluft an, die in der französischen Bourgeoisie nach dem Sturz der Monarchie aufgebrochen ist.

Für einen Teil wird die soziale Subversion nun zur Hauptgefahr, und die Rückkehr von Ruhe und Ordnung zur vordringlichen Aufgabe. Für Andere dagegen ist nach wie vor die Verteidigung der Revolution gegen die aristokratische Gefahr – in Form der Konterrevolution und der koalierten Mächte – das Allerwichtigste. Diese Verteidigung aber erfordert ein Bündnis mit der Volksbewegung, auch wenn deshalb, wenigstens teilweise, den sozialen Forderungen dieser Schichten nachgegeben und eine vom bürgerlichen Liberalismus weit entfernte Politik eingeschlagen werden muß, die auf außergewöhnliche Mittel zurückgreift.

Besteht nun zwischen diesen beiden bürgerlichen Haltungen eine Differenz, wie sie zwei Gruppen oder Schichten unterscheidet, oder sind es lediglich zwei verschiedene politische Optionen, die sich in den Parteinamen *Gironde* und *Montagne* niederschlagen? Einige ältere Historiker wie A. Cobban haben aus der Analyse der Rekrutierung der Führungskräfte dieser beiden Konventsparteien den Schluß gezogen, daß zwischen ihnen keine wirkliche soziologische Differenz bestanden habe und *Girondins* und *Montagnards* den gleichen Schichten entstammten. Dies war ein etwas voreiliger Schluß, der sich überall dort nicht bestätigt, wo jenseits der Führungskader auch die jakobinischen oder girondistischen (bzw. föderalistischen) Aktivisten analysiert werden können. Ihre Rekrutierung ist durchaus nicht identisch oder austauschbar. Bereits die reine Wahlgeographie deutet die unterschiedliche Herkunft der *Girondins* und *Montagnards* an: Die großen Häfen – Nantes, Bordeaux, Marseille – als Bastionen des handelskapitalistischen Wohlstands haben die Führer der bezeichnenderweise *Girondins* genannten Partei entsandt, so z. B. Vergniaud, Guadet und Gensonné, die sich Brissot oder Roland anschließen. Hinzu kommen noch andere Provinzabgeordnete wie Rabaut, ein reformierter Prediger aus Nîmes, Barbaroux aus Marseille oder Isnard, ein reicher Parfumeur aus Grasse, usw. Im Gegensatz dazu ist die Bergpartei – Robespierre, Danton, Marat un mit ihnen auch Neulinge wie Couthon oder Saint-Just – in den Hochburgen des Jakobinismus in Paris oder in der Provinz verankert. Diese beiden Haltungen, die sich weder mechanistisch auf soziologische Unterschiede reduzieren lassen noch einfach austauschbar und zufällig sind, werden verständlicher, wenn man noch eine dritte Kraft berücksichtigt, die selbst nicht in den parlamentarischen Gremien vertreten ist: die Volksmassen der Sansculotten, die sich im Rahmen von städtischen Sektionsversammlungen organisiert haben. Aus diesen Gruppen gehen einige Führer oder auch nur gelegentliche Sprecher wie die *Enragés* von 1792/93 hervor, so z. B. Varlet, Leclerc oder der „rote Priester" Jacques Roux, die die Bedürfnisse und Forderungen der Volksmassen kennen und wiedergeben. Nach der Unterdrückung der *Enragés* bildet sich um Hébert, Chaumette und die Pariser Kommune eine andere, politischere, aber auch schillerndere Gruppe heraus. Diese „Hébertisten" haben zumindest versucht, die Führung der Sansculottenbewegung zu erobern und sich auf sie zu stützen. Neuere Forschungen über die Provinz zeigen mehr und mehr, daß dieser Typus von Kämpfern keine Pariser Besonderheit war. Zwischen dem Herbst '92 mit seinen Agrarunruhen und dem Winter und schließlich dem Frühjahr '93, in denen es in Paris zu Hungerrevolten und Plünderungen – nicht nur wegen des Getreides, sondern auch wegen des Zuckers oder des Kaffees – kommt, ist das „einfache Volk" ständig auf der Straße und unmittelbar am Verlauf der Revolution beteiligt.

Der Zusammenstoß zwischen *Gironde* und *Montagne,* der sich von Ende 1792 bis Juni 1793 zuspitzt, war unvermeidlich. Seine wichtigsten Etappen sind der Prozeß gegen Ludwig XVI., die außenpolitischen Ereignisse – ein siegreicher Vormarsch, gefolgt von schweren Niederlagen – sowie schließlich der Aufstand in der Vendée im Frühjahr, durch den eine neue innere Front entsteht.

Im Dezember 1792 wurde Ludwig XVI., der im *Temple* gefangen saß, vom Konvent verurteilt. Die *Gironde* neigte zur Milde und suchte nach einem Weg, die Todesstrafe zu vermeiden: Verbannung oder Einkerkerung bis zum Frieden oder zumindest eine Urteilsratifizierung durch das Volk. Demgegenüber forderten die Führer der Bergpartei wie Marat, Robespierre oder Saint-Just mit jeweils eigenen Argumenten die Todesstrafe im Namen des öffentlichen Wohls und der Notwendigkeiten der

Revolution. Mit 387 von 718 Stimmen wurde das Todesurteil gefällt und Ludwig XVI. am 21. Januar 1793 hingerichtet. Indem die Abgeordneten, wie sie sagten, einen „Akt der nationalen Vorsehung“ vollzogen, waren sie sich dessen bewußt, daß der Vormarsch der Revolution nunmehr irreversibel war. Einer von ihnen, Cambon, drückte dies aus, indem er sagte, man habe eine unbekannte Insel betreten und das Schiff verbrannt, mit dem man gekommen sei.

Der Krieg an Frankreichs Grenzen wird nach der Hinrichtung des Königs immer heftiger. Die bis dahin noch an anderen Fronten (Polen) beschäftigten europäischen Herrscher haben es bis 1793 den französischen Armeen noch ermöglicht, den Erfolg von Valmy auszubauen: Nach einem Sieg bei Jemmapes besetzen die revolutionären Truppen die österreichischen Niederlande, erobern in im Süden Savoyen und die Grafschaft Nizza, während – wiederum im Norden – das Rheinland von Mainz bis Frankfurt unter französische Herrschaft gerät. Damit verwirklicht sich gleichsam der alte monarchische Traum von den natürlichen Grenzen, freilich umformuliert nach der emanzipatorischen Devise: „Krieg den Palästen und Friede den Hütten“. Die Revolution bringt in der Tat zunächst die Freiheit. Erst später werden auch die negativen Aspekte der Eroberung spürbar. Die Hinrichtung Ludwigs XVI. führt der Koalition neue Verbündete zu: Spanien, das Königreich Neapel, die deutschen Fürsten und vor allem England, das sich durch die Annexion Belgiens unmittelbar bedroht fühlt. Der Wind schlägt um: Im Winter 1793 erleiden die Franzosen eine Niederlage nach der anderen und verlieren hintereinander Belgien und die Rheinlande.

Die Bildung einer inneren Front des Bürgerkrieges verschlechtert noch die Situation. Der Aufstand in der Vendée in Westfrankreich bricht im Frühjahr aus und breitet sich sehr rasch aus. Es handelt sich vor allem um eine Erhebung des platten Landes, und ihre Führer sind einfacher Herkunft (Stofflet ist Jagdhüter, Cathelineau ist Schmuggler usw.). Bald aber beteiligen sich unter dem Druck der Bauern auch die Adligen (de Charette, d'Elbée usw.) und übernehmen die Führung. Die Dörfer und dann auch die zunächst noch republikanischen Städte schließen sich an. Diese Erhebung ist schon oft interpretiert worden; ihre Ursachen sind äußerst komplex. Sicher hat das in diesen Gebieten tief verwurzelte religiöse Gefühl eine wichtige Rolle gespielt, als es zunächst darum ging, für die königliche Sache zu kämpfen. Aber das erklärt noch nicht alles. Möglicherweise war die Feindschaft gegenüber der Zentralregierung ein noch wichtigerer Faktor in einer Region, die

Steuern und vor allem die Aushebung von Soldaten (die *levée* der 300 000) strikt ablehnte. Neuere Interpretationen betonen auch die Verwurzelung der Bewegung in einem spezifischen sozio-ökonomischen Zusammenhang, in dem der anti-urbane und anti-bürgerliche und insofern auch anti-republikanische Reflex der Bauern stark genug war, um die traditionelle Feindschaft gegenüber dem Adel in den Hintergrund treten zu lassen. Jedenfalls stellen diese Rückschläge und Probleme die Hegemonie der *Gironde* als tonangebender Konventsfraktion und Regierungspartei (mit dem Minister Roland, Ehemann der berühmten Madame Roland, der Egeria der *Gironde*) nachhaltig in Frage. Um doch noch die Macht zu behaupten, versuchen die *Girondins* zwar zunächst, gegenüber der Bergpartei die Offensive zu ergreifen und deren Führer – Robespierre, Danton, Marat – wegen diktatorischer Bestrebungen anzuklagen, aber das Unternehmen scheitert, und Marat wird im Triumpf freigesprochen.

Trotz der Bedenken der *Gironde* führt der zunehmende Druck auf die Republik zur Errichtung eines neuen institutionellen Systems: Zunächst wird in Paris ein außerordentliches Kriminalgericht konstituiert, das bald zum „Revolutionstribunal" wird. Dann wird in den Städten und Dörfern ein Netz von „Wachsamkeitskomitees" eingeführt, die Verdächtige und konterrevolutionäre Aktivitäten beobachten sollen. Schließlich wird im April 1793 das *Comité de Salut Public* (der Wohlfahrtsausschuß) gebildet, das zunächst unter dem Einfluß Dantons steht. Vergeblich haben die *Girondins* versucht, gegen ihre Ausschaltung zu protestieren, manchmal ohne jede Vorsicht. Einer ihrer Sprecher, Isnard, droht Paris in einer berühmten Rede für den Fall eines erneuten revolutionären Aufstands gegen die Legalität die totale Vernichtung an („man würde die Seine-Ufer danach absuchen müssen, ob es Paris jemals gegeben hat"). Auf diese verbale Provokation antwortet die Pariser Volksbewegung mit einer improvisierten Demonstration am 31. Mai, die fehlschlägt, und dann am 2. Juni mit einem Aufstand: Der Konvent wird durch die Pariser Nationalgarde umstellt und unter diesem Druck beschließen die Abgeordneten die Verhaftung von 29 führenden girondistischen Deputierten. Das war ein entscheidender Sieg für die Jakobiner und die Bergpartei. Aber der Triumph ist bitter: Wie Barère – der Sprecher des Wohlfahrtsausschusses – erklärt, gleicht die Republik nunmehr einer belagerten Festung. Die Österreicher haben die nördlichen Grenzen überschritten, die Preußen stehen im Rheinland, und die Piemontesen und Spanier bedrohen den Süden. Die Aufständischen in der

Vendée, die *chouans*, bezeichnen sich selbst als „Königliche und katholische Armee" und werden nur unter großen Schwierigkeiten vor den Toren von Nantes gestoppt. Auch hat der Sturz der Girondisten die „föderalistische" Revolte zur Folge, d. h. die Auflehnung der Provinzen gegen Paris. Im Südosten erhebt sich Lyon gegen den Konvent und muß regelrecht belagert werden. Im Süden rebellieren die großen Städte wie Bordeaux und Toulouse mitsamt ihrer Umgebung, schließlich auch die Provence mit Marseille und Toulon. Dieser wichtige Hafen wird sogar von den Konterrevolutionären an die Engländer ausgeliefert. Im Norden des Landes rebelliert offen zwar nur die Normandie, deren kleine gegen Paris gesandte Armee schnell zerschlagen ist, aber aus der Normandie kommt auch Charlotte Corday, die den Volkstribun Marat erdolcht. – Unter dem Druck all dieser Gefahren werden die Verbindungen – oder muß man von einem direkten Bündnis sprechen? – zwischen der jakobinischen Bourgeoisie, die im Konvent durch die Bergpartei vertreten und deren Exekutive der Wohlfahrtsausschuß ist, und den Volksmassen der Sansculotten zunehmend enger. Aber war es uneingeschränkte Solidarität? Der Historiker Daniel Guérin, auf dessen Thesen wir noch zurückkommen, behauptet z. B., daß die zunächst von den *Enragés* vertretenen *bras nus* (die „nackten Arme"), deren Energien später von den Hébertisten kanalisiert wurden, in der Lage gewesen wären, über das Stadium einer bürgerlich-demokratischen Revolution hinauszugehen und die spezifischen Ziele einer Volksrevolution durchzusetzen. So gesehen, erscheint das von uns angeführte Bündnis wie eine Mystifikation: die kollektive Macht der *bras nus* wird durch die robespierristische Bourgeoisie für ihre eigenen Zwecke ausgenutzt. Ohne hier späteren Ausführungen vorzugreifen, sei festgestellt, daß inzwischen Albert Soboul die Heterogenität der Sansculotten nachgewiesen hat, die folglich in keiner Weise als Vorhut eines künftigen Proletariats gelten können. Trotz aller internen Widersprüche bleiben die Sansculotten, vor allem in Paris, bis Ende 1793 und sogar bis zum Frühjahr 1794 im Zentrum der revolutionären Dynamik. Durch ihren konstanten und aktiven Druck zwingen sie die Revolutionsregierung zur Verwirklichung einiger sansculottischer Lösungen. In ökonomischer Hinsicht: Kontrolle und Taxierung der Preise durch Erlaß des Maximums (September 1793); in politischer Hinsicht: Verkündung der *terreur* („Schreckensherrschaft") gegen Aristokraten und Revolutionsfeinde sowie Erlaß des Gesetzes über die Verdächtigen, das die Gesamtheit der potentiellen Revolutionsfeinde der Überwachung und Repression unterwirft. Aber der Aufstand vom September 1793, der einen großen Teil dieser Maßnahmen erzwingt, ist bereits der letzte Sieg der Sansculotten. Denn in dieser Periode entwickelt und strukturiert die jakobinische Bourgeoisie die revolutionären Regierungsformen, die dem sansculottischen Ideal der direkten Demokratie widersprechen.

Wie läßt sich die Revolutionsregierung, die die Republik in der entscheidenden Phase des Jahres II – vom September 1793 bis Juli 1794 – beherrscht, charakterisieren? Nach dem Sturz der *Gironde* im Juni '93 hatte der Konvent in großer Eile einen Verfassungstext ausgearbeitet und verabschiedet (die sogenannte Verfassung des Jahres I), die im August vom Volk ratifiziert wurde. Dieser Text ist nicht unwichtig, weil er die fortgeschrittenste Umsetzung des demokratischen Ideals der Französischen Revolution darstellt. Aber er wurde nie praktiziert, da der Konvent sofort dekretierte: „Die Regierung Frankreichs ist revolutionär bis zum Frieden." Aufgrund des revolutionären Kampfes schien also eine Übergangszeit unvermeidlich. Die endgültige Form der Revolutionsregierung wurde durch das berühmte Dekret vom 14. Frimaire Jahr II (4. XII. 1793) festgelegt, in dem die Revolution als „Krieg der Freiheit gegen ihre Feinde" definiert wurde.

2. Sieg und Sturz der Revolutionsregierung

Kernstück des neuen Systems ist der Wohlfahrtsausschuß, der vom Konvent gewählt und erneuert wird, aber während des Jahres II im wesentlichen unverändert bleibt. Seine Führer, die bereits berühmten, ebenso wie die neuhinzugekommenen, verdienen kurz genannt zu werden: Robespierre, der „Unbestechliche", Saint-Just, der damals 26 Jahre alt war, und Couthon, ein Jurist, sind die Köpfe dieser kollegialen Führung. Die anderen sind eher Verwaltungsmänner: Carnot ist Artillerieoffizier und gilt als der „Organisator des Sieges", Jeanbon Saint-André ist für die Marine, Prieur für die Lebensmittelversorgung zuständig. Andere haben eine Sonderstellung: Dies gilt für Barère, der zugleich für die Diplomatie zuständig ist und den Ausschuß gegenüber dem Konvent vertritt, aber auch für Collot d'Herbois und Billaud-Varenne, die weiterhin mit der hébertistischen Volksbewegung sympathisieren und zu ihr in Verbindung stehen. Trotz aller internen Spannungen, die jedoch nur in der Schlußphase wirklich schwerwiegend waren, funktionierte der Wohlfahrtsausschuß als Eckpfeiler in der Koordinierung der revolutionären Bewegung. Die anderen Teile der Zentralregierung traten demgegenüber in den Hintergrund: Die Minister waren von der Initiative des Wohlfahrtsausschusses abhängig, und sogar der andere „große Ausschuß", das *Comité de Sûreté Générale* (Allgemeiner Sicherheitsausschuß) beschränkte sich auf die Koordinierung der Terrorbeschlüsse.

Nach und nach wurden auch lokale Stützen der Revolutionsregierung geschaffen: Nationalagenten in den Distrikten, Revolutionsausschüsse in den Ortschaften. Zwischen dem Wohlfahrtsausschuß und diesen ausführenden Instanzen gab es die *Représentants en mission,* d. h. vom Konvent auf unbestimmte Zeit in die Départements entsandte Kommissare. Diese gelegentlich als „Proconsuln" bezeichneten Konventsdelegierten sind in der klassischen Geschichtsschreibung schwer beschuldigt worden: Man hat vor allem die – durchaus realen – Exzesse einiger Terroristen herausgestellt, wie z. B. die Aktionen Carriers, der in Nantes die massenhafte Ertränkung von Verdächtigen veranlaßt, oder Fouchés in Zentralfrankreich und später in Lyon. Andere Kommissare haben jedoch demgegenüber auch Milde und politisches Gespür bewiesen. Alle aber haben sicher die revolutionäre Mobilisierung zu stimulieren versucht. Neben diesen individuellen Vertretern ist auch noch auf die örtlich oft entscheidende Aktion der inneren „Revolutionsarmeen" hinzuweisen, die als „Agenten des Terrors in den Départements" fungierten. Diese Truppeneinheiten rekrutierten sich aus den Reihen der Sansculotten und stießen deshalb bald auf das Mißtrauen der Revolutionsregierung, die sie im Winter 1793/94 auflöste.

Soweit die Faktoren bzw. Agenten des revolutionären Impulses. Was waren nun die Ergebnise? Wie schon erwähnt, wurde nunmehr die „Schreckensherrschaft" auf die Tagesordnung gesetzt, wobei mit diesem Wort weit mehr als nur eine politische Unterdrückung gemeint war. Sie betraf gleichzeitig auch den ökonomischen Bereich und kennzeichnete die gesamte Atmosphäre dieser Zeit. Die Verfolgung nahm natürlich zu, und das von Fouquier Tinville geleitete Pariser Revolutionstribunal erhielt durch das Gesetz vom 22. Prairial Jahr II (10. Juni 1794) weitere Vollmachten. Damit begann der sogenannte „Große Schrekken" vom Messidor. Nach der Königin Marie-Antoinette rollten im Laufe dieses Jahres die Köpfe der Aristokraten und der Gironde. Die Gesamtbilanz – ungefähr 50 000 Tote in ganz Frankreich bzw. 0,2% der Bevölkerung – mag je nach Blickwinkel hoch oder gering erscheinen; jedenfalls war sie regional sehr unterschiedlich. In ökonomischer Hinsicht war bereits im September 1793 entsprechend den Forderungen der

Volksmassen das Preismaximum auf Lebensmittel verkündet worden; es wurde durch das Gesetz vom „Allgemeinem Maximum“ nicht nur auf alle Güter, sondern auch auf die Löhne ausgedehnt. Daraus ergaben sich eine Reihe autoritärer Maßnahmen wie die staatliche Festsetzung des Assignatenwerts und die Beschlagnahmung der bäuerlichen Ernten. Daher wurde das Maximum unter Produzenten wie Lohnempfängern sehr bald unpopulär, obwohl es während der Phase der Schreckensherrschaft eine ausreichende Versorgung der städtischen Volksklassen sicherstellte.

Diese Mobilisierung nationaler Energien führte zu einer eindeutigen Verbesserung der politischen und militärischen Situation. Die äußeren Feinde wurden geschlagen oder zurückgedrängt: Im September 1795 wurde Marseille von den Föderalisten zuückerobert und im Oktober auch Lyon; Toulon schließlich, wo die Konterrevolutionäre die Engländer und Neapolitaner zu Hilfe gerufen hatten, fiel im Dezember nach einer Belagerung, die erstmals die militärischen Fähigkeiten des Hauptmanns Bonaparte demonstrierte. Einige entscheidende Siege im Laufe des Winters (Le Mans, Savenay) reduzieren den Aufstand in der Vendée auf einen langandauernden Guerilla-Kampf. An den Grenzen entsteht aus den „Soldaten des Jahres II“ eine neue Armee, die durch die Praxis des Amalgams die alten Berufssoldaten mit den neuen Rekruten der Freiwilligenwerbung zusammenschweißt. Der revolutionäre Enthusiasmus, aber auch einige junge Generäle, die eine neue Kriegstechnik anwenden – den massenhaften Vorstoß tief gestaffelter Sturmkolonnen – ermöglichen entscheidende Siege in den Niederlanden und in Deutschland. Die Frühjahrsoffensive 1794 führt im Juni zum Sieg bei Fleurus, der die Rückeroberung Belgiens einleitet.

Fleurus liegt nur einen Monat vor dem Sturz Robespierres und seiner Freunde. Es besteht daher für manche Historiker die Versuchung, zwischen diesen beiden Ereignissen einen direkten Zusammenhang herzustellen: Nach diesem Sieg sei die Schreckensherrschaft überflüssig und deshalb unerträglich geworden. Aber das erklärt noch nicht alles. Schon vor Fleurus hatte Saint-Just festgestellt: „Die Revolution ist erstarrt.“ Dieser berühmte Satz drückt die von Saint-Just empfundene Kluft zwischen der Dynamik der Volksmassen und der Regierung des Wohlfahrtsausschusses aus. Als die Sansculotten im September 1793 einen Teil ihres Programms durchsetzen konnten, bedeutete dies, wie gesagt, ihren letzten wirklichen Sieg. Zwar war die Entchristianisierungsbewegung – auf die sich in den folgenden Monaten ihre ganze revolutionäre

Energie konzentrierte – sicherlich weit mehr als nur ein von den Hébertisten erfundenes Ablenkungsmanöver, wie manchmal behauptet wird. Sie entstand zu Beginn des Winters in Zentralfrankreich, wurde von dort nach Paris getragen und hat sich in den folgenden Monaten auf das ganze Land ausgedehnt. Diese halb spontane Bewegung ist bei der herrschenden Bergpartei von Anfang an auf Mißtrauen gestoßen und von der Revolutionsregierung abgelehnt worden. Danton und Robespierre sahen darin ein gefährliches Unternehmen, hinter dem sie einen konterrevolutionären Machiavellismus vermuteten, der die Massen von der Revolution lösen wolle. Mit dem Abstand der Zeit ist ein objektiveres Urteil möglich: Die Entchristianisierung geht weder auf eine aristokratische Verschwörung zurück, noch ist sie eine Folge der jakobinischen Politik; vielmehr drückt sie die Haltung der politisierten Sansculotten aus. Sie nahm die Form der *déprêtrisations* (Priesterabdankungen) an, bei denen mehr als 20 000 Priester auf ihr Amt verzichteten, setzte sich dann aber auch in Maskeraden und „Vandalismus" – als karnevalesken Formen erträumter Subversion – fort, wie z. B. den in ehemaligen Kirchen abgehaltenen Feiern zu Ehren der Vernunft.

Die Entchristianisierung ist örtlich oft auf heftigen Widerstand gestoßen, und viele Regionen wurden kaum von ihr berührt. Aber sie hat einen bestimmten Teil der städtischen Gesellschaftsschichten erfaßt und auch in manchen ländlichen Regionen Erfolg gehabt. Ihre Ablehnung durch die Revolutionsregierung ist eines unter vielen Anzeichen für deren Wunsch, die Volksbewegung unter Kontrolle zu bringen. Vom Winter bis zum Frühjahr 1794 wird die Vermehrung der Volksgesellschaften beklagt, wird die revolutionäre Inlandsarmee aufgelöst und die Pariser Kommune gleichgeschaltet. Alle diese Maßnahmen rufen einen gewissen Widerstand hervor, der in der Krise vom Ventôse des Jahres II seinen Höhepunkt findet. Als Antwort auf dieses letzte Rückzugsgefecht wird Hébert und den Hébertisten der Prozeß gemacht. Im Mai (Germinal Jahr II) werden sie hingerichtet. Damit beginnt der Kampf der Revolutionsregierung gegen die „Aufwiegler von rechts und links". Die Volksbewegung der Sansculotten wird domestiziert. Von nun an gibt es keinen Widerstand mehr. Allerdings läßt auch die Unterstützung der Bergpartei von unten immer mehr nach. Um die Hébertisten zu zerschlagen, stützt sich die robespierristische Fraktion im Konvent auf die sogenannten *Indulgents* (die Milden), an deren Spitze Danton und der Journalist Camille Desmoulins stehen, die aber auch manche zweifelhaften Elemente – Geschäftemacher, Spekulanten – umfassen. Nach dem Sturz der Hébertisten wenden sich die *Indulgents* gegen eine Fortführung der Schreckensherrschaft. Daraufhin kommt es zu einem weiteren Prozeß, der einige Wochen später zur Hinrichtung Dantons und seiner Freunde führt.

Das robespierristische Hauptquartier trifft zwar auf keine offene Opposition mehr, aber erfährt nun die Einsamkeit der Macht. Robespierre und seine Freunde versuchen einige wichtige Reformen zu verwirklichen, auf denen die Republik basieren soll. Die „Ventôse-Dekrete" im April bilden den Höhepunkt des sozialen Engagements der Bergpartei: Der gesamte Besitz der „Verdächtigen", also vor allem der Emigrantenfamilien, soll beschlagnahmt und nach der Enteignung an die bedürftigen Landbewohner verteilt werden. Die Maßnahme hat durchaus begrenzten Charakter: Sie ist keinesfalls, wie das gelegentlich geschieht, als „sozialistisch" zu bezeichnen, da das Eigentumsrecht überhaupt nicht angetastet wird. Auch sind die Ventôse-Dekrete dann aus Zeitmangel niemals ausgeführt worden.

Eine andere geradezu symbolische Initiative dieser kurzen Phase einer ungefährdeten robespierristischen Hegemonie kommt in dem Bericht über die Nationalfeiern und vor allem der Verkündung des „Höchsten Wesens und der Unsterblichkeit der Seele" zum Ausdruck. Der rousseauistische Deismus der Bergpartei, für die die Gesellschaft auf der Tugend beruhen muß und die Unsterblichkeit der Seele ein moralisches Erfordernis bedeutet, aus dem sich die Notwendigkeit des Höchsten Wesens ergibt, steht in krassem Widerspruch zum christlichen Erbe, das in den Bereich des Aberglaubens verwiesen wird, aber auch des Vernunftkultes, der nun als atheistischer Irrweg erscheint. Diese neue Religion findet in dem in ganz Frankreich gefeierten Fest des Höchsten Wesens am 20. Prairial Jahr II (8. Juni 1794) ihren zugleich majestätischen und kurzlebigen Ausdruck.

Der Pariser Fest des Höchsten Wesens gilt als die Apotheose des verbitterten Robespierre: ein undankbarer und gefährlicher Sieg. Gegen Robespierres Fraktion bildet sich nun eine Koalition aus ehemaligen *Indulgents* und ehemaligen Terroristen, die sich oft durch ihre Exzesse in der Provinz kompromittiert haben (z. B. Fouché oder Barras und Fréron). Selbst der Wohlfahrtsausschuß verliert seine Homogenität, und die „Linken" – Collot d'Herbois und Billaud-Varenne – greifen Saint-Just, Robespierre und Couthon an, deren Isolierung zunimmt. Nachdem Robespierre dem Konvent allzu lange ferngeblieben ist, bricht die Krise im Thermidor offen aus: Als Robespierre am 8. Thermidor im

Konvent eine Anklagerede gegen „die Schurken“ hält, ohne deren Namen zu nennen, vereitelt er nicht mehr den gegnerischen Angriff, sondern beschleunigt ihn. Am 9. Thermidor werden in einer dramatischen Sitzung Robespierre, Saint-Just, Couthon und ihre Freunde für verhaftet erklärt. Der Versuch eines Aufstands der Pariser Kommune, der die Gefangenen befreien soll, schlägt fehl. Er ist schlecht vorbereitet, und die Pariser Volksmassen sind demobilisiert. Kampflos fällt das Rathaus den Truppen des Konvents in die Hände. Am 10. Thermidor des Jahres II werden Robespierre und seine Anhänger hingerichtet. Die jakobinische Revolution ist zu Ende.

IV. VOM THERMIDOR ZUM DIREKTORIUM

1. Der Thermidorkonvent

Die Koalition, die den Umsturz des Thermidor vollzog, war äußerst heterogen. Einige Initiatoren – Collot d'Herbois, Billaud-Varenne und Barère – mögen davon geträumt haben, zu einer kollegialeren Führung ohne Änderung der politischen Linie zurückzukehren. Aber sofort nach dem Sturz Robespierres verloren sie die Situation aus der Hand. Diese drei „linksradikalen“ Mitglieder des Wohlfahrtsausschusses wurden von der Macht entfernt, dann verurteilt und deportiert. Fouquier Tinville, das Symbol der Schreckensherrschaft, wurde seinerseits verurteilt und hingerichtet, ebenso der Kommissar Carrier und einige andere. All das deutet auf eine entscheidende Wende im Verlauf der Revolution hin. Schließlich werden dann auch die Strukturen der Revolutionsregierung in Frage gestellt, die Ausschüsse aufgelöst, die Jakobinerclubs als paralleles Überwachungs- und Diskussionsorgan geschlossen und verfolgt. Die Gefängnisse öffnen sich: die Schreckensherrschaft ist vorläufig vorbei. Die Mobilisierung des Volkes läßt nach, obwohl es in diesen Jahren III und IV nicht an Anlässen mangelt, denn seit 1789 ist es den Massen noch nie so schlecht gegangen. Nach den Aussagen der Bettler in der Beauce ist das Jahr III „der schlimme Winter“, bedeutete es die Rückkehr des Hungers und des teuren Brotes. Dazu tragen eine schlechte Ernte, die Freigebung der Preise und die weitere Entwertung der Assignaten bei, die jetzt ihren Höhepunkt erreicht. Aber genügt das, um die unteren Volksschichten aufzurütteln? Obwohl sie noch bewaffnet sind, haben sie ihre Organisationsstrukturen verloren. Im Konvent hat die nunmehr führungs- und orientierungslose Bergpartei ihre beherrschende Rolle eingebüßt. Vor diesem Hintergrund wird das Scheitern der beiden letzten großen Pariser Erhebungen am 12. Germinal und am 1. Prairial des Jahres III (1. IV. und 20. V. 1795) verständlich: Die bewaffneten Sansculotten besetzen den Konvent mit der Losung „Brot und die Verfassung von 1793". Damit sind die ökonomische und die politische Dimension ihrer Forderungen sehr genau bezeichnet. Aber der Aufstand scheitert: Der Konvent bleibt unnachgiebig. Die Folgen sind verheerend: Im Konvent selbst werden die letzten Abgeordneten der Bergpartei, die sich mit dem Aufstand solidarisiert hatten, ausgeschlossen; in Paris wird der Faubourg Saint-Antoine entwaffnet: die Zeit, da das Volk in Waffen stand, ist vorbei. Nun triumphiert die politische Reaktion, vor allem auch in der Provinz, wo als Antwort auf die Pariser Erhebung nur noch sporadisch Volksbewegungen entstehen (z. B. in Toulon). Nicht die von den meisten „Thermidorianern" gewünschte Normalisierung und die Rückkehr zum geraden Weg einer bürgerlichen Revolution triumphiert, sondern die Konterrevolution.

In Paris wird der zur Reaktion übergelaufene ehemalige Terrorist Fréron zum Idol der „Stutzer"-Banden, die sich aus der wohlhabenden *jeunesse dorée* rekrutieren und sich nun hochmütig an den Sansculotten rächen. In der Provinz treiben vor allem im Süden die Truppen der *Compagnons de Jésus* in der Umgebung von Lyon und der *Compagnons du Soleil* in der Provence ihr Unwesen. Hier kommt es zu blutigen Abrechnungen mit kollektiven Massakern und individuellen Morden an Jakobinern, Aufkäufern von Nationalgütern und konstitutionellen Priestern. Die neuen Kommissare des Konvents beteiligen sich oft an dieser Treibjagd oder decken sie zumindest. Aus einer diffusen Konterrevolution wird an einigen Orten sogar ein offener Krieg: Als im Sommer 1795 eine Gruppe von Emigranten in Quiberon an Land geht, flakkert in der Vendée der Bürgerkrieg wieder auf. Er wird von General Hoche niedergeschlagen. Diese kurze Episode erinnert an die royalistische Gefahr, zumal gleichzeitig der Bruder Ludwigs XVI. in der Erklärung von Verona seinen Anspruch auf den Thron unter dem Namen Ludwig XVIII. erhebt (der angehende Ludwig XVII. war als Kronprinz im Gefängnis gestorben).

In den Anfängen des Konvents hatten die Girondisten dominiert, im Jahr II dann die Bergpartei; in der nach-thermidorianischen Periode triumphiert nun endlich das Zentrum, das *la plaine* (die Ebene) oder auch mit Verachtung *le marais* (der Sumpf) genannt wird. Mehr noch als die abtrünnigen Terroristen Barras und Fréron sind nun Boissy d'Anglas, Daunou oder Sieyès die Männer der Stunde, von denen letzterer seine Haltung im Jahre II einfach damit umschreibt, daß er sagt: „Ich habe gelebt ...“

Diese Männer der Ordnung versuchen nun, eine politische Linie zwischen der von ihnen tolerierten oder gar mitgetragenen Reaktion und der Aufrechterhaltung der Werte der bürgerlichen Revolution zu definieren. So beschließen sie z. B. auf religiösem Gebiet im Februar 1795 einige Maßnahmen zur Liberalisierung der Religionsausübung, die zur Trennung von Kirche und Staat führen: immerhin eine kühne Vorwegnahme.

In der Außenpolitik macht sich der Thermidorkonvent die Siege zunutze, die die französische Armee aufgrund des Elans des Jahres II an allen Fronten erringen kann: Jourdan besetzt erneut das linke Rheinufer, Pichegru die Niederlande; französische Truppen dringen sogar nach Spanien vor. Zwischen April und Juli 1795 werden in Basel und Den Haag verschiedene Verträge abgeschlossen, die den Frieden mit Preußen, Spanien und der neugegründeten Batavischen Republik herstellen. Frankreich erhält von seinen Gegnern Belgien und das Rheinland zuerkannt. Die Koalition ist auf England und die Habsburger zusammengeschrumpft, die keine Verhandlungen auf dieser Basis akzeptieren wollen.

Dieser zunächst noch auf die natürlichen Grenzen beschränkte Annexionismus gehört zur Hinterlassenschaft des thermidorianischen Konvents. Ein beeindruckendes politisches Erbe, das aber ein wenig erschlichen ist, weil man z. B. den Thermidorianern verschiedene rechtliche, administrative oder universitäre Reformen anrechnet, die meist schon in der vorangegangenen Periode von der Bergpartei vorbereitet worden sind. In mancher Hinsicht ist der Konvent also durchaus ein Ganzes. Immerhin sind die Thermidorianer für die Verfassung des Jahres III verantwortlich, die deutlich ihre Handschrift trägt: Mit diesem bürgerlichen Kompromiß, der den demokratischen Elan der Verfassung von 1793 zurückweist, haben sie unter die Revolution einen Schlußstrich ziehen wollen.

Die Aussagen der Väter dieses Verfassungstextes sind ziemlich eindeutig. Boissy d'Anglas schreibt: „Ein von den Grundeigentümern regiertes Land entspricht der gesellschaftlichen Ordnung.“ Und die Verfassung selbst beginnt bezeichnenderweise mit einer „Erklärung der Pflichten“, die der Erklärung der Grundrechte gegenübersteht. Das allgemeine Wahlrecht wird abgeschafft, statt dessen sollen 200 000 dem Zensus entsprechende Aktivbürger die Gesetzgebende Körperschaft wählen, die in zwei Kammern geteilt ist: den Rat der Fünfhundert und den Rat der Alten. Dem gleichen Prinzip der Gewaltenteilung entspricht die Kollegialität der Exekutive, die auf fünf „Direktoren" verteilt wird. Auf der Suche nach Ausgewogenheit und Stabilität scheint man nun genau das anzustreben, was Robespierre einst ablehnend die Herrschaft der „siegreichen und friedlichen Freiheit" genannt hat. In einer Welt, in der der Kampf zwischen der Revolution und deren Feinden noch keineswegs beendet ist, zeugt dies von erheblichem Optimismus. Die Thermidorianer haben es gespürt und die neugeschaffene Legalität von Anfang an nicht sehr ernst genommen. So haben sie mit dem „Dekret über die zwei Drittel" gleich dafür gesorgt, daß 2/3 der neuen Abgeordneten aus dem alten Konvent gewählt werden mußten. Für die Royalisten war dies natürlich ungeheuerlich, da sie in diesem Klima der Konterrevolution hoffen durften, gleichsam „friedlich" wieder an die Macht zu kommen. Daher rufen die royalistischen Führer am 13. Vendémiaire (5. X. 1795) in den reichen Vierteln von Paris zum Aufstand auf. Unter der Führung von Barras bäumt sich der Konvent noch ein letztes Mal auf: die Leitung der Truppen wird dem jungen General Napoléon Bonaparte anvertraut, der die Aufständischen auf den Stufen der Kirche Saint-Roch zusammenschießt. Die bewaffnete Pariser Konterrevolution ist gescheitert, aber zum ersten Mal hat die Revolution, die die Sansculotten entwaffnet hat, auf das Militär zurückgreifen müssen. Damit beginnt bereits die Übergangsphase zum Direktorium.

2. Das Direktorium

Das Direktorium umfaßt zwar die Hälfte der Zeitdauer der Französischen Revolution – vom April 1795 bis zum Oktober 1799 –, aber diese Periode, die eine Zeit erfolgreicher Konsolidierungen hätte sein können, hat – mit Ausnahme einiger kürzlicher Neubewertungen – in der Geschichte keine gute Erinnerung hinterlassen. Es war eine Zeit der Leichtlebigkeit und der Korruption, aber auch des Elends und der Gewalt. Vor allem aber eine Zeit der Instabilität, in der der Staatstreich zur Methode der Regierungsbildung wird und als grundlegender Formfehler das System symbolisiert.

War dieses Regime also überhaupt nicht lebensfähig? Aufgrund seines schließlichen Zusammenbruchs läßt sich dies leichthin behaupten. Aber selbst die Zeitgenossen haben die Anfälligkeit des durch die Verfassung des Jahres III geschaffenen Gleichgewichts gespürt. Um der Ausgewogenheit willen hat der Konvent keinerlei legale Schiedsinstanz für Konfliktfälle zwischen Exekutive und Legislative vorgesehen: der Staatsstreich erscheint geradezu als die notwendige Konsequenz dieser Verfassungslücke. Allerdings bleibt eine solche Erklärung natürlich formalistisch, solange man nicht auch den sozialen Kontext des Kräfteverhältnisses berücksichtigt, unter dem der Konflikt erst entsteht. Wer sind diese Männer, die für fünf Jahre an die Macht gelangen? Unter ihnen befinden sich viele Revolutionäre von 1789 oder 1791: Girondisten, Vertreter der Konventsmitte oder der „Ebene“, die aufgrund der Verfassung des Jahres III ihren Sitz behalten haben. Es sind Repräsentanten einer revolutionären Bourgeoisie, die vor allem ihre Stellung bewahren will, indem sie die für sie profitablen gesellschaftlichen Errungenschaften verteidigt. Diese Sorge gilt insbesondere für die zahlreichen „Profiteure“, die nun ihre große Zeit haben und ihre Stellung bzw. ihr Vermögen verteidigen: man denke nur an die Direktoren Barras oder Tallien, die Männer der Stunde. Obwohl die Direktorialen nicht mehr die heroische Dimension ihrer Vorgänger haben, sind sie dennoch keine Marionetten. Vielmehr haben sie, nachdem das Volk sich immer weniger in der Revolution engagiert, mit neuen Mitteln gegen die Konterrevolution zu kämpfen, die nach wie vor aggressiv und durch die Entwicklung eher noch stärker geworden ist. Ohne Unterstützung durch die Volksmassen bleibt der politischen Klasse eigentlich nur die Unterstützung einer anderen stabilen Kraft: der Armee.

In der Erinnerung erscheint das Direktorium sowohl als eine Zeit hochmütiger Verschwendung als auch großer sozialer Härten. Der Grund liegt in der ökonomischen Entwicklung. In den ersten Jahren bricht das Papiergeld der Assignaten endgültig zusammen; ein Versuch, es durch „Territorialmandate“ zu ersetzen, schlägt fehl. Nach Jahren der Inflation kehrt man nun zum alten Metallgeld zurück. Allerdings ist die Konjunktur inzwischen unerfreulich geworden, weil mehrere gute Ernten die Agrarpreise haben stagnieren lassen. Die Finanzkrise des Staates entspringt nicht nur dieser Konjunktur, sondern auch der Weigerung vieler Bürger, ihre Steuern zu zahlen, d. h. einer Autoritätskrise des Staates. Dies führt unter anderem zu einer weiteren Radikalisierung der revolutionären Expansionspolitik. Militärische Eroberungen sollen das Staatssäckel wieder auffüllen; ideologische Motivationen treten demgegenüber in den Hintergrund. Der Druck der Militärs auf die unabhängige Zivilregierung nimmt immer mehr zu.

Soweit einige Konstanten bzw. Grundprobleme in der Geschichte dieser fünf Jahre. Wir wollen hier nicht auf die Details dieser ereignisreichen Entwicklung näher eingehen. Gewöhnlich unterscheidet man zwischen einem „ersten" Direktorium vom Jahre III bis zum 18. Fructidor des Jahres V und einem „zweiten" Direktorium, in dem dann die Praxis des Staatsstreichs zum Alltag gehört. Das erste Direktorium bringt den schwierigen, von den Umständen geradezu geforderten Kompromiß bereits in der Persönlichkeit der Direktoren zum Ausdruck, die allesamt Angehörige der „Ebene" oder reumütige Montagnarden sind: Carnot, Letourneur, Reubell und La Révellière-Lepeaux. Sie müssen an zwei Fronten gleichzeitig kämpfen: gegen die royalistische und gegen die jakobinische Opposition. Zunächst richten sie sich gegen die Demokraten, die sich in neuen Strukturen wie dem Pantheonsclub organisieren. Ihm gehören sowohl alte Mitglieder der Bergpartei wie Robert Lindet an als auch die um Gracchus Babeuf gruppierten „Babouvisten", von denen später dann die „Verschwörung der Gleichen" ausgeht. Babeuf war vor der Revolution „Feudist" gewesen und hatte aus demokratischen Gründen Robespierre im Jahre II bekämpft; nun formuliert er die Grundlagen einer kollektivistischen Gemeinschaft. Die historische Bedeutung seines Denkens und die großen Fähigkeiten der um ihn gruppierten Revolutionäre – so z. B. Buonarrotis, der später das babouvistische Erbe weitervermittelt – machen die Tragweite der Verschwörung der Gleichen von 1796 aus. Kurzfristig bedeutet sie allerdings eine Rückkehr der revolutionären Bewegung zum Stadium der Konspiration. In der ganzen ersten Hälfte des 19. Jahrhunderts wird man sich auf diesen Gedanken eines insgeheim vorbereiteten Aufstandes berufen. Die Neuartigkeit des Babouvismus liegt freilich weniger in den Mitteln als in dem kommunistischen Ideal, das zum ersten Mal so eindeutig formuliert wird. Im Gegensatz zu den Utopien der Aufklärung und der gesellschaftlichen Praxis der Sansculotten schlägt die Verschwörung der Gleichen einen „Verteilungskommunismus" vor, der keine egalitäre Landaufteilung will, sondern vielmehr eine auf Gütergemeinschaft basierende kollektive Organisierung der Arbeit, um so eine „Gleichheit der Bedürfnisbefriedigung" zu erreichen. Die Verschwörung der Gleichen schlägt fehl: Nachdem der Versuch scheitert, das Armeelager von Grenelle zum Aufstand zu bewegen, kommt es zum Prozeß von Tours, der die babouvistische Bewegung ihrer Führer beraubt und Babeuf und seine Freunde aufs Schafott bringt. Trotz der Bedeutung der babouvistischen Botschaft ist die Zersplitterung der aktiven und organisierten Kräfte der Volksbewegung unübersehbar, so daß eine demokratische und soziale Revolution nun nicht mehr im Bereich des Möglichen liegt.

Zwar war das Regime des Direktoriums zu mancherlei Kompromissen bereit, aber die Entwicklung der royalistischen Gefahr zwingt es doch, auch einmal nach rechts zu schlagen. Denn die Konterrevolution organisiert sich, verschafft sich Strukturen oder vielmehr Paravents, wie z. B. in Paris den Club von Clichy oder das Philanthropische Institut. Diese Front ist keineswegs homogen, da die reinen Royalisten, die eine Rückkehr zum Ancien Régime fordern, mit den konstitutionellen Royalisten koexistieren müssen, welche einen Teil der revolutionären Neuheiten innerhalb eines monarchischen Rahmens akzeptieren wollen. Trotz bzw. gerade wegen dieser Unklarheiten erhält die konterrevolutionäre Bewegung unter den Pariser Notabeln, vor allem aber in der Provinz und zumal im Süden, wo sie konkurrenzlos ist, großen Zulauf. Ihre Stärke zwingt die Regierenden zum Handeln, denn im Jahre V verfügen die Royalisten bereits über die Mehrheit in den beiden Kammern des Parlaments und beginnen mit dem in die Verschwörung eingeweihten General Pichegru, den Staatsapparat zu unterminieren. Angesichts der Gefahr gehen die Direktoren endlich in die Offensive: Durch einen Staatstreich vom 18. Fructidor des Jahres V (4. IX. 1797) wird das Wahlergebnis, das zu einer royalistischen Mehrheit geführt hätte, aufgehoben und eine neue gewaltsame Unterdrückungsphase eingeleitet. Die alten Gesetze gegen die Emigranten und Royalisten werden wieder in Kraft gesetzt, wobei man allerdings eher zur Deportation als zur Hinrichtung neigt. Französisch Guayana wird zur „trockenen Guillotine“ dieser kurzfristig erneuerten Schreckensherrschaft. Die Wende vom Fructidor des Jahres V hat dauerhafte Konsequenzen: Auch wenn sie das Regime nicht langfristig stabilisiert, werden von nun an immer wieder Soldaten eingesetzt, zumal Bonaparte – als Kommandant der Italien-Armee – auf Bitten des Direktoriums bereits seinen Adjudanten Augereau delegiert hat. Diese Praxis wird von nun an zur Gewohnheit, während das Regime in den folgenden Jahren eine Schaukelpolitik betreibt. Im Jahr VI deutet ein jakobinischer Vorstoß in den Kammern eine gewisse Belebung des Landes an: Sofort erklärt das Direktorium das Wahlergebnis für ungültig und annuliert die Mandate eines Teils der radikaleren Abgeordneten. Im Jahr VII sind es dagegen die Kammern, die dem Direktorium zuvorkommen und einige projakobinische Direktoren einsetzen: Diese neuen Direktoren – Ducos, Gohier und General Moulin – repräsentieren eine kurzfristige Wiederbelebung, die sich auch in der Rückkehr zu einer gewissen revolutionären Orthodoxie äußert. Aber die Wende kommt zu spät, um noch wirksam zu sein.

Das Regime ist bereits von innen durch eine Finanz- und Autoritätskrise unterminiert. Das Elend des Direktoriums ist schon oft beschrieben worden: Es war unfähig, seine Beamten und Soldaten zu bezahlen, und wurde daher in einem Klima der Auflösung und Anarchie auch wenig respektiert. Dieses Bild, das vom nachfolgenden Regime dann als abschreckendes Beispiel bewußt gepflegt wurde, ist nur teilweise zutreffend. Ein Ökonom wie François de Neufchateau, der zeitweilig Innenminister war, oder ein Finanzier wie Ramel haben Strukturreformen vorbereitet, die später dem Konsulat zugute kamen. Allerdings entgleitet das Land der staatlichen Kontrolle: Eines der Anzeichen für die Krise des Regimes sind die Straßenräuber. In den nordfranzösischen Ebenen versengen die *chauffeurs* den Bauern die Füße, damit sie ihnen verraten, wo sie ihre Schätze versteckt haben. Im Süden und im Osten überfallen royalistische Räuberbanden die Postkutschen. Diese „primitive rebels" (E. J. Hobsbawm) drücken auf unterschiedlichste Weise die Regression zu elementarsten Formen der Volksrebellion aus. Die Auflösungserscheinungen werden durch die Lasten des Krieges und der äußeren Eroberungen noch verstärkt. Dies führt dann zum Cäsarismus.

Bereits zwischen 1792 und dem Jahr II hatte der Krieg an den äußeren Grenzen eine wesentliche Rolle in der Entwicklung der Revolution gespielt, indem er ihren Gang entweder beschleunigte oder verlangsamte. Nun gewinnt er endgültig gegenüber den innenpolitischen Ereignissen die Oberhand. Einige Vorfälle sowie die Initiative einzelner Individuen haben dabei sicher eine Rolle gespielt; zumal diese Entwicklung mit dem Aufstieg Bonapartes teilweise identisch ist. Aber der Ehrgeiz eines Mannes erklärt noch nicht alles. Der Krieg kommt nicht von ungefähr: Erst die äußere Expansion ermöglicht dem Regime jene Flucht nach vorne, in der es zeitweilig überleben kann. Aber dieser rettende Krieg pervertiert zugleich das Regime: Die Armee schüttelt die im Jahre II noch geltende Unterordnung gegenüber der Regierung ab, die hohen Offiziersränge bilden zunehmend eine Militärkaste, und die Truppen selbst ordnen sich nun widerspruchslos demjenigen General unter, der sie zum Sieg führt. Durch diesen Wandel wird das nationale Volksheer des Jahres II, auch wenn die republikanische Flamme noch nicht in ihm erloschen ist, äußerst leicht manipulierbar.

Nach den Plänen Carnots hatte das Direktorium 1796 versucht, den Kaiser anzugreifen, indem es durch Deutschland gegen Wien marschierte und zugleich einen Ablenkungsfeldzug in Italien unternahm. Die Rheinoffensive scheiterte, aber jenseits der Alpen war der Feldzug überraschend erfolgreich. Bonaparte, der Kommandant der Italien-Armee, besiegte in einer stürmischen Offensive die Piemontesen (bei Montenotte, Millesimo, Mondovi), vertrieb dann die Österreicher aus Mailand und schlug sie in mehreren Schlachten (Arcole, Rivoli) in der Nähe von Mantua. Im Frühjahr 1797 erkämpft sich die französische Armee also die Straße nach Wien, wobei sie unterwegs noch Venedig und dessen Territorien erobern kann. Aus eigener Initiative unterzeichnet der siegreiche General den Vorfrieden von Leoben und beginnt die Verhandlungen, die schließlich zum Vertrag von Campoformio führen (17. Oktober 1797). Damit demonstriert er zugleich seine Unabhängigkeit gegenüber dem Direktorium und eine neue Konzeption der revolutionären Expansion. Zwar schafft er zahlreiche „Schwesterrepubliken" – Cisalpinische, Ligurische und Cispadanische Republik –, aber gleichzeitig liefert er Venedig und Venetien an Österreich aus, was sich kaum mit dem Hinweis auf das revolutionäre Ideal der Volksbefreiung begründen läßt. Der Mythos des revolutionären Krieges bricht zusammen, und auch der Gedanken der natürlichen Grenzen wird hinfällig, obwohl gerade jetzt weitere Republiken errichtet werden: die Batavische, die Römische und die Parthenopäische Republik.

Der Ägypten-Feldzug im Frühjahr 1798 mag heute wie ein unsinniger Ausflug erscheinen. Könnte es sein, daß das Direktorium darin eine Möglichkeit sah, einen beunruhigend ehrgeizigen General in die Wüste zu schicken? Oder hoffte Bonaparte, seinen orientalischen Traum zu verwirklichen? Offiziell geht es darum, England anzugreifen, das den Weg nach Indien gefährdet. Bei den Pyramiden besiegt die französische Armee die Mamelukken und sichert sich damit Ägypten. Aber der englische Admiral Nelson vernichtet die französische Flotte in der Reede von Aboukir. Bonaparte ist nun der Gefangene seines Sieges und beginnt mit einem Feldzug nach Syrien. Die Wüste, die Pest und der unerwartete Widerstand von Akka lassen das Abenteuer scheitern. Zwischenzeitlich hat sich die Situation Frankreichs verschlechtert: England hat mit Österreich, Rußland, Neapel und dem osmanischen Reich die Zweite Koalition gebildet. Sehr bald befindet sich ganz Europa wieder im Krieg. Die Schwesterrepubliken stürzen zusammen, Italien geht verloren, die Franzosen weichen vor den Österreichern und Russen zurück.

Im Sommer 1799 ist die Französische Republik erneut an ihren Grenzen bedroht. Während der von der „Vorsehung“ gesandte General seine Truppen in Ägypten verläßt und nach Frankreich zurückkehrt, haben andere die Situation bereits bereinigt, vor allem durch die entscheidenden Siege Massénas über Sowurow bei Zürich im September 1799. Nicht an den Grenzen, sondern in Paris wird Bonaparte als Retter begrüßt. Die direktoriale Bourgeoisie, die nunmehr vor allem durch Sieyès, den Nachfolger Reubells im Direktorium, vertreten wird, ist durch die neojakobinische Bewegung des Jahres VII beunruhigt. Man träumt von einer autoritären Verfassungsrevision, was eine militärische Unterstützung für den nächsten Staatsstreich erfordert. Bonaparte als Mann der Stunde wird den Hoffnungen seiner Mandanten auf überraschende Weise entgegenkommen. Die Verschwörung ist sorgfältig vorbereitet: Bis auf Gohier und Moulin haben alle Direktoren bereits resigniert oder sind selbst beteiligt. Unter dem Vorwand einer anarchistischen Verschwörung sind der Rat der Fünfhundert und der Rat der Alten nach Saint-Cloud verlegt worden. Es fehlt nicht an Unterstützung, zumal in den Pariser Wirtschaftskreisen. Der nahezu erfolgreiche Staatsstreich vom 18. Brumaire (9. XI. 1799) stößt am nächsten Tag auf den Widerstand der Fünfhundert. Während Bonaparte den Kopf verliert, rettet sein Bruder Lucien, der den Vorsitz führt, die Situation. Anrückende Truppen vertreiben die Abgeordneten und erledigen den Rest. Mit diesem wenig ruhmreichen Putsch endet die Geschichte der Französischen Revolution. Das napoleonische Abenteuer beginnt.

V. BILANZ

Innerhalb von zehn Jahren markiert die Französische Revolution eine entscheidende und im wesentlichen irreversible Wende nicht nur in der Geschichte Frankreichs, sondern auch der Welt; und zwar nicht nur durch das, was sie zerstört, sondern auch durch das, was sie aufbaut oder ankündigt. Als eine mit Unterstützung der Volksmassen vollzogene bürgerliche Revolution entspricht ihre Bilanz den besonderen Bedingungen Frankreichs am Ende des 18. Jahrhunderts; sie ist durchaus nicht eindeutig. Allerdings lassen sich die wichtigsten Elemente des von ihr hinterlassenen Erbes in einigen grundlegenden Themen zusammenfassen. Ihre Bedeutung hängt zunächst mit den von ihr erlassenen neuen Proklamationen zusammen: Sie ist die Revolution der Freiheit und der Gleichheit, und sie begründet am Ende des Jahrhunderts der Aufklärung eine neue Gesellschaftsordnung. Ihre Botschaft ist aber nicht monolithisch: In ihr verbinden sich nacheinander der Diskurs der verfassungsgebenden Revolution – mit der Verfassung von 1791 und zuvor schon mit der Erklärung der Menschenrechte von 1789 –, darauf folgt die jakobinische Verfassung von 1793 bzw. des Jahres I – die bereits mehr als nur eine Variante des ursprünglichen Textes ist, vielmehr den Höhepunkt des Traums von der sozialen Demokratie markiert – und schließlich die Verfassung des Jahres III, die wieder zur Orthodoxie der neuen bürgerlichen Wertvorstellungen zurückkehrt. Ohne die Kontroversen in der Interpretation zu kaschieren, ist es möglich, hier eine globale Bilanz zu ziehen. Die Revolution ersetzt die ungleichen Hierarchien der Gesellschaft des Ancien Régime durch das Prinzip der Gleichheit: „Die Menschen werden frei geboren und bleiben frei und gleich in all ihren Rechten." Dies setzt die Beseitigung aller früheren Privilegien und Abhängigkeiten voraus. Mit dieser Gleichheit ist vor allem die zivile Gleichheit in jedweder Form gemeint: auch die der Protestanten und der Juden (hier gibt es den stärksten Widerstand). Bedenken und Einschränkungen machen die Verfassungsgeber allerdings bei den Sklaven und der Gleichheit der Schwarzen oder Mulatten geltend: erst der jakobinische Konvent wird – kurzfristig – im emanzipatorischen Sinne entscheiden. Damit deutet sich an, daß die bürgerliche Revolution der Gleichheit auch Grenzen setzt. In politischer Hinsicht hat zwischen 1793 und dem Jahre II nur eine einzige Erprobung des allgemeinen Wahlrechts für männliche Erwachsene stattgefunden: 1791; und im Jahre III herrscht dagegen das Zensuswahlrecht, das aktive und passive Bürger aufgrund eines Zensus unterscheidet. Diese politischen Beschränkungen bedeuten in Wahrheit soziale Schranken, die die Grenzen der bürgerlichen Demokratie zu diesem Zeitpunkt markieren.

Die Revolution ist das Jahr I der Freiheit. Sie hat diese Freiheit mit weniger Einschränkungen als im Falle der Gleichheit von Anfang an proklamiert. Persönliche Freiheit des Bürgers, dessen Person unverletzlich ist. Das Regime will jede willkürliche Grausamkeit der Strafe abschaffen und bekennt sich ausdrücklich zur Menschenfreundschaft der Aufklärung. Hinzu kommt die Glaubensfreiheit, die das Monopol der katholischen Kirche in der Lenkung des Bewußtseins beseitigt und sich von vornherein auf die Protestanten (1789) und später auch auf die Juden (1791) erstreckt. Der Schlußpunkt in dieser Entwicklung ist die

Trennung von Kirche und Staat durch den Thermidorkonvent im Jahre III. Jedoch ist diese zeitbedingte Maßnahme eine bloße Antizipation, die keineswegs dem wahren Charakter der Revolution entspricht; wirklich laizistisch ist diese nur vom Winter 1793 an bis zum Direktorium, während die Zivilverfassung des Klerus 1791 ebenso wie das Konkordat von 1801 eher Kompromißversuche mit der herrschenden Religion darstellen. Die Meinungsfreiheit ist die logische Konsequenz der Glaubensfreiheit, auch wenn die Verfassungsgeber die Einschränkung machen, daß sie nicht zum Mißbrauch der Freiheit verwandt werden dürfe. Die Verbreitung der revolutionären Presse und die Vermehrung der Clubs zeigen, mit welcher Begeisterung diese Innovation angenommen wurde.

Die politischen Freiheiten boten das Terrain für vielfältige und exemplarische Erfahrungen. Die Erklärung der Menschenrechte proklamiert die Volkssouveränität, das Prinzip der Wählbarkeit auf allen Ebenen und die Notwendigkeit eines repräsentativen Staatswesens basierend auf der Gewaltenteilung: Alle diese Themen sind den Verfassungen von 1791 und 1793 gemeinsam, wenngleich letztere stärker die Dezentralisierung betont und durch Volksabstimmungen einen Weg zur direkten Demokratie eröffnet. Die gleiche Kontinuität gilt aber auch für die Verfassung des Jahres III, die ebenfalls die Gewaltenteilung betont. Damit werden die Grundlagen des politischen Liberalismus des 19. Jahrhunderts in Frankreich und anderswo gelegt, obwohl einige Charakteristika (Wahl der Richter . . ., aber auch der Priester) kaum längerfristig bestehen bleiben. Eines der Grundprinzipien ist schließlich auch die unternehmerische Freiheit. Bereits 1790 und 1791 wird sie in den Gesetzen Allard und Le Chapelier formuliert, die jede Koalition und jedes Monopol verbieten. Hier widerspricht das Programm der Bourgeoisie allzu deutlich den Wünschen des Volkes, das Dirigismus und Kontrolle möchte (Besteuerung, Preismaximum), so daß es im Jahre II zeitweilig eingeschränkt werden muß. Vom Jahre III an setzt sich dieses Prinzip aber wieder unangefochten durch.

Freiheit und Gleichheit: Man ist versucht, hier die berühmte Trias durch den Begriff der „Brüderlichkeit" zu vervollständigen. Aber die wirklich gelebte Brüderlichkeit, die zumindest die Pflicht zur Fürsorge gegenüber den Mittellosen und das Recht auf Leben bedeutet, galt als potentielle Einschränkung des Rechtes auf Eigentum und war daher nur eine in den Ventôse-Dekreten angekündigte Traumvorstellung der jakobinischen Demokratie des Jahres II. Freiheit, Gleichheit, Sicherheit und

Eigentum entsprechen sehr viel eher der im Jahre III wiederhergestellten Kontinuität bürgerlicher Werte.

Die dauerhafteste Nachwirkung erlangte die Revolution zweifellos über diese Proklamationen und Experimente. Aber jenseits der Proklamationen wurde auch das Land selbst nachhaltig transformiert, so daß man sagen kann: Das moderne Frankreich ist zu einem guten Teil 1789 entstanden. Die Verwaltungseinheiten wurden neu festgelegt und vereinfacht: 83 Départements, zu denen später weitere hinzukommen, entsprechen einer rationalen und vereinfachten territorialen Aufteilung, wobei die Verfassungsgeber realistisch genug waren, keine quadratische Aufgliederung nach amerikanischem Vorbild vorzunehmen, die den historischen und geographischen Gegebenheiten widersprochen hätte. In diesem Rahmen entstehen neue Institutionen, denn die Revolution will dezentralisieren. Erst das Konsulat und das Kaiserreich werden wieder eine Zentralisierung herbeiführen, die Frankreich heute sehr viel stärker belastet als das revolutionäre Erbe. Auch die Neustrukturierung der Justiz und des Finanzwesens (die vier klassischen Steuern: Grundsteuer, Grundstücksteuer, Gewerbesteuer, Haus- und Fenstersteuer) führen zu einer Rationalisierung und lassen die neuen Prinzipien der Gleichheit vor Recht und Gericht zur Gewohnheit werden.

Der ehrgeizige Versuch, auch die Lebensbedingungen umzumodeln, mußte zwangsläufig unvollendet bleiben und zu ebensovielen Rückschlägen wie Erfolgen führen. Das metrische System als neue räumliche Maßeinheit wurde allgemein akzeptiert, während der neue Kalender sich nicht richtig durchsetzen konnte. Die Aufteilung in Départements wurde zum Bestandteil der nationalen Geographie, während die Innovationen oder Projekte in strafrechtlicher oder pädagogischer Hinsicht nicht genügend Zeit hatten, auszureifen und sich durchzusetzen.

Kann man also sagen, daß die französische Gesellschaft sich mit der Revolution grundlegend verändert hat? Der Umbruch war gewiß geringer, als man gemeint und geschrieben hat: Es bedurfte der gesamten Entwicklung der ersten Hälfte des 19. Jahrhunderts, damit sich die „liberale" Gesellschaft installieren konnte. Auch reproduzierte die städtische Welt zwischen 1815 und 1830 im wesentlichen die Züge der Gesellschaft von 1789.

Dennoch hat die Französische Revolution zu spektakulären Verschiebungen im gesellschaftlichen Gleichgewicht geführt. Mit der Nationalisierung der Kirchengüter (vermutlich 6 bis 10% des Grund und Bodens), dann dem Verkauf der Emigrantenbesitzungen wechselt ein

Sechstel des nationalen Territoriums den Besitzer. Zwar glaubt heute niemand mehr – wie noch zu Zeiten Balzacs – an einen ausgebluteten, durch die Emigration und den Verkauf seiner Güter ruinierten Adel; der Verlust war gewiß wesentlich bescheidener. Aber es hat trotzdem ein erhebliches Hin und Her stattgefunden: Mit sehr großen örtlichen Unterschieden hat die Bauernschaft vielleicht zwischen einem Drittel und der Hälfte der Nationalgüter aufgekauft. Auch die städtische oder dörfliche Bourgeoisie hat ihren Grundbesitz vergrößert. Vor allem aber konnten die mittleren und kleinen Bauern ihre wirtschaftliche Situation erheblich verbessern, da sie nun keine seigneurialen Abgaben mehr zu leisten und keine Feudallasten mehr zu tragen hatten. Heißt das, wie einmal behauptet wurde, daß die Revolution auf die französischen Bauern geradezu wie ein Sauerstoffgerät wirkte, das es ihnen erlaubt hat, bis zur großen Krise in der zweiten Hälfte des 20. Jahrhunderts zu überleben? Dieses Bild ist zwar übertrieben, aber sicher nicht ganz falsch.

Der Adel hat unter der Revolution zwar gelitten, aber er ist keineswegs verschwunden. Vielmehr ist er mit den *bourgeois* und den *rentiers* zur damals neu entstehenden Gruppe der *propriétaires* (Grundbesitzer) verschmolzen, die mehr als ein halbes Jahrhundert des Wohlstands vor sich hat. Diese Neugruppierung der „Welt der Grundrente" wird Frankreich vom Kaiserreich bis zur zensitären Monarchie beherrschen. Daneben kann man die Entstehung einer neuen Gruppe von Beamten und öffentlichen Bediensteten vermuten, die die Gruppe der königlichen Offiziere ablöst, welche nur noch ein Rentnerdasein führt. In dieser neu entstehenden Gruppe konsolidieren sich die spektakulärsten Karrieren zwischen Revolution und Kaiserreich. Dies gilt vor allem für die Militärlaufbahn, wo sich zeitweilig ungeheure Möglichkeiten auftun: Von den zwanzigjährigen Generälen des Jahres II bis zu den etablierten Marschällen des Kaiserreichs.

Derartige Verschiebungen oder Migrationen mögen am Ende begrenzt erscheinen, denn sie bleiben durch die Disproportion zwischen zwei Revolutionen gekennzeichnet: zwischen der Französischen Revolution als politischem und gesellschaftlichem Umsturz zugunsten der Bourgeoisie, die die objektiven Grundlagen neuer gesellschaftlicher Verhältnisse errichtet; und der industriellen Revolution der Jahre nach 1830, die diese Ansätze fortsetzen wird.

Aber dies bedeutet noch lange nicht, daß das revolutionäre Ereignis von 1789 begrenzt oder gar belanglos war: Seine Tragweite mißt sich an den unmittelbaren Veränderungen ebenso wie an den langfristigen Ankündigungen und schließlich an der Art und Weise, in der der Revolutionsakt erlebt und empfunden wurde – nämlich als dauerhafter Bruch zwischen einem „alten Regime" und einem neuen. An den Landkarten, die das Verhalten der Franzosen gegenüber den politischen oder religiösen Ereignissen – z. B. dem konstitutionellen Schisma oder der Entchristianisierung – verzeichnen, läßt sich eine Geographie und Soziologie der französischen Haltungen ablesen, die erstaunlich modern ist. Sie

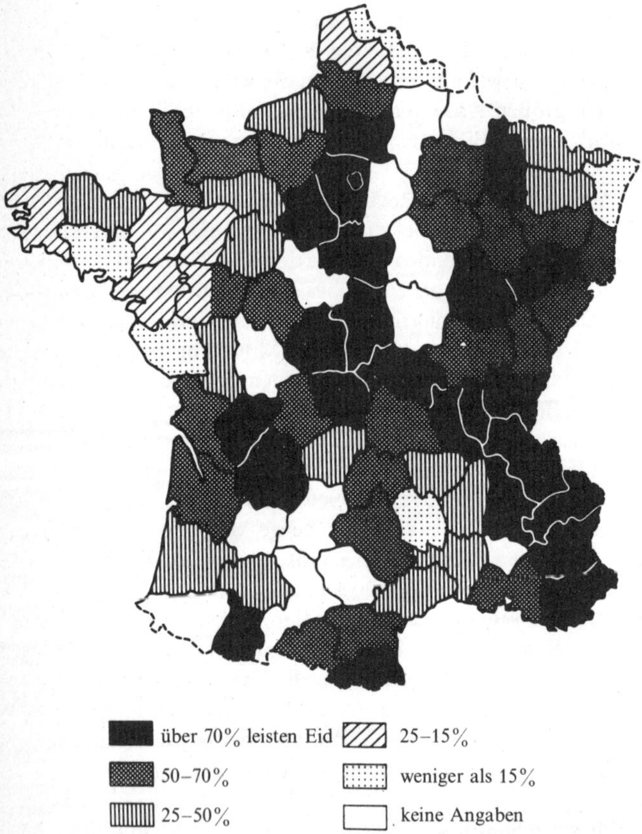

Abb. 1: Eidleistungen der Priester auf die Verfassung 1791 (nach Départements)

zeigt einen starken Kontrast zwischen dem Frankreich, das die Revolution ablehnt (der Westen und in mancher Hinsicht der Norden) und dem Frankreich, das sie intensiv erlebt (Mittelfrankreich oder der Süden). Die Revolution erscheint als Katalysator kollektiver Verhaltensmuster, als eine Zeit und ein Ort, in der bzw. an dem inmitten der Aktion dauerhafte Entscheidungen fallen. Das zeigen z. B. Untersuchungen über die Bauern des westlichen Hainlandes, die damals eine Erfahrung durchmachten, die sich langfristig in ihrem kollektiven Verhalten niedergeschlagen hat. Daher werden wir im dritten Teil dieses Buches dem Problem der revolutionären Mentalitäten ganz besondere Aufmerksamkeit widmen.

Bevor wir aber diese Bilanz schließen, sind noch zwei weitere langfristige Erbteile zu erwähnen. Einmal, die Bedeutung der Französischen Revolution für die Durchsetzung einer neuen Ideologie, die im 19. Jahrhundert vorherrschen wird. Zwar wagt man es heute kaum noch, von revolutionären „Antizipationen“ zu sprechen, aus Angst, durch die revisionistischen Historiker angegriffen zu werden, die gerne den „finalistischen“ Diskurs einer parteilichen Geschichtsschreibung denunzieren. Aber es läßt sich einfach nicht bestreiten, daß die Revolution einige entscheidende Neuheiten erprobt: Die Vielfalt der revolutionären Praxisformen der Volksmassen und deren erste theoretische Reflexion in den Artikeln Marats ebenso wie das gelebte und ausformulierte Programm der Pariser Sansculotten. Desgleichen hat die Französische Revolution auch die Praxis der revolutionären Regierung erprobt: Einschränkung der bürgerlich-demokratischen Freiheiten im Zusammenhang eines heftigen revolutionären Klassenkampfs. Auch dieses Beispiel wird nicht vergessen werden. Das gleiche gilt schließlich auch für die Formulierung des Ideals einer kollektivistischen Sozialrevolution durch die babouvistische Bewegung. Die Tragweite und das Echo der Revolution nicht nur in Frankreich, sondern auch in ganz Europa und darüberhinaus ist letztendlich auf diese Vielfalt und diesen Überfluß an konkreten Verwirklichungen und hoffnungsvollen Voraussagen zurückzuführen. Erst durch die Revolution ist die moderne französische Nation entstanden und herangereift. Sie ist der Prototyp und das begeisternde Vorbild aller großen nationalen Revolutionen des 19. Jahrhunderts.

Zweiter Teil: Die Geschichtsschreibung

Die Französische Revolution liegt nun fast zweihundert Jahre zurück. Ihr „Dossier" hat riesige Ausmaße angenommen und besteht nicht nur aus wissenschaftlichen Untersuchungen, sondern auch aus oftmals polemischen Studien, die sich durch begeisterte Zustimmung oder heftige Ablehnung gegenüber dem revolutionären Umbruch auszeichnen. Ob als Modell oder Alptraum – stets diente die Revolution als Referenz, deren einzelne Etappen spezifische Probleme und Spannungen widerspiegelten. Mit dem Dossier „Französische Revolution" verbindet sich auch eine fast zweihundertjährige Hoffnung sowie ein oftmals bedrükkendes Erbe. Es ist sinnvoll, wenigstens kurz darauf einzugehen, bevor wir uns den gegenwärtigen Arbeitsfeldern und heutigen Problemstellungen der Revolutionsforschung zuwenden.*

I. HOFFNUNG UND ERBE

Um die Etappen einer Geschichte der Revolutionsgeschichte zu verfolgen, die entscheidende Phasen kannte und heftige Kontroversen ausgelöst hat, könnte man bis auf die Revolution selbst zurückgehen Sie war noch nicht ganz vorbei, als bereits Burke in seinen *Considerations on the French Revolution*[1] das Thema der Illegitimität eines gewaltsamen revolutionären Bruches aufbrachte, den er als Attentat auf die Geschichte verurteilte und, damit die gesamte Entwicklung der konservativen Philosophie des 19. Jahrunderts vorwegnahm. Andere gaben sich auf einer elementareren Ebene mit dem Thema der „Verschwörung" zufrieden, so etwa der Abbé Barruel, der in der Emigration die phantastische Theorie einer Verschwörung der Freimaurer gegen Monarchie, Religion und

* Die in [] angegebenen Ziffern der folgenden Fußnoten verweisen auf die laufende Nr. in der Bibliographie.

[1] EDMUND BURKE: Reflections on the Revolution of France, London 1790. Dt.: Betrachtungen über die Französische Revolution, Frankfurt/M. 1967.

Ordnung lancierte[2]. Erst nach und nach entwickelte sich eine wirklich wissenschaftliche Geschichtsschreibung der Revolution, die der unnachgiebigen Verurteilung durch die Konservativen zunächst eine schüchterne Rehabilitierung durch die Liberalen, dann eine mutigere durch die Demokraten und Sozialisten der 48er-Zeit entgegensetzte und die Gesamtheit des revolutionären Erbes – einschließlich des Jahres II – akzeptierte. Dies führt zu der noch heute schätzenswerten *Histoire de la Révolution française* von Louis Blanc[3]. Auf dem Hintergrund dieser grundlegenden Kontroversen hat die romantische Historiographie von Michelet bis Carlyle[4] wie gebannt auf jenen großen Umbruch der Moderne gestarrt, aus dem so kolossale Ereignisse und bedeutende Helden emporgestiegen waren. Michelet[5] ist heute mehr noch als Lamartine[6] das Symbol dieser bedeutenden Geschichtsschreibung, die von Intuitionen und Geistesblitzen durchzuckt wird, aber von der modernen Geschichtswissenschaft natürlich recht weit entfernt ist. Auf dem Höhepunkt der als „liberale Schule" zu bezeichnenden Richtung wird durch einen intelligenten Konservativen, Alexis de Tocqueville[7], erstmals eine wissenschaftliche Geschichte in Angriff genommen, die sehr viel nüchterner das Problem der Ursachen und der Kräfteverhältnisse analysiert. In *L'Ancien Régime et la Révolution* werden ihre Zielsetzungen formuliert und die Umrisse eines empirischen Forschungsprogramms skizziert. Freilich muß man zugeben, daß die ersten Schritte der „positivistischen" Revolutionsgeschichte während des letzten Drittels des 19. Jahrhunderts eher das Bild einer mit neuen Worten formulierten Anklageschrift bieten als das einer nüchternen Neubewertung: von Sybel[8] in

[2] AUGUSTIN BARRUEL: Histoire du clergé pendant la Révolution française, Brüssel/London 1793; ders.: Mémoires pour servir à l'histoire du jacobinisme, London 1797–1799.
[3] LOUIS BLANC: Histoire de la Révolution Française, 12 Bde., Paris 1847–62.
[4] THOMAS CARLYLE: History of French Revolution, London 1837; ders.: On Heroes, Hero-Worship and the Heroic in History, London 1841. Dt.: Die Französische Revolution, 2 Bde., 14. Aufl., Leipzig 1927.
[5] JULES MICHELET: Histoire de la Révolution Française, 7 Bde., Paris 1847–1853; dt.: Geschichte der Französischen Revolution, 6 Bde., München 1914.
[6] ALPHONSE DE LAMARTINE: Histoire des Girondins, 8 Bde. Paris 1847; dt. Auszüge: Girondisten und Jakobiner, München 1947.
[7] ALEXIS DE TOCQUEVILLE: L'Ancien Régime et la Révolution, Paris 1856; dt.: Der Alte Staat und die Revolution, Reinbek 1969 [3].
[8] HEINRICH VON SYBEL: Geschichte der Revolutionszeit 1789–1800, 5 Bde., Düsseldorf 1853–1879.

Deutschland und vor allem Hippolyte Taine[9] in Frankreich haben sich zwar erstmals in die Archive begeben – wenn auch sehr zaghaft! –, aber sie sind dort nur dem begegnet, was sie ohnehin suchten. Da sie noch ganz von den Phantasmen einer Elite bestimmt sind, die in der Angst vor „der" Revolution lebt, ist diese erste positivistische Revolutionshistoriographie trotz ihrer literarischen Qualität für uns nahezu ebenso veraltet – manchmal ist sie es sogar noch mehr – als die romantische Historiographie eines Michelet. Allerdings kann man sie nicht einfach schweigend übergehen, da noch heute eine bestimmte Geschichtsschreibung, die mit Hilfe der Massenmedien ein breites Publikum erreicht – vom Fernsehen über die Geschichtsmagazine bis hin zu einer vordergründig seriösen Literatur –, das Ansehen und die Themen dieser Revolutionstheorie von vorgestern verteidigt: die Verbrechen der Schreckensherrschaft, der Leidensweg der königlichen Familie, die phantastischen Porträts der negativen Helden Marat, Saint-Just oder Robespierre – all dies sind Elemente einer alten Leier, die für das breite Publikum leider immer noch das quasi offizielle Bild der Revolution hergibt.

Die eigentlich „moderne" Geschichtsschreibung der Revolution setzt erst in den letzten Jahrzehnten des 19. Jahrhunderts ein. Aber dieser Versuch der „Entmystifizierung" erfolgt keineswegs ohne politische Hintergedanken. Vielmehr steht er im Zusammenhang mit den Hundertjahrfeiern und mehr noch mit den großen Kämpfen der republikanischen Ideologie, die sich im Diskurs der „radikalen" Partei wiederfindet und sich historisch legitimieren möchte. „Die Revolution ist ein Block", sagte Clémenceau, um so den Anspruch auf das gesamte Erbe der Revolution prägnant zu formulieren. Das heißt aber nicht, daß nicht auch bereits in der republikanischen Geschichtsschreibung verschiedene Lesarten existierten. Die Etablierung einer offiziellen und universitären Geschichte der Französischen Revolution wird durch Alphonse Aulard[10] symbolisiert, der den ersten Lehrstuhl für die Geschichte der Revolution an der Pariser Sorbonne innehat. Vor allem mit seiner *Histoire politique de la Révolution française* gehört er zu jenen, die mit am meisten dazu

[9] HYPPOLITE TAINE: Les origines de la France contemporaine, 11 Bde., Paris 1875–1893. Dt.: Die Entstehung des modernen Frankreich. Revolutionen und Kaiserreich, Berlin / Frankfurt 1954.

[10] ALPHONSE AULARD: Etudes et leçons sur la Révolution Française, Série 1–6, Paris 1893–1924; ders.: Histoire politique de la Révolution française, Paris 1901; dt.: Politische Geschichte der Französischen Revolution. Entstehung und Entwicklung der Demokratie und der Republik, 1789–1804, 2 Bde., München / Leipzig 1924.

beigetragen haben, den unerläßlichen Hintergrund an Ereignissen, Institutionen und Menschen darzustellen, auf den wir noch heute Bezug nehmen. Aber auch diese in ihrem historischen Kontext verwurzelte Geschichtsschreibung ist keineswegs „unschuldig": Sie konzentriert sich auf den *politischen* Diskurs der Revolution und erhebt Danton als Verkörperung der Vitalität, des nationalen Atems und der Ablehnung von Gewalt zum symbolischen Helden, während die Unbeugsamkeit Robespierres und eines engagierten Jakobinismus verworfen werden. So ist es kaum verwunderlich, daß in diesem gleichen Zeitraum, in dem ja auch die Arbeiterbewegung und der Marxismus theoretische Überlegungen zum revolutionären Phänomen und zur Rolle der Gewalt anstellen, ein Diskurs über die Revolution entsteht, der im Gegensatz zum Liberalismus der „Radikalen" zum Ausgangspunkt einer anderen, gleichfalls bedeutenden historiographischen Tradition wird, die zunächst vor allem mit dem Namen Jean Jaurès verbunden ist[11].

Jaurès verortet sich selbst in der doppelten Tradition von Michelet und Marx und entwickelt in den ersten Jahren des 20. Jahrhunderts das monumentale Fresco seiner *Histoire Socialiste de la Révolution Française.* Darin wird zum erstenn Mal der Versuch unternommen, die Revolutionsforschung gegenüber einer Sozialgeschichte der Massen zu öffnen. Jaurès hat bekanntlich selbst in den Archiven gearbeitet und vor allem eine lebhafte Vorahnung von der Bedeutung neuer Arbeitsfelder gehabt, um zu diesem sozialhistorischen Untersuchungsstadium vorzustoßen. Auch begründete er die *Comission d'Histoire économique et sociale de la Révolution Française,* die nach der Jahrhundertwende lange Zeit eine gigantische Arbeit der Quellenauswertung und -publikation koordinierte und die heutige Revolutionsgeschichte vorbereitete. Mit Jaurès beginnt innerhalb der französischen historischen Schule eine jakobinische Tradition, die bis in unsere Tage reicht – von Albert Mathiez über Georges Lefebvre bis zu Albert Soboul – und die sich zunehmend und kontinuierlich um eine sozialgeschichtlich-marxistische Lektüre der Revolution bemüht. Albert Mathiez[12], einer der Begründer dieser Geschichtsschreibung, symbolisiert bis zu seinem Tod 1923 in seinem Werk diesen Wandel der Historiographie: Seine klassische *Histoire de la Révolution Française* steht noch ganz im Zeichen der politischen Geschichte

[11] Jean Jaures: Histoire socialiste de la Revolution française (1901–1908), 7 Bde., Paris 1969–73 [4].

[12] Albert Mathiez: La Révolution française (1922–27), Paris 1959; dt.: Die Französische Revolution, 3 Bde., Hamburg 1950 [13].

und hat ihren Autor – gegen Aulard und die Dantonisten – als Verteidiger der Person und der Aktion Robespierres, des Unbestechlichen, berühmt gemacht. Robespierre erscheint hier erstmals als die Verkörperung des unnachgiebigen Jakobinismus und der sozialen Demokratie. Aber mit seinem Buch *Mouvement social et vie chère sous la Terreur* kündigte Mathiez zugleich eine Forschungsrichtung an, die weit über den personenbezogenen Konflikt (Danton oder Robespierre) im luftleeren Raum und den für die Historiographie der Jahrhundertwende so typischen Personenkult hinausgeht und sich statt dessen den anonymen Volksmassen zuwendet. Der entscheidende Durchbruch ist allerdings erst Georges Lefebvre[13] zu verdanken, der 1925 in seiner Habilitationsschrift über die Geschichte der *Paysans du Nord pendant la Révolution Française* den entscheidenden Umbruch untersucht, den die Französische Revolution für das agrarische Frankreich der „Provinz“ bedeutete. Als Historiker der *Grande Peur* verfolgte er auch die Erschütterung, die im Sommer 1789 das ländliche Frankreich erfaßte, und begründete damit die Geschichte der revolutionären Mentalitäten. Angeregt durch Georges Lefebvre, ist es in den beiden wichtigsten Nachkriegsarbeiten von Ernest Labrousse[14] und Albert Soboul[15] zu einer Erneuerung und Fortführung der marxistischen Revolutionsgeschichte gekommen.

Mit Ernest Labrousse erreicht der Wandel hin zur Sozial- und Wirtschaftsgeschichte seinen Höhepunkt – und zwar in zwei Richtungen: Zum einen untersucht Labrousse die Krise der französischen Wirtschaft am Vorabend der Revolution und fügt den Ursachen des kollektiven Traumas die Bedeutung der Wirtschaftskonjunktur hinzu. Damit wird endgültig das alte Dilemma behoben, das über die Zeiten hinweg zu der Kontroverse zwischen Michelet und Jaurès geführt hat, wobei der eine die Revolution als Ausdruck des Elends, der andere als Produkt des

[13] Georges Lefebvre: La Revolution française (1951), Paris 1963 [11]; ders.: Etudes sur la Révolution française (1954), Paris 1963 [12]; ders.: Quatre-vingt-neuf (1939), Paris 1970 [31]; ders.: La Grande Peur (1932), Paris 1963 [47]; dt. auszugsweise: Die Große Furcht von 1789, in: Irmgart Hartig (Hg.): Geburt der bürgerlichen Gesellschaft: 1789, Frankfurt/M. 1979, S. 88–135.

[14] Ernest Labrousse: La crise de l'économie française à la fin de l'Ancien Régime et au début de la Révolution, Paris 1944; Nachdruck der Einleitung in Eberhard Schmitt (Hg.): Die Französische Revolution. Anlässe und langfristige Ursachen, Darmstadt 1973, S. 48–98.

[15] Albert Soboul: Précis d'histoire de la Révolution française, Paris 1962; dt.: Die Große Französische Revolution. Ein Abriß ihrer Geschichte (1789–1799), 2 Bde., Frankfurt/M. 1973 [14]; ders.: La civilisation et la Révolution française, Paris 1971 [26]. Siehe auch [35], [53] usw.

bürgerlichen Wohlstands interpretierte. Die von Labrousse analysierte Wirtschaftskrise alten Stils, die den Aufschwung des „glorreichen" 18. Jahrhunderts abschließt, erscheint nun als Katalysator aller gesellschaftlichen Spannungen. Darüberhinaus eröffnet Labrousse im Gefolge Georges Lefebvres als Sozialhistoriker das Feld der Untersuchung von städtischen Gesellschaften vor und während der Revolution, wobei er an seine frühere Untersuchung über die bäuerliche Welt anknüpfen kann. Auch Albert Soboul ist auf einem anderen Terrain zum Historiker der urbanen Revolution geworden, indem er in seiner Habilitationsschrift *Les sans-culottes parisiens en l'an II* die politische mit der Sozialgeschichte verband. Damit findet der seit Aulard und Mathiez zu beobachtende Wandel der Revolutionshistoriographie von einer Geschichte der handelnden Persönlichkeiten zu einer Geschichte der Massen, zu einer politischen Geschichte, die stets auch in der gesellschaftlichen Realität der Klassen verankert ist, ihren Abschluß.

Mit den Arbeiten von Labrousse und Soboul mündet der vorliegende Abriß zu Beginn der 60er Jahre in einen Überblick über die aktuellen Tendenzen der Historiographie, die ja in den letzten zwanzig Jahren keineswegs stehengeblieben ist. Noch vor einiger Zeit konnte man den Eindruck gewinnen, daß das Interesse an der Französischen Revolution zurückgegangen sei; und das Bild einer jahrhundertealten Entwicklung der Revolutionshistoriographie konnte noch vor zwanzig Jahren den Anschein erwecken, als hätten sich die Vertreter der „neuen Geschichte" von der revolutionären Episode abgewandt. Für die „französische Schule", die sich vornehmlich um die Sozial- und Mentalitätsgeschichte der „langen Dauer" bemühte, schien die Französische Revolution nach einem Ausdruck von Fernand Braudel[16] zum Ort eines bedeutsamen „Pathos" geworden zu sein, zu einem immer wieder debattierten, aber letztlich marginalen Thema, das den Erben der alten Meister überlassen wurde. All dies ändert sich gegenwärtig, und das Bild der heutigen Tendenzen der Revolutionsgeschichtsschreibung ist deshalb eigentümlich fließend.

[16] FERNAND BRAUDEL: Histoire et sciences sociales. La longue durée (1958), in DERS.: Ecrits sur l'histoire, Paris 1969, S. 41–83; dt.: Geschichte und Sozialwissenschaften – Die „longue durée", in HANS-ULRICH WEHLER (Hg.):Geschichte und Soziologie, Köln 1972, S. 188–213; ebenso in CLAUDIA HONEGGER (Hg.): Schrift und Materie der Geschichte. Vorschläge zur systematischen Aneignung hitstorischer Prozesse, Frankfurt/M. 1977, S. 47–85.

II. AKTUELLE TENDENZEN DER FORSCHUNG: DIE ZEIT DER KONFLIKTE

Es ist wohl gestattet, hier relativ leichtfüßig über die angesichts der Marktlage immer noch am weitesten verbreitete Sichtweise der Revolutionsereignisse hinwegzugehen, nämlich die konservative Historie in der Tradition des 19. Jahrhunderts, die immer noch von einigen Akademiemitgliedern und Vielschreibern wiederholt wird: eine schwarze Revolutionslegende, die sich an einer unveränderten politischen und psychologischen Geschichtsschreibung alten Stils orientiert. Noch in den 60er Jahren erschienen Bücher über die angebliche Verschwörung der Freimaurer als Ursache der Revolution! Aber diese repetitive Historiographie reproduziert sich ohne jede Berücksichtigung neuer Forschungsergebnisse. In ihr werden wir daher nicht die uns interessierenden neuen Arbeitsfelder finden.

Beim Tod Georges Lefebvres Ende der 50er Jahre konnte man im akademischen Bereich den Eindruck gewinnen, als herrsche – zumindest in Frankreich – ein nahezu unbestrittener Konsens über die Positionen der „jakobinischen" Historiker, also der Nachfolger G. Lefebvres wie Albert Soboul in Frankreich oder George Rudé in England[17] oder auch von Historikern wie W. Markov[18] und A. Saitta[19], die allesamt marxistische Erklärungsansätze auf das revolutionäre Phänomen beziehen. Ohne Marxisten zu sein, teilten auch Historiker wie M. Reinhard[20] oder J. Godechot[21] – wenngleich mit Nuancierungen – im wesentlichen das von der jakobinischen Historiographie des 20. Jahrhunderts erarbeitete Erklärungsschema.

Immerhin gab es schon damals auf verschiedenen Seiten abweichende Stimmen. Das bereits 1948 von Daniel Guérin[22] vorgelegte Buch mit

[17] GEORGE RUDE: The Crowd in the French Revolution, Oxford 1959; dt.: Die Massen in der Französischen Revolution, München/Wien 1961 [48].

[18] WALTER MARKOV/Albert Soboul (Hg.): Die Sansculotten von Paris. Dokumente zur Geschichte der Volksbewegung 1793–1794, Berlin/DDR 1957.

[19] ARMANDO SAITTA: Filippo Buonarroti. Contributi alla storia della sua vita e del suo pensiero, 2 Bde., Rom 1950/51.

[20] MARCEL REINHARD: La chute de la royauté, Paris 1969 [32].

[21] JACQUES GODECHOT: Les Révolutions (1770–1799), Paris 1963 [6]. Siehe auch [18], [43], [56], [61], [67] usw.

[22] DANIEL GUERIN: La lutte des classes sous la Première République. Bourgeois et bras nus, 2 Bde., Paris 1946; dt.: Klassenkampf in Frankreich. Bourgeois und „bras nus" 1793–1795, Frankfurt/M. 1979 [19].

dem Titel *La lutte des classes sous la première République. Bourgeois et „bras nus" (1793–1797)* wirbelte großen Staub auf und ist zu recht als eine marxistisch-libertäre Infragestellung rezipiert worden. Gegen die Historiker der jakobinischen Tradition erblickte Guérin im Robespierrismus der Bergpartei, der für jene die radikalste Entwicklungsstufe der Revolution ausmacht, nur eine Mystifizierung im Interesse der Bourgeoisie, die möglichst schnell die proletarische Volksbewegung der *bras nus* liquidieren wollte, nachdem sie sich vorher auf sie gestützt hatte, um ihre eigenen Klasseninteressen durchzusetzen. Guérins Ansatz war reichlich verwegen, denn er unterstellte geradezu die Existenz eines modernen Proletariats. Diese These ist aber durch die Habilitationsschrift A. Sobouls, die die komplexe Struktur der Pariser Sansculotterie analysiert, nachhaltig widerlegt worden, auch wenn ihr die Explosion des Mai 1968 den Anschein einer zweiten Jugend verlieh.

„Liberale" Infragestellungen des jakobinischen Erklärungsansatzes hat es demgegenüber zunächst vor allem in dern angelsächsischen Historiographie der unittelbaren Nachkriegszeit gegeben. Sie haben verschiedene Wege eingeschlagen und verschiedene Sprachen gewählt, bevor sich schließlich etwas herausbildete, was man heute gemeinhin als den „Revisionismus" in der Revolutionshistoriographie bezeichnet. Diese Kristallisierung entsprach ihrerseits gewissen historischen Bedingungen, wie etwa der verspäteten Verbreitung des Buches von G. Lefebvre, *Quatre-vingt-neuf,* in dem die Amerikaner mit dem für sie ungewohnten Begriff der „bürgerlichen Revolution" konfrontiert wurden. Auch ist der Begriff der „atlantischen Revolution", der von dem Amerikaner R. Palmer und dem Franzosen J. Godechot gemeinsam geprägt wurde[23], nur durch den Kontext der 50er Jahre zu erklären. Beide Autoren haben sich mit überzeugenden Argumenten gegen den Verdacht gewehrt, unbewußte Agenten des Atlantismus der Kalten-Kriegs-Jahre gewesen zu sein. Aber indem sie die „Große Revolution" der Franzosen in die Milchstraße der revolutionären Bewegungen zwischen 1770 und 1820 einordneten, vollzogen sie mehr als nur eine „Entthronisierung" (was für eine demokratische Revolution auch absurd wäre!), sondern vielmehr eine Verlagerung dieser revolutionären Zerstörung des Feudalismus in einen Zusammenhang von Phänomenen, die – wie z. B. die

[23] ROBERT R. PALMER: The Age of Democratic Revolution, Princeton 1959; dt.: Das Zeitalter der demokratischen Revolution. Eine vergleichende Geschichte Europas und Amerikas von 1760 bis zur Französischen Revolution, Frankfurt/M. 1970 [8].

amerikanische „Revolution" – ihrem Wesen nach völlig verschieden sind. Heißt dies aber, daß das Thema der „atlantischen Revolution" heute obsolet wäre? Seine Erfinder haben es nicht als politische Waffe betrachtet, und so bleibt immerhin das positive Ergebnis einer differenzierteren und komparativeren Sichtweise der revolutionären Bewegungen am Ende des 18. Jahrhunderts. Der sehr unterschiedliche Inhalt des „Jakobinismus"-Begriffs wird z. B. erst in dem Maße deutlich, wie man die deutschen, italienischen, ungarischen oder polnischen Jakobiner etwas besser kennt.

Wesentlich grundsätzlicher war die *inhaltliche* Infragestellung der Revolutionsdeutung von seiten der englischen und später der amerikanischen Historiographie. Der Engländer A. Cobban[24] ging sogar so weit, von einem „Mythos der Revolution" zu sprechen, den er insgesamt zurückwies. Hatte es die Französische Revolution etwa gar nicht gegeben? War sie nur ein Artefakt, ein Produkt späterer Interpretationen? Cobban bestritt vor allem ihren Klassencharakter, da er in den verschiedenen aufeinander folgenden Führungsgruppen auswechselbare Aggregate und keineswegs die qualifizierten Vertreter einer aufsteigenden Bourgeoisie sah. Andere Forscher, Amerikaner diesmal, haben in die gleiche Kerbe gehauen und den Begriff der „bürgerlichen" Revolution als solchen kritisiert: ein Begriff, der nur schwer ins Englische zu übersetzen war, bis man sich schließlich mit einer wörtlichen Transposition zufriedengab. G. V. Taylor[25] z. B. hat bei seiner Untersuchung der kapitalistischen Investitionsformen im Frankreich des Ancien Régime die Entdeckung gemacht, daß die Aristokratie alle Schlüsselstellungen in den neuen Industrien – Bergbau und Eisengewinnung – sowie im Finanzwesen einnahm; darüberhinaus betont er die Dynamik, mit der die wirklichen *bourgeois* dazu getrieben wurden, in Grundbesitz oder in Ämter, die mit Adelspatenten verbunden waren, zu investieren.

Was ist das aber für eine Bourgeoisie, die sich nicht dort befindet, wo man sie erwartet? Die angelsächsische Kritik hat in Frankreich brillante Verteidiger in der Person F. Furets und D. Richets[26] gefunden, die so-

[24] ALFRED COBBAN: The Social Interpretation of the French Revolution, Cambridge 1964 [16].

[25] Siehe die Darstellung der Kontroverse bei CLAUDE MAZAURIC: Sur la Révolution française, Paris 1970 [21], S. 21 ff.; sowie GEORGE V. TAYLOR: Noncapitalist Wealth and the Origins of the French Revolution (1966/67), in SCHMITT (Hg.): Französische Revolution (s. Anm. 14), S. 288–328.

[26] FRANÇOIS FURET/DENIS RICHET: La Revolution française, 2 Bde., Paris 1965; dt.: Die Französische Revolution, Frankfurt/M. 1968 [9].

wohl eine Gesamtdarstellung der Revolution, als auch bedeutende Aufsätze verfaßt haben. Ihre Kritik am „Dogmatismus" des jakobinischen Ansatzes, der als „Vulgata" und „Katechismus" bezeichnet wird, erweitert und systematisiert die Themen der amerikanischen Schule, wobei sie zugleich auf den gesellschaftlichen Inhalt der Revolution und die Modalitäten ihres Ablaufs eingeht. Dem Begriff der „bürgerlichen Revolution" wird der Begriff der „Elite" entgegengesetzt, also eine Formation, die stärker das Kulturelle als das Sozio-ökonomische betont und die in ein und demselben Konsens, nämlich der Aufklärungsideologie, einen Großteil der Aristokratie und die am stärksten entwickelten Schichten der Bourgeoisie umfaßt haben soll. Zwischen diesen beiden sozialen Gruppen sei ein Kompromiß möglich gewesen , der – wie in anderen Ländern auch – einen friedlichen Übergang zur liberalen Gesellschaft eingeleitet hätte. Daß aber die Französische Revolution, deren erste Phase einem solchen Ziel noch recht nahe kam, einen anderen Verlauf genommen habe, indem sie sich während des jakobinischen und terroristischen Zwischenspiels radikalisierte, sei auf ein „Abgleiten" *(dérapage)* zurückzuführen, d. h. auf das Eingreifen der städtischen und ländlichen Volksmassen, die einer rückwärtsgewandten Ideologie anhingen, in welcher die „Raserei" früherer Zeiten noch nachhallte. Diese Kritik von Furet und Richet hat eine zeitlang zu heftigen Polemiken geführt, aber sie hat – in Frankreich zumindest – die Mehrzahl der Revolutionshistoriker nicht wirklich überzeugen können. Dies liegt vermutlich daran, daß sie sich, wie schon einst Daniel Guérin, wenngleich in ganz anderer Hinsicht, nicht auf völlig neue Forschungsergebnisse stützen kann, sondern vielmehr als eine Interpretationsübung erscheint, die nur einen allgemein bekannten Quellenfundus zugrundelegt, ihn neu liest und schließlich mit einem modernistischen Vokabular alte Interpretationsansätze wiederbelebt. Oder sollte dies der normale Weg zur Erneuerung der Revolutionsforschung gegenüber dogmatischer Verhärtungen sein? Das wäre durchaus denkbar. Auf jeden Fall schafft diese Infragestellung des jakobinischen Ansatzes die Möglichkeit, mit neuer Klarheit eine Bilanz der Problemfelder vorzunehmen, die die Erforschung der Französischen Revolution heute bestimmen.

III. Aufriß der Probleme

Aufgrund dieser neueren Geschichte der revolutionären Historiographie – von gestern oder heute – fällt es relativ leicht, die wichtigsten Aspekte der durch die Revolution aufgeworfenen Problematik in einigen Hauptthemen zusammenzufassen.

Niemand würde heute – wie einst Mornet[27] – behaupten wollen, die Geschichte der Französischen Revolution sei *ein* Problem, die Geschichte ihrer Ursachen dagegen ein *anderes:* von der Beantwortung der einen Frage hängt die Interpretation der anderen bereits ab. Auch der Mythos der Verschwörung spielt heute keine Rolle mehr, obgleich er immer noch die konservative Historiographie begleitet, denn man stimmt heute allgemein überein, die Ursachen der Revolution in den tiefgreifenden Veränderungen der Produktivkräfte, der gesellschaftlichen Verhältnisse und Strukturen sowie der Ideologie und schließlich der Kultur zu suchen. Dabei gibt es immer noch akademische und wichtige Debatten darüber, welches Gewicht bei der Auslösung der Revolution konjunkturellen bzw. kurzfristigen Faktoren und strukturellen, d. h. säkularen Langzeitentwicklungen zukommt. Dieses Dilemma ist für 1789 in der klassischen Alternative formuliert worden: Revolution des Elends oder Revolution des Wohlstands? Michelet sprach von einer Revolution des Elends und verwies auf die Armut der von der Krise betroffenen französischen Bauern: „Seht den armen Jakob, der auf seinem Misthaufen schlafen muß ..." Jaurès dagegen berief sich auf eine Revolution des Wohlstands, die nicht in den Zwängen des Augenblicks, sondern in einer das ganze Jahrhundert umfassenden Entwicklung begründet war, d. h. in der wachsenden Macht, dem Wohlstand und der Zuversicht des Bürgertums. Die Meisterwerke von Ernest Labrousse haben dieses Dilemma nun nicht durch einen Schiedsspruch, sondern durch eine dialektische Aufhebung gelöst: in seiner *Esquisse du mouvement des prix au XVIIIe siècle,* die die Phasen der Preisentwicklung, der Handelsaktivität und des Profits inmitten des „glorreichen" Jahrhunderts herausstellt, und in seiner Habilitationsschrift über die *Crise de l'économie française à la veille de la Révolution,* die die Mechanismen der Krise alten Stils zerlegt, welche vor allem die landwirtschaftliche Produktion, den Weinbau bzw. den Getreideanbau sowie indirekt die gesamte Ökonomie und das Überleben der unteren Volksklassen berührt hat. Seit diesen entschei-

[27] Daniel Mornet: Les origines intellectuelles de la Révolution, Paris 1933 [30].

denden Beiträgen von Labrousse ist die Problematik der kurz- und langfristigen Ursachen in mehrfacher Hinsicht bereichert worden. Dies gilt insbesondere, wie wir noch sehen werden, für den Bereich der historischen Demographie, die in den letzten dreißig Jahren neue Methoden entwickelt hat und heute unsere Aufmerksamkeit auf den ungeheuren Druck lenkt, den ein Bevölkerungswachstum von 20 auf 26 Millionen für die französische Welt von 1789 bedeutet haben muß.

Im übrigen verweist uns die Untersuchung mehr oder weniger langfristiger Bewegungen auf eine Problematik, die marxistisch mit dem Begriff des Übergangs von einer Produktionsweise zur anderen – vom Feudalismus zum Kapitalismus – formuliert werden kann[28]. Als bürgerliche Revolution bildet die Französische Revolution nicht selbst einen solchen Übergang, vielmehr wird dieser erst durch die Industrielle Revolution zwischen 1830 und 1860 vollzogen ... Auch sollte der marxistische Ansatz nicht auf eine so simple Vereinfachung reduziert werden. Aber indem die Revolution das Gesellschaftssystem des Ancien Régime und gleichzeitig auch das damit verbundene absolutistische Staatswesen zerstörte, ebnete sie den Weg („Man mußte diese Ketten sprengen, und sie wurden gesprengt", nach der berühmten Formulierung von Marx im *Kommunistischen Manifest*) und verwirklichte sie die notwendigen Voraussetzungen für den Aufschwung des liberalen Kapitalismus. 1789 ist also der revolutionäre und französische Weg eines Bruches, der sich anderswo – in Mitteleuropa oder im Mittelmeerraum des 19. Jahrhunderts oder im Japan der Meiji-Ära – nach anderen Modalitäten vollzogen hat.

Bei einem solchen Ansatz wird das leidenschaftliche Interesse verständlich, das italienische, russische oder japanische Historiker und Theoretiker in komparatistischer Perspektive der Französischen Revolution entgegenbringen. Auch wird deutlich, warum die gegenwärtige neo-liberale und revisionistische Kritik dem Ursachenproblem bzw. einer breit angelegten Vorrevolution einen solchen Stellenwert beimißt. Einige Themen sind für diese Infragestellung besonders wichtig: Im Bereich der Wirtschaftsgeschichte geht es um den jeweiligen Anteil der Grundrente und des Profits, des handels- und industriekapitalistischen Sektors und der bäuerlichen Welt. Darüberhinaus wird die Frage aufgeworfen, ob man für die französische Wirtschaft von einer „Deblockierung" oder – wie die Ökonomen sagen würden – einem „take off" spre-

[28] *Sur le féodalisme*, hg. v. Centre d'études et de recherches marxistes, Paris 1971 [27].

chen kann, und wenn ja, wo dieser anzusetzen wäre: vor, während oder ganz eindeutig nach dem revolutionären Zwischenspiel. Diese Frage bezieht sich nicht nur auf das ökonomische Wachstum, sondern auch auf die Geschichte der Sozialstrukturen; wieder geht es hier um die bereits gestreifte Frage nach der Existenz, den Merkmalen und der Ideologie der französischen *bourgeoisie* am Ende des Ancien Régime. Da von den angelsächsischen Historikern mehr oder weniger offen deren bloße Existenz bestritten worden ist[29], sind französische Historiker (Régine Robin)[30] nun dazu übergegangen, das differenzierte Profil einer gemischten Bourgeoisie des Übergangs zu zeichnen, zu der sowohl die Individuen gehören, die sich selbst als *bourgeois* bezeichnen, aber wie der Adel von ihren Renten leben, als auch die noch begrenzte Kategorie der von handels- oder industriekapitalistischen Profiten lebenden Bourgeois.

Die Kontroverse ist jedoch nicht auf diese ökonomische und soziale Ebene beschränkt geblieben, sondern mit der neuesten Polemik über die „Eliten" am Ende des 18. Jahrhunderts auch auf den Bereich der Kultur- und Mentalitätsgeschichte ausgeweitet worden. In neuem Gewande ist der Klassencharakter der französischen Gesellschaft des Ancien Régime in Frage gestellt worden. Für die einen handelt es sich immer noch um eine Ständegesellschaft, die auf einer festen Rangordnung basiert. Für andere (D. Richet)[31] gibt es bereits die Elemente einer „Elite", die sich durch einen elastischen sozio-ökonomischen Status – das Monopol eines neuen oder traditionellen Reichtums –, vor allem aber durch eine gemeinsame Kultur – die Aufklärung – und einen Konsens über bestimmte Werte und Ideen definiert, deren wichtigste die Freiheit und die repräsentative Regierungsform sind. Falls eine solche Elite, die sich später in der Notabelnschicht des 19. Jahrhunderts wiederfinden läßt, tatsächlich existiert haben sollte, wäre es dann nicht auch möglich gewesen, im ausgehen den Ancien Régime eine Revolution zu vermeiden und zwischen Aristokratie und Bourgeoisie einen Kompromiß auf der Basis der liberalen Gesellschaft herbeizuführen? In England ist dies ja am Ende des 18. Jahrhundert bereits realisiert worden, in Mitteleuropa oder

[29] ROBERT R. PALMER: Polémique américaine sur le rôle historique de la bourgeoisie dans la Révolution française, in: AHRF 39, 1967, S. 369–380.

[30] REGINE ROBIN: La société française en 1789: Semur-en-Auxois, Paris 1970 [28].

[31] DENIS RICHET: Autour des origines idéologiques lointaines de la Révolution française: Elites et despotisme, in: AESC 24. 1969, S. 1–23; Nachdruck in SCHMITT: Ursachen (s. Anm. 14), S. 329–358.

in Japan geschieht es erst im Laufe des 19. Jahrhunderts. Damit wird deutlich, wie sehr das Problem der Ursachen der Französischen Revolution durch eine solche Hypothese von Grund auf neu formuliert wird. Auch bleibt immer noch zu beweisen, daß diese Elite hinter der scheinbaren – aber irreführenden – Einstimmigkeit des Aufklärungsdiskurses tatsächlich existiert hat, da sonst die Gefahr besteht, daß man die Illusionen einer Zeit für deren Wirklichkeit hält.

Die Ursachenanalyse der Französischen Revolution verweist somit auf zwei zusammenhängende Probleme: zum einen die Entwicklung ihrer verschiedenen Etappen und zum anderen ihre Bilanz und definitive Bedeutung.

François Furet[32] und andere haben der marxistischen und ganz allgemein der jakobinischen Revolutionshistoriographie vorgeworfen, den revolutionären Zyklus in ein stereotypes Schema zu pressen, so daß sich die bürgerliche Revolution von 1789 bis 1791/92 zwangsläufig radikalisiert habe, um dann 1793 und im Jahre II durch die Verbindung mit der Volksbewegung den Höhepunkt ihrer Aufwärtsentwicklung zu erreichen, anschließend aus diesem Feuerhimmel wieder hinabzusteigen und in der „Normalisierung" durch die direktoriale Bourgeoisie zu enden. Das jakobinisch-marxistische Modell einer „bürgerlichen Revolution mit Unterstützung der Volksmassen" (E. Labrousse) wird somit in seiner Kohärenz in Frage gestellt und dies aus zwei verschiedenen Richtungen: Von rechts – man verzeihe mir diese Vereinfachung – durch jene, die die Revolution als eine zu weit getriebene Bewegung betrachten, und von links – etwa in der Schrift Daniel Guérins – durch jene, die in ihr vielmehr eine vorzeitig unterbrochene Dynamik sehen. Nach Auffassung der revisionistischen Schule bestanden in den ersten Jahren der Revolution durchaus die Bedingungen für einen Kompromiß innerhalb einer Elite, die aufgeklärte Bourgeoisie und liberalen Adel zu einer neuen herrschenden Klasse miteinander verband. Daß die Revolution dennoch einen anderen Lauf genommen hat, war keine innere Notwendigkeit, sondern ist darauf zurückzuführen, daß sie in sich heterogen war und eine Revolution der Elite (die im Grunde die „wahre" Revolution war) mit einer Volksrevolution koppelte, die ihrerseits sowohl städtisch wie agrarisch, in jedem Fall aber rückwärtsgewandt war, indem sie

[32] FRANÇOIS FURET: Le catéchisme révolutionnaire, in: AESC 26. 1971, S. 255–289; dt.: Der revolutionäre Katechismus, in: EBERHARD SCHMITT (Hg.): Die Französische Revolution, Köln 1976, S. 46–88.

alte millenaristische Träume und traditionelle Verhaltensweisen wieder aufleben ließ. Dieses ärgerliche Eingreifen „der" Volksrevolution habe mehr noch als die Widerstände der Konterrevolution zu jener momentanen und hoffnungslosen Radikalisierung geführt, die in der jakobinischen Episode des Jahres II zum Ausdruck kommt. Insofern war diese Episode keineswegs der wirkliche Höhepunkt der Revolution, sondern ein Ausdruck ihres „Abgleitens". Umgekehrt bildet für Daniel Guérin die radikalisierte Revolution des Jahres II keineswegs einen Exkurs, sondern vielmehr – im Lichte der Theorie der permanenten Revolution – ein uneingelöstes Versprechen. Für ihn gab es bei den *bras nus* des städtischen Proletariats und ihren Wortführern, den *enragés,* die Elemente einer Aufhebung der bürgerlich-demokratischen Revolution durch eine sehr viel weitergehende Subversion des Volkes. Mit Hilfe der Person Robespierres und seiner Gruppe sei es der Bourgeoisie jedoch gelungen, diese Möglichkeit zu kanalisieren und abzubiegen. Auch in dieser Hinsicht hat die spätere Analyse der sozialen Strukturen und der Ideologie der Sansculotten-Bewegung durch A. Soboul zu einer schlichteren und genaueren Einschätzung geführt, indem sie die bloße Möglichkeit einer Volksbewegung mit autonomen Zielen unter den Bedingungen der Klassenverhältnisse der Revolutionszeit in Frage stellte.

Diese verschiedenen Kritiken und die offene, teilweise recht heftige Polemik über den Ablauf des Revolutionsprozesses ermöglichen es, die Französische Revolution mit ihren eigentümlichen Merkmalen im Blick auf die Gesamtheit der bürgerlich-liberalen Revolutionen jener Zeit genauer zu verorten. Vor dem Hintergrund des Jahrhunderts der Aufklärung erscheint sie als der revolutionäre Weg zur Zerstörung des Feudalismus. Gegenüber dem restlichen Europa bildet sie eine Alternative zum Aufgeklärten Absolutismus, für den es in Frankreich kein Gegenstück gibt[33]. Der heute etwas veraltete Begriff der „atlantischen Revolution" beinhaltet einen Vergleich mit den anderen Revolutionen dieser Zeit, wodurch die Besonderheit der französischen noch deutlicher wird: Zwar handelt es sich um eine bürgerliche Revolution in bezug auf Ziele, Maßnahmen und Ablauf, aber diese bürgerliche Revolution hat aufgrund der sozialen Bedingungen Frankreichs am Ende des 18. Jahrhunderts und der Heftigkeit der gegen das Ancien Régime geführten Kämpfe nur dadurch siegen können, daß sie von den städtischen und ländli-

[33] Leo Gershoy: L'Europe des princes éclairés, Paris 1966 (mit einem Vorwort von Denis Richet).

chen Volksmassen unterstützt wurde. Das Engagement der Bauern während der ersten Revolutionsjahre und die sich daraus ergebenden Folgen resultieren aus der Bedeutung einer unabhängigen Klein- und Mittelbauernschaft wie auch aus der Besonderheit eines zugleich ausbeuterischen und agonisierenden grundherrschaftlichen Systems.

Auch die städtische revolutionäre Erfahrung der Sansculotten in Paris und in der Provinz war einzigartig: Als unabhängige Produzenten mit kleinen Läden oder Werkstätten konnten die Sansculotten mit ihrem Ideal der direkten Demokratie zwar gewiß nicht die Kämpfe des Industrieproletariats des 19. Jahrhunderts vorwegnehmen. Aber sie haben dennoch einige Formen revolutionärer Praxis ausprobiert und im Kampf ständig dazugelernt. In dieser Hinsicht ist die Originalität der Französischen Revolution als Schlüsselereignis im Vergleich zu anderen Umwälzungen vielleicht eher zeitlich als geographisch zu sehen. Gegenüber der Vergangenheit unterscheidet sich diese Erfahrung von den „Rasereien" (wie Roland Mousnier sagt[34]) der Bauernrevolten der frühen Neuzeit, und es ist daher völlig abwegig, die Bedeutung der Volksbewegung auf die Wiederholung eines alten Liedes zu reduzieren . . . Umgekehrt dürfte es kaum ein überzogener Finalismus sein, wenn man mit E. Labrousse in der Revolutionsära auch bereits „Antizipationen" späterer Entwicklungen sieht[35]. Von der Volksbewegung von 1793 bis zur Verschwörung der Gleichen entwickelt sich eine Praxis und erste theoretische Formulierung des modernen Revolutionsbegriffs, die dann im 19. Jahrhundert aufgegriffen werden. Hinsichtlich der Einmaligkeit und Besonderheit der Französischen Revolution dürfte es im Unterschied zum Problem ihrer Ursachen oder ihres Verlaufs keinen grundlegenden Dissens geben; allenfalls läßt sich diese Originalität unterschiedlich bewerten: Für die einen ist es eine vorbildliche Erfahrung, während die anderen die Revolution ablehnen . . . In jedem Fall aber ist es unsinnig, in ihr nur einen im Nachhinein konstruierten „Mythos" zu sehen, wie Cobban behauptet hat.

Diese Auflistung der neueren historiographischen Kontroversen über die Französische Revolution hat bisher auch unsere Präsentation der aktuellen Forschungsfelder strukturiert, so daß der Eindruck entstehen könnte, es handele sich um eine rein akademische Debatte mit vorgege-

[34] ROLAND MOUSNIER: Fureurs paysannes. Les paysans dans les révoltes du XVIIe siècle, Paris 1968.

[35] ERNEST LABROUSSE, in ERNEST LABROUSSE / ROLAND MOUSNIER / MARC BOULOISEAU: Le XVIIIe siècle, Paris 1953 (Histoire générale des civilisations, Bd. V), S. 405–427.

benen Positionen. Eine solche Sichtweise ist aber heute überholt. Vielmehr zeigt ein Überblick über die laufenden Untersuchungen, daß eine zu neuem Leben erwachte Forschung den neuen Methoden heute zunehmend aufgeschlossener gegenübersteht und keineswegs nur alte Themen variiert.

IV. ARBEITSFELDER DER REVOLUTIONSFORSCHUNG HEUTE

Auch wenn die Lektüre der Französischen Revolution aus naheliegenden Gründen immer noch stark von Ideologien geprägt ist, findet seit geraumer Zeit eine Neustrukturierung der wichtigsten Forschungsfelder und methodischen Ansätze statt. Beides hängt zusammen: Während das revolutionäre Ereignis immer stärker „besetzt" wird, werden zugleich immer differenziertere Methodologien angewandt.

Die Geschichte der Französischen Revolution wird heute nicht mehr auf die gleiche Weise wie zu den Zeiten ihrer Gründungsväter (einschließlich Mathiez) geschrieben. Bereits eine Durchsicht der Buchtitel kann zeigen, daß die Revolution entpersonalisiert worden ist. Zwar werden immer noch Robespierre, Saint-Just oder Babeuf als repräsentative Wortführer bestimmter Gruppen oder politisch-ideologischer Konstellationen gefeiert, aber die Kontroverse um die Person einzelner Helden ist heute überholt und erinnert lediglich an die großen Polemiken zu Beginn des Jahrhunderts.

Parallel dazu läßt sich ein gewisser Rückgang der politischen Geschichte der Revolution feststellen, egal ob es sich um Innenpolitik oder Diplomatie oder um Institutionengeschichte handelt. Wir sind gewissermaßen die Erben eines genauen ereignisgeschichtlichen Rahmens, für dessen Erstellung wir unseren Vorgängern zu großem Dank verpflichtet sind; hinzu kommen ausgezeichnete Quellensammlungen wie die Publikationen der Protokolle des Jakobinerclubs durch Aulard[36] oder das noch nicht abgeschlossene Unternehmen der *Archives Parlementaires*[37],

[36] ALPHONSE AULARD (Hg.): Recueil des actes du Comité de Salut Public, avec la correspondance officielle des représentants en mission, 27 Bde., Paris 1889–1933 (1964 erschien ein Indexband).

[37] *Archives Parlementaires de 1787 à 1860. Recueil des débats légilatifs et politiques des chambres françaises. Ière série: 1787 à 1799;* bisher 92 Bde., die den Zeitraum von 1789 bis Prairial Jahr II (Juni 1794) abdecken.

die bis heute jenen riesigen Aktenberg aus Adressen, Protokollen, Petitionen usw. rekonstruieren, der sich auf den Schreibtischen der revolutionären Gremien angehäuft hat. Die Hauptinstanzen der revolutionären Staatsmacht (wie etwa die Komitees des Jahres II) sind heute gut erforscht. Was den politischen Ablauf und die führenden Personen angeht, gehört die Revolution sicher zu den am intensivsten behandelten Perioden der französischen Geschichte. Aber das heißt nicht, daß alle Untersuchungen abgeschlossen wären und allenfalls einige Detailforscher noch über den königlichen Waisen oder die Liebschaften Dantons publizieren könnten! Hier sind doch wohl Einschränkungen angebracht. Das uns hinterlassene Erbe ist nämlich keineswegs „unschuldig". Die Geschichtsschreibung von gestern hat oft völlig überholte Interpretationsansätze verwandt, denen man bei der Lektüre einiger „Klassiker" begegnet (ich denke hier etwa an die Fouché-Biographie von Madelin[38]). Zugleich hat sie bestimmte schwarze Schafe gehabt, und ein Mann wie Marat hat erst kürzlich eine objektive Biographie erhalten[39].

Vor allem aber muß die Revolutionsgeschichte „provinzialisiert" werden, nachdem sie sich viel zu lange auf Paris konzentriert hat. Diese Behauptung mag ungerecht klingen angesichts so meisterhafter Werke wie *La Grande Peur* oder *Les Paysans du Nord* von Georges Lefebvre sowie auch der ganzen Fülle lokalgeschichtlicher Darstellungen, die keineswegs immer nur oberflächlich oder pointillistisch sind. Aber der Entwicklungsgang der Revolution wurde doch im wesentlichen immer aus dem Blickwinkel der Hauptstadt betrachtet, so daß der zentralisierende Aspekt der Revolution noch verstärkt wurde. Lokale Sansculotten und *Enragés* waren z. B. oft nur durch punktuelle Blitzlichter bekannt. Noch immer bleibt eine präzise Geographie desjenigen Teils von Frankreich zu zeichnen, der die Revolution ignoriert oder abgelehnt hat, und gleiches gilt für die Regionen mit einem ländlichen Jakobinismus. Eine eher sozial- denn politikgeschichtliche Monographie wie die *Paysans de l'Ouest* von Paul Bois[40] kann in dieser Hinsicht als Vorbild dienen.

[38] LOUIS MADELIN: Fouché. 1759–1820 (1900), Paris 1955; dt. Fouché 1759–1820, Frankfurt/M. 1970.

[39] Siehe die sehr schöne Biographie von JEAN MASSIN: Marat, Paris 1960, oder auch MICHEL VOVELLE (Hg.): Marat. Textes choisis, Paris 1963.

[40] PAUL BOIS: Paysans de l'Ouest. Des structures économiques et sociales aux options politiques depuis l'époque révolutionnaire dans la Sarthe, Paris 1960 (gek. Neuauflage: 1975) [49].

Der sich heute abzeichnende oder manchmal auch nur andeutende Wandel läßt sich natürlich nicht nur als Ablehnung veralteter Ansätze interpretieren. Während sich die Geschichtsschreibung von manchen Forschungsfeldern abwendet, eröffnet sie zugleich zahlreiche neue. So ist z. B. der Aufschwung der Sozialgeschichte als Geschichte der revolutionären Massen begleitet von einer Geschichte der Ideologien, Diskurse, Mentalitäten und kollektiven Sensibilitäten.

Hier stellt sich nun die Frage, ob man zu dieser neueren Geschichte der Französischen Revolution auch die umfangreiche Forschungsliteratur über die französische Gesellschaft des ausgehenden Ancien Régime hinzurechnen soll. Damit ist nämlich die Gefahr verbunden, daß wir uns an ein Faß ohne Boden machen. Aber es geht um ein entscheidendes Problem: Es gilt, den alten Streit über die Ursachen der Revolution und die „Bourgeoisie" bzw. „Elite" alten Typs zu beenden. Ohne das Thema hier unnötig auszuweiten, muß auf den Umfang der seit Beginn des Jahrhunderts unternommenen Forschungen hingewiesen werden. Während sich G. Lefebvre bei seiner Studie über die Bauern des Nordens nur auf die knappen Sondierungen einiger Pioniere der Jahrhundertwende (Loutchisky, Kareev)[41] stützen konnte, liegen heute zahlreiche Monographien über das ländliche Frankreich (Maine, Elsaß usw.)[42] vor. Gleichzeitig haben sich die Ermittlungen auch auf das Stadtleben ausgedehnt: Bereits 1939 hat Georges Lefebvre und in den 50er Jahren E. Labrousse[43] die Forscher auf massenhafte und quantifizierbare Quellen aufmerksam gemacht (Steuerakten, Notariatsakten usw.), mit deren Hilfe die städtischen Massen des Ancien Régime erst richtig erfaßt werden können. Solche Forschungen haben inzwischen am Beispiel wichtiger Städte (Lyon, Caen usw.)[44] erste Ergebnisse gebracht. Im übrigen erstreckt sich die Untersuchung der Sozialstrukturen heute auch

41 IVAN V. LOUTCHISKY: Régime agraire et populations agricoles dans les environs de Paris à la veille de la Révolution, in: Revue d'histoire moderne, N. S. 8. 1933, S. 97–142. NIKOLAJ I. KAREEV: Les paysans et la question paysanne en France dans le dernier quart du XVIIIe siècle, Paris 1899.

42 z. B. BOIS: Paysans de l'Ouest [49]; weitere Hinweise bei ROLF REICHARDT: Bevölkerung und Gesellschaft Frankreichs im 18. Jahrhundert, in: ZHF 4. 1977, 154–221.

43 Siehe den auf seine Initiative zurückgehenden Kongreßband: *Assemblée générale de la Commission centrale et des Comités départementaux d'histoire économique de la Révolution*, Paris 1942.

44 ERNEST LABROUSSE: Voies nouvelles vers une histoire de la bourgeoisie occidentale aux XVIIIe et XIXe siècles (1700–1850), in: X. Congresso Internazionale die Scienze Storiche, Roma 4–11 Settembre 1955, Relazioni, IV, Florenz 1955, S. 365–396.

auf den Bereich der historischen Demographie: Gestützt auf unzählige kommunale Monographien wird die in der zweiten Hälfte des 18. Jahrhunderts sich abzeichnende Bevölkerungs-Revolution nicht nur in ihren gesellschaftlichen Implikationen, sondern auch im Hinblick auf veränderte kollektive Verhaltensweisen, auf die Haltung gegenüber der Ehe, dem Leben usw. untersucht[45]. In diesem erweiterten und erneuerten Blickfeld konvergieren die Beiträge der Kultur- und Mentalitätsgeschichte: Elitekultur oder Volkskultur bilden die Gegenstände einer neuen seriellen Geschichte, die allein die entscheidende Frage nach der Verbreitung der Aufklärung im Volk beantworten kann.

Angesichts dieser Ansätze könnte man – wie dies schon verschiedentlich gesagt wurde – den Eindruck haben, als befinde sich die Geschichtsschreibung in einer grundlegenden Revisionsphase, in der die Untersuchung der sozio-ökonomischen wie auch der mentalen Strukturen als „Gefängnissen der langen Dauer" (Fernand Braudel) dazu tendieren würden, das revolutionäre Ereignis zwar nicht aufzuheben, aber doch in seiner Bedeutung und seinem Stellenwert als kollektiver Wende zu minimisieren. Indem die Historiker sich von der Französischen Revolution abwenden, so meinte man noch gestern, entsprechen sie der allgemeinen Option für die Strukturgeschichte der langen Zeitabläufe. Heute kann diese Prognose als widerlegt gelten, denn der revolutionäre Wandel wird nun selbst zum Gegenstand einer neuen Geschichtsschreibung. Die neue Sozialgeschichte bezieht sich dabei insbesondere auf die dem revolutionären Wandel unterworfene Dynamik. Auf einer ersten Ebene handelt es sich um die Geschichte der durch das Revolutionsereignis bewirkten Veränderungen in den sozialen und Bevölkerungsstrukturen. Unter der Leitung von M. Reinhard[46] ist das große Hin und Her in den städtischen Bevölkerungen während der zehnjährigen revolutionären Krise entdeckt und schon ansatzweise untersucht worden. Im ländlichen Bereich führen die lange Zeit nur anhand des Nationalgüterverkaufs untersuchten grundlegenden Umstrukturierungen heute zu einer breitgefächerten Analyse der Aufhebung bzw. der Überreste feudaler Strukturen.

Auf einer zweiten Ebene wird die sozialrevolutionäre Dynamik anhand der Formen des Klassenkampfs im revolutionären Engagement

[45] Siehe vor allem die bemerkenswerten Habilitationsschriften von Maurice Garden: Lyon et les Lyonnais au XVIIIe siècle, Paris 1970, und Jean-Claude Perrot: Genèse d'une ville moderne. Caen au XVIIIe siècle, Paris/Den Haag 1975.

[46] Marcel Reinhard (Hg.): Contributions à l'histoire démographique de la Révolution française, 4 Folgen, 1962–1972.

untersucht: Aufgrund der in den letzten dreißig Jahren unternommenen Studien nehmen die einst von Guérin nur relativ abstrakt definierten *bras nus* zunehmend Konsistenz an. Vor allem G. Rudé ist eine Analyse der Zusammensetzung und der Verhaltensweisen der revolutionären Massen zu verdanken (s. o. Anm. 17), während R. Cobb[47] diese Analyse auf die Revolutionsarmeen als Instrumente der Schreckensherrschaft in den Départements angewandt hat. Die wichtigste Etappe in dieser Neubewertung des Klassenkampfs unter der Revolution stellt allerdings zweifellos die Analyse der Pariser Sansculotten in A. Sobouls Habilitationsschrift über die Volksbewegung des Jahres II dar. Damit ergibt sich eine Soziologie der Massen, aber auch der in Sektionen und Clubs organisierten Volksbewegung. Leider bleiben derartige Untersuchungen für den ländlichen Bereich oder die Stadtbevölkerung in der Provinz noch weitgehend zu leisten.

Die soziologische Durchdringung der Revolutionsgeschichte könnte freilich die Gefahr mit sich bringen, in eine folgenlose Soziographie einzumünden, fände sie nicht ihre Fortsetzung in Untersuchungen der Ideologie oder besser: der revolutionären Ideolog*ien*[48]. Mit Recht konzentrieren sich gegenwärtig die Diskussion und die Forschung – im Lichte der Thesen Antonio Gramscis – auf ein Problem wie den Jakobinismus als Praxis und Diskurs. Dennoch ist dies nur *ein* Aspekt der immer zahlreicheren Studien in dieser Richtung.

Ist die Ideengeschichte, die mit klassischen Ansätzen operiert, damit überholt? Angesichts der vielen Schneisen, die sich in der Revolutionsgeschichte aufgetan haben, ist diese Frage wohl zu verneinen: Anhand einer Person (Robespierre, Saint-Just usw.), eines Themas (*bonheur, nature, inquiétude* usw.)[49] oder auch einer ganzen Denkströmung (die Utopie, die Vorläufer des Sozialismus usw.)[50] entwickelt sich ein ganzes

[47] RICHARD COBB: Les armées révolutionnaires, instrument de la Terreur dans les départements, 2 Bde., Paris 1962–1965 [36].

[48] Siehe die überzeugenden Beispiele in REGINE ROBIN: Histoire et Linguistique, Paris 1973, sowie im *Bulletin du Centre d'Analyse du Discours* an der Universität Lille III (darunter auch ein Sonderheft zur Französischen Revolution, 1975), die sich um eine diskursanalytische Behandlung von Ideologien bemühen.

[49] JEAN EHRARD: L'idée de nature en France à l'aube des Lumières, Paris 1963 (gek. Neuausgabe: 1970).

[50] Zu Babeuf und der Verschwörung der Gleichen sind in den letzten 20 Jahren zahlreiche neue Forschungsergebnisse vorgelegt worden. Siehe zur Einführung CLAUDE MAZAURIC: Babeuf et la conspiration pour l'Egalité, Paris 1962 [41]; sowie VICTOR M. DALIN: Gracchus Babeuf (1760–1797), Moskau 1976 (frz.); und R. B. ROSE: Gracchus Babeuf. The First Revolutionary Communist, London/Stanford 1978.

Netz von Studien, die die Geschichte der Ideen und kollektiven Sensibilitäten erneuern und präzisieren. Dennoch kann es kaum überraschen, daß die Französische Revolution eines der wichtigsten Felder für die Erprobung der neuen Methoden der Diskursanalyse und der historischen Lexikologie darstellt. Anhand außergewöhnlicher Diskurs-Korpora im engeren Sinne wie etwa der Presse (z. B. *Père Duchesne* von Hébert) ist damit begonnen worden, die spezifischen Züge des jakobinischen Diskurses zu entziffern und zugleich nach präziseren Kriterien den Jakobinismus als „ideologische Formation" (Michel Pêcheux) zu identifizieren. Durch einen soziologischen Ansatz erneuert und gegenüber der Diskursanalyse aufgeschlossen, bildet die Revolutionshistoriographie heute keineswegs mehr den Anblick einer mehr oder weniger vor sich hin schlummernden Baustelle; vielmehr ist sie den neuesten methodologischen Ansätzen gegenüber offen.

Dieses Erwachen ist nirgendwo deutlicher zu spüren als im Bereich der neueren Mentalitätsgeschichte. Dieser aufwärtsstrebende Forschungsbereich galt als geradezu prädestiniert für eine quasi unbewegliche Geschichte sehr langer Zeiträume. Nun aber hat er kurzerhand das Terrain der revolutionären Umwälzung besetzt und daraus ein bevorzugtes Untersuchungsfeld gemacht – vom Fest bis zur Volksreligion. Um dieses scheinbare Paradoxon zu erklären, möchte ich im folgenden einen etwas ausführlicheren Einblick in diesen neuen Forschungsbereich der revolutionären Mentalitätsgeschichte geben.

Dritter Teil: Ansätze zu einer Geschichte der Mentalitäten während der Revolution

I. GESCHICHTE EINER ENTDECKUNG

Es mag etwas ungewöhnlich sein, daß wir das revolutionäre Phänomen hier unter dem Blickwinkel der Mentalitätsgeschichte behandeln wollen. Dieser neue historische Ansatz, der sich in Frankreich in den letzten zwanzig Jahren entwickelt hat, hat die Revolution nämlich erst seit kurzem entdeckt; auch gilt umgekehrt, daß die Revolutionsgeschichte lange Zeit gegenüber solchen neuen Forschungsansätzen mißtrauisch war. Dabei könnte man sagen, daß paradoxerweise die gesamte vorwissenschaftliche Geschichte der Französischen Revolution sich im 19. Jahrhundert als – vorzeitige – Mentalitätsgeschichte verstanden hat. Die durch Michelet[51] personifizierte romantische Geschichtsschreibung starrte wie gebannt auf die beiden Akteure eines licht- und schattenreichen Dramas: auf der einen Seite der positive oder negative Held, oftmals ein Prometheus, auf der anderen Seite die Menge als begeisternde und beunruhigende Kollektivfigur, als das authentische oder verzerrte Ebenbild jenes „Volkes", dessen Entstehung Michelet beschrieben hat. Heute halten wir diese intuitive, impressionistische und erschauernde Geschichte für überholt, aber es gibt dennoch bei Michelet erstaunliche „Geistesblitze", die eine äußerst moderne Problematik andeuten. Dies gilt z. B. für die Darstellung der revolutionären *journées,* die Eroberung der Bastille am 14. Juli 1789, die Rückkehr der königlichen Familie während der „Oktobertage" des gleichen Jahres oder die Erstürmung der Tuilerien am 10. August 1792. Es wäre falsch, diese Geschichtsschreibung als völlig veraltet abzutun, auch wenn wir heute ganz anders verfahren mögen. Jaurès hat in seiner *Histoire Socialiste* Michelet denn auch nicht vergessen[52]. Leicht vereinfacht könnte man sagen, daß erst eine gewisse „positivistische" Historie gegen Ende des 19. Jahrhunderts

[51] MICHELET: Histoire (s. Anm. 5).
[52] JAURES: Histoire [4].

von jenen Ansätzen weggeführt hat. Hyppolite Taine[53] steht zugleich in Kontinuität und im Gegensatz zu Michelet: Seine Darstellung der revolutionären Mentalität basiert auf dem für ihn erschütternden Erlebnis der Pariser Kommune von 1871, und es fehlt ihm ganz die noch bei Michelet vorhandene Sympathie für die Revolution. Dennoch verfährt Taine relativ ähnlich, indem er – manchmal durchaus tiefen – Intuitionen nachgeht. Zu Recht berühmt ist seine Darstellung der Mentalität und Haltung der Bauern vor Ausbruch der Revolution: Nach seiner Metapher ist sie vergleichbar einem Mann, der durch einen Fluß watet, bei einer kleinen Untiefe den Halt verliert, nach Luft schnappt und dabei in Panik gerät. Die Subsistenzkrise oder die steigenden Getreidepreise sind die Untiefe des französischen Bauern, die ihn an den Rand des Untergangs treiben.

Aber Taine verbindet die romantischen Themen mit einem neuen Interpretationsansatz. Bei ihm verschwindet die Problematik des Helden zugunsten der Faszination für die Menge. Nicht weniger berühmt wie das eben zitierte Bild ist jene Passage, in der er die revolutionäre Menge mit einem Betrunkenen vergleicht: erst fröhlich, dann euphorisch und brüderlich, schließlich aber zunehmend gewalttätig, irrational und „mordlustig". Hinter der literarischen Metapher zeichnet sich ein bestimmtes Erklärungsmodell ab: die anthropomorphe Reduktion der Menge auf die Verhaltensweisen eines betrunkenen oder infantilen Menschen. Es findet bald große Verbreitung. In der bürgerlichen Wissenschaft des ausgehenden 19. Jahrhunderts werden die Verhaltensweisen von 1789 insbesondere durch den Arzt Gustave Le Bon, Autor eines berühmten Buches über die „revolutionären Massen"[54], „verstanden" und „erklärt", der Taines Interpretation systematisiert und die Verhaltensweisen der Menschen durchweg auf einige elementare Tropismen reduziert. Dieser heute ungeheuerlich scheinende Erklärungsansatz hat nur langsam an Boden verloren. Man findet ihn noch, leicht überarbeitet, in dem oft wiederaufgelegten Klassiker von S. Chakotin, *Le viol des foules*[55], der bis vor kurzem – während des Algerienkrieges – die Bibel der französischen Theoretiker der psychologischen Kriegsführung war! Dieser Schüler Pavlovs war von den Amöben zu den Massen gelangt

[53] Taine: Origines (s. Anm. 9).

[54] Gustave Le Bon: Psychologie des foules, Paris 1895; dt.: Psychologie der Massen, Stuttgart 1973; ders.: La Révolution française et la psychologie des Révolutions, Paris 1912.

[55] Serge Tschakotine: Le viol des foules par la propagande politique, Paris 1939.

und unterstellte ihnen ein Ensemble elementarer (auditiver und visueller) Tropismen, die man entsprechend steuern könnte. Die Nützlichkeit eines solchen Modells für konservative Ansätze liegt auf der Hand: Geschichte und Ideologien werden zugunsten der reinen Manipulation eliminiert. Ebenso verständlich ist, daß die Historiker, die darin keine Erklärung sehen konnten, solche Schemata abgelehnt haben und deshalb – vielleicht sogar etwas zu sehr – einer als ambivalent und mystifizierend geltenden Mentalitätsgeschichte mißtraut haben. Ein solches Urteil wäre dabei durchaus ungerecht gegenüber Georges Lefebvre, dem eigentlichen Begründer eines modernen Ansatzes für die Geschichte der revolutionären Mentalitäten. Denn in seinem berühmten Aufsatz über die *Foules révolutionnaires*[56] hat er sich bemüht, diesen Bereich wieder für die Geschichte zurückzugewinnen, und dem Mythos der Menge eine objektive Analyse entgegengestellt, die auf eine nuancierte Typologie hinausläuft. Vor allem aber ist G. Lefebvre mit gutem Beispiel vorangegangen, indem er eine mentalitätsgeschichtliche Untersuchung vorlegte, die noch heute erstaunlich aktuell ist: *La Grande Peur*[57]. Darin hat er dieses bis dahin unverstandene Phänomen erst eigentlich entdeckt, indem er aufgrund geradezu kriminalistischer Ermittlungen die Schleichwege der Panik rekonstruierte und dann den gesamten sozio-ökonomischen wie emotionalen Kontext in seinen Erklärungsvorschlag einbezog. Aber war Georges Lefebvre zwischen 1920 und 1930, als er an *La Grande Peur* arbeitete, nicht ein Einzelfall? Nun, man darf nicht vergessen, daß damals auch Albert Mathiez, der zuvor schon die revolutionären Kulte untersucht hatte, den Zusammenhang von sozialer Bewegung und verteuerten Lebensbedingungen während der Revolution entdeckte[58], d. h. vom sozioökonomischen Kontext her ein kollektives „Klima" beschrieb. Dennoch entsteht oft der Eindruck, als hätten sich die jakobinische Geschichtsschreibung und die Mentalitätsgeschichte lange Zeit nichts zu sagen gehabt. Der Grund liegt darin, daß die Mentalitätsgeschichte sich bis vor kurzem auf die „lange Dauer" säkularer Entwicklungen konzentriert hat, unabhängig davon, ob es sich um Fragen der Kultur oder um die unbewußten Haltungen gegenüber dem Leben und dem Tod handelte. Bei vielen Historikern, die sich auf die *Annales*-Schule berufen, führt diese Tendenz zu einer Minimisierung des revolutionä-

[56] Georges Lefebvre: Foules révolutionnaires (1934), in ders.: Etudes [12], S. 371–392.

[57] G. Lefebvre: Grande Peur [47].

[58] Albert Mathiez: La vie chère et le mouvement social sous la Terreur, Paris 1927 [52].

ren Ereignisses und zu einer Unterschätzung des dazugehörigen lästigen „Pathos“[59]: François Furet und Denis Richet[60] z. B. unterschlagen in ihrer Revolutionsgeschichte keineswegs das Gewicht der Mentalitäten, auf die sie sogar häufig Bezug nehmen, aber sie begreifen sie lediglich als Widerstände, als Trägheiten, als das Erbe einer sehr alten Vergangenheit, die im Millenarismus des Volkes aufflackert.

Umgekehrt läßt sich auch in der Geschichtsschreibung der jakobinischen Tradition eine dauerhafte Zurückhaltung feststellen, trotz der großen Bedeutung der Mentalitätsanalyse in Albert Sobouls Darstellung der Pariser Sansculotten[61] oder der detaillierten Soziologie der Massen bei George Rudé[62]. Aber diese Zurückhaltung ist zum Teil begründet, wenn man bedenkt, wohin die Wiederentdeckung der revolutionären Mentalität in manchen neueren Abhandlungen führt. So zeichnet etwa Richard Cobb, der durchaus ein wichtiger Forscher ist, ein Porträt des typischen Aktivisten, bei dem dieser am Ende als borniert, brutal, großmäulig und trinkfest dasteht, stets bemüht mit Hilfe der Bürokratie oder der Revolutionsarmee seine eigene Karriere voranzutreiben; dabei ist er bereits zu seiner Zeit eine marginale Persönlichkeit, denn nur eine kleine Minderheit hat sich revolutionär engagiert[63]. Wenn eine auf das gefährliche Terrain der Revolution angewandte Mentalitätsgeschichte nicht mehr zu bieten hat, als einen solchen psychologischen Ansatz, der von den Phantasmen von Heute und Gestern durchzogen und bestimmt ist, dann sind wir kaum einen Schritt weiter gekommen als Hyppolite Taine.

Aber der hier erwähnte Ansatz, wie immer man seine Verdienste auch einschätzen mag, ist glücklicherweise keineswegs repräsentativ für die gegenwärtige Strömung als Ganzes, die das Feld der revolutionären Mentalitäten auskundschaftet – und zwar nicht erst seitdem das Erlebnis des Mai ’68 die Begriffe Fest, Gewalt und (warum nicht?) Revolution wieder in Mode gebracht hat. In der historiographischen Entwicklung ist hierin nicht zuletzt eine Gegenbewegung zu erblicken, die die Über-

59 Ich übernehme diesen Ausdruck aus dem Aufsatz von FERNAND BRAUDEL über die „longue durée“ (s. Anm. 16).

60 FURET/RICHET: Révolution française [9].

61 ALBERT SOBOUL: Les Sans-culottes parisiens en l’an II, Paris 1958; dt.: Französische Revolution und Volksbewegung: die Sansculotten. Die Sektionen von Paris im Jahre II, Frankfurt/M. 1978 [35], besonders S. 276 ff.

62 RUDE: Massen [48].

63 RICHARD COBB: Quelques aspects de la mentalité révolutionnaire (Avril 1793 – thermidor an II), in: RHMC 6. 1959, S. 81–120.

treibungen einer allein auf die langen Zeitabläufe fixierten Geschichte kompensieren soll, die die kollektiven Mentalitäten zu „Gefängnissen der langen Dauer" (Fernand Braudel) erklärt hat[64]. Damit würde nämlich die schöpferische Macht des Augenblicks negiert, der plötzliche Umbruch, in dem sich die Vergangenheit, manchmal auch die Zukunft, gewiß aber eine intensiv erlebte Gegenwart miteinander verbinden. Es geht also sowohl um die Geschichte der „Widerstände" während der Revolution (die Dialekte, die regionalen Sprachen[65]) als auch um die explosiven Innovationen (ob akzeptiert oder nicht) wie die Entchristianisierung, die Feste usw.[66]; und all dies im Rahmen einer Geschichte, die nicht Plus- und Minuspunkte verteilt, sondern im Moment des Umbruchs und des Umschlags ein bevorzugtes Experimentierungsfeld entdeckt.

Die alte Massen- oder Individualpsychologie durch die Untersuchung kollektiver Mentalitäten zu ersetzen, heißt aber nicht nur, die Inhalte, sondern auch die Methoden zu wechseln. Es bedeutet, die kollektiven Verhaltensweisen in ihrer Massenhaftigkeit zu behandeln, wobei ihre Anonymität eine Überschreitung der traditionellen Quellengattungen – vor allem des Berichts und der Erzählung als Projektionen eines offiziellen Blickes – erfordert, um sowohl das Schweigen als auch die Proklamationen einer sich revolutionierenden Gesellschaft zu erforschen.

In jener deklamatorischen und oft bürokratischen Zeit hat die geschriebene Quelle damit aber nicht an Bedeutung verloren. Nur wird sie nun anders gelesen: Der revolutionäre, von Hand geschriebene oder durch die Presse verbreitete Diskurs der Sitzungen, Versammlungen und Feste wird mit den neuen Methoden der Lexikographie und semantischen Analyse massenhaft untersucht. Auf diese Weise werden ebenso die Träume jener Zeit (Freiheit, Erneuerung usw.) als auch die von ihr geförderten oder bekämpften Werte (Fanatismus, Aberglaube usw.) differenziert herausgearbeitet. Außerdem wird ein anderes, nach den alten Kodierungen „weniger wertvolles" Schriftgut aufgewertet: Man wird z. B. die Ausdrucksformen des Volkes in Liedern, Plakaten oder

[64] In seinem in Anm. 16 zitierten Aufsatz.

[65] MICHEL DE CERTEAU / DOMINIQUE JULIA / JACQUES REVEL: Une politique de la langue: la Révolution française et les patois, Paris 1975 [66].

[66] Siehe *Les fêtes de la Révolution*, hg. v. JEAN EHRARD / PAUL VIALLANEIX, Paris 1977 [71]; MONA OZOUF: La fête révolutionnaire, 1789–1799, Paris 1976 [72]; MICHEL VOVELLE: Les métamorphoses de la fête en Provence, 1750–1820, Paris 1976 [73]. Die hier angeführten Untersuchungen werden weiter unten noch ausführlicher behandelt.

Flugschriften suchen. Die Anonymität geheimer Handlungen, die gar keine oder nur wenig Spuren hinterlassen haben, wird durch die Auszählungen der historischen Demographie gelüftet: An Zivilstandsregistern oder revolutionären Volkszählungen (in den Jahren II und IV) läßt sich die Bedeutung neuer Gesten und Verhaltensmuster ablesen. Somit entwickelt sich langsam anhand anonymer und massenhafter Quellen eine Geschichte des Schweigens. Die Auszählungen der historischen Demographie werden durch die der politischen Soziologie ergänzt: Die quantifizierende Sozialgeschichte mit der Mentalitätsgeschichte zu verbinden, die genau genommen nur deren Verlängerung ist, bedeutet z. B., die Zusammensetzung der Massen zu untersuchen, indem man ihre Teilnehmer betrachtet und anhand der Anwesenheitslisten das typische Profil eines Marseiller Sansculotten zu verschiedenen Zeitpunkten zeichnet.

Unter diesen neuen Ansätzen gibt es einige, die ganz besonders geeignet erscheinen, die revolutionäre Unmittelbarkeit zu erfassen. Dies gilt für alles, was mehr oder weniger in die Rubrik des „repressiven Blickes" fällt: Die Revolution ist ein Kampf, eine offene Schlacht, so daß diese Quellen eine besondere Bedeutung haben. Der „repressive Blick" kann durchaus anonym sein oder verschleiert, wie z. B. die „Enquête", die bereits im ausgehenden Ancien Régime erfunden wurde und aus der die historische Ethnographie entstanden ist. Die Revolution hat ihrer zeitlichen Begrenzung wegen dieses Mittel nur auf Probleme angewandt, die ihr besonders dringlich schienen: so etwa die durch den Abbé Grégoire geleitete Enquête über die Dialekte *(patois)*, aus der die linguistische Vielfalt des revolutionären Frankreich hervorgeht[67]. Aber mit „Repression" ist natürlich auch ganz unmittelbar der Blick der Polizei gemeint: Zwar sind die Spitzelberichte aus der Zeit des Konvents oder des Direktoriums als Quelle schon seit langem bekannt, aber es gehört zu den Verdiensten Richard Cobbs, sie entscheidend aufgewertet zu haben[68]. Anhand der Ermittlungsakten, Verhöre und Steckbriefe läßt sich in der Tat ein ganzes System von Verhaltensmustern rekonstruieren – von der Pariser oder Lyoner Unterwelt bis hin zu der marginalen Gesellschaft der Vagabunden in der Ebene der Beauce. Noch vor Cobb hatte ich anhand der Prozeßakten und Einlieferungsverzeichnisse der Gefängnisse die Grundelemente dieser Welt der Delinquenz und des Verbrechens

[67] DE CERTEAU u. a.: Politique [66].

[68] Vor allem in RICHARD COBB: The Police and the People. French Popular Protest (1789–1820), Oxford 1970 [45].

für die Zeit des Direktoriums untersucht. Auch haben alle, die in den letzten fünfundzwanzig Jahren die Volksbewegung rekonstruieren wollten, die die Aktivisten betreffenden Polizei- und Justizakten durchgesehen, denn diese wurden bekanntlich selten belohnt und umso häufiger verfolgt, egal ob es sich um die von Albert Soboul untersuchten Pariser Sansculotten oder um die von George Rudé ermittelten Teilnehmer an den revolutionären Erhebungen handelt...[69]

Damit ist jedoch erst ein Bruchteil dessen beschrieben, womit die Mauer des Schweigens durchbrochen werden kann, die all jene umgibt, die keine schriftlichen Quellen hinterlassen haben. Zwar gilt für die moderne Mentalitätsgeschichte ganz allgemein, daß sie auf eine Fülle verschiedenster Quellen zurückgreift, aber die Vielfalt der neuen Ausdrucksformen während der Revolutionsjahre verstärkt noch diese Tendenz. So ist die Revolution z. B. auch eine Revolution des Bildes: die Spielkarte oder der dekorierte Teller sind Träger einer neuen Sensibilität und einer zugleich sehr alten und sehr neuen Botschaft. Jedoch wäre es falsch, die Untersuchung auf diese Zeugnisse der Volkskultur zu beschränken, denn die Revolution bildet einen der ersten und bedeutendsten Versuche der Verschiebung, ja Aufhebung der traditionellen Grenzlinien zwischen den zwei Kulturen, indem sie ein gemeinsames ethisches und ästhetisches Modell anbietet. Da auch die „große Kunst" sich engagiert und auf die Straße geht, um die Inszenierung der revolutionären Feste zu übernehmen, ist sie in besonderem Maße ein Zeugnis der neuen Sensibilität. Man verfolge z. B. in dem umfangreichen Korpus der Gemälde, Zeichnungen und Stiche die neuen Ausdrucksformen des Heroismus, der Liebe und vor allem des Todes, der überall unter dem „römischen Flitter" präsent ist, und man erhält einen Einblick in eine wesentliche Dimension der kollektiven Sensibilität[70]. Dabei kann der graphische Ausdruck in mehrfacher Hinsicht interpretiert werden: Man kann ihn auf der elaborierten und metaphorischen Ebene deuten, aber auch als ein direktes Zeugnis betrachten, indem man z. B. ganz genau der (keineswegs „unschuldigen") Chronologie der Stiche zu den einzelnen revolutionären Erhebungen folgt, wie sie die Meister dieser Kunst – Prieur, Duplessis-Berteaux, Monet oder Helman – geliefert haben. Eine

[69] SOBOUL: Volksbewegung [35]; RUDE: Massen [48].

[70] Man kann sich hier beziehen auf die Kataloge zu den in den letzten Jahren in Frankreich und Europa veranstalteten Ausstellungen über „Neo-Klassizismus". Vgl. HUGH HONOUR: Neo-classicism, Harmondsworth 1968. Siehe außerdem JEAN STAROBINSKI: Les emblèmes de la Raison, Paris 1973 [69].

ähnliche Dialektik der Forschung – von der Volkskunst bis zur Kunst der Elite – läßt sich auch für die Musik vorschlagen, die sich nach einem Ausdruck von Méhul einen „Schnurrbart" wachsen ließ, um dem heroischen Ideal der Stunde zu entsprechen[71]. Schließlich ist noch die mündliche Befragung zu erwähnen, die noch heute auf der Ebene des kollektiven Gedächtnisses etwas über den Schock in Erfahrung bringen kann, den die aktiv erlebte oder passiv wahrgenommene Revolution bedeutete. So ist z. B. – wie laufende Untersuchungen ergeben – noch heute in einem Dorf in Savoyen die Revolution eines der traumatischen Ereignisse, auf das man sich als entscheidenden historischen Einschnitt beruft, während anderswo, z. B. in den protestantischen Cevennen, die durchaus sehr heftigen revolutionären Zusammenstöße wesentlich leichter vergessen wurden, weil eine andere Erinnerung, die des Kamisardenkrieges, sie überlagert hat: Hier öffnet sich ein Forschungsfeld, das noch viele Geheimnisse birgt[72].

Angesichts dieser vielfältigen Ansatzpunkte verliert der Begriff der revolutionären Mentalität seine Eindeutigkeit: er gliedert sich in verschiedenste Dimensionen auf, während sich eine äußerst kontrastive Landkarte der französischen Mobilitäten und Widerstände abzeichnet. Auch ist es heute möglich, ein relativ differenziertes Bild der verschiedenen Aspekte der Mentalitäten während der Revolution zu skizzieren.

II. DIE GELEBTE ERFAHRUNG DER REVOLUTION: SPRACHEN DER SUBVERSION

Als Georges Lefebvre über die Triebkräfte des revolutionären Verhaltens sprach, unterschied er zwei wesentliche und einander widersprechende Impulse: die Hoffnung und die Angst[73]. Diese Dichotomie mag äußerst simpel scheinen, aber zur Beschreibung des Feldes der revolutionären Mentalitäten ist sie nach wie vor grundlegend. Hinsichtlich der

[71] Siehe die klassischen Werke von JULIEN TIERSOT (Histoire de la chanson populaire en France, Paris 1889) und CONSTANT PIERRE (Les Hymnes et Chansons de la Révolution, Paris 1904) über die Musik der Französischen Revolution. Sehr anregend ist auch PIERRE BARBIER / FRANCE VERNILLAT: L'Histoire de France par les chansons, Bd. IV: La Révolution, Paris 1957.

[72] Zahlreiche Anregungen dazu bei PHILIPPE JOUTARD: La légende des Camisards, une sensibilité au passé, Paris 1977.

[73] In: Quatre-vingt-neuf [31].

revolutionären Spontaneität muß man in der Tat von einer ersten Ebene ausgehen, die sich um folgende Themen gruppieren läßt: die Angst, die Gewalt und die Zerstörung oder *tabula rasa*. Um Mißverständnisse zu vermeiden, sei allerdings gleich betont, daß es sich hier nur um *ein* Moment oder eine Etappe innerhalb eines Ganzen und einer Bewegung handelt. Man kann heute den Reflex der jakobinischen Historiker vermeiden, die lange Zeit unbewußt versucht haben, die Revolution von allen unerfreulichen oder unehrenhaften Aspekten „rein" zu halten, ebenso wie es umgekehrt an der Zeit ist, ein für allemal die Leier zurückzuweisen, die aus der Revolution einen bevorzugten Ort der Angst und eines einzigartigen, kollektiven und blutrünstigen Wahnsinns gemacht hat – ein alptraumhaftes Bild, das unmittelbar aus der revolutionären Krise entstanden war. Auf Seiten des Adels sprach damals André Chénier von den „Altären der Angst", während auf einer sehr viel „volkstümlicheren" Ebene die englischen Karikaturisten Rowandson oder Gillray für ihr Publikum das Abendessen des Sansculotten und seiner Familie zeichneten: abgeschnittene Köpfe, aristokratische Innereien, jedem seinen Lieblingsbissen ... Im Laufe des 19. Jahrhunderts wurde diese schwarze Legende der revolutionären Grausamkeiten zu einem der bevorzugten Themen der konservativen Historiographie, die bis heute ihr letztes Wort noch nicht gesprochen hat.

1. Die Angst

Ja, in der Tat: Die Angst ist eines der wichtigsten Elemente, um die revolutionäre Sensibilität zu begreifen. Im Unterschied zum Glück ist sie bei weitem keine neue Idee. Auch läßt sich zeigen, daß die revolutionären Ängste auf ein jahrhundertealtes Erbe in den französischen Regionen zurückgreifen können[74]. Wenn das aus „grauer Vorzeit" kommende Monster heute zur Kuriosität geworden ist, so muß daran erinnert werden, daß erst 1767 das „Tier von Gévaudan", das eine ganze Region terrorisierte, erlegt worden ist. Viele andere Erinnerungen bestimmen noch das kollektive Gedächtnis, von denen einige altertümlich und irreal, andere aber durchaus realistisch sind: die Pest, die Hexer, die Gaukler, die Zigeuner usw. – illusorische Ängste und unvergessene Erinnerung. Dabei sind auch andere Ängste noch lebendig: die Angst vor den Bettlern, den Armen *en réunion,* wie man sagt, d. h. vor den durchs

[74] JEAN PALOU: La peur dans l'histoire, Paris 1958.

Land ziehenden Bettlerhorden, die Angst vor den Wegelagerern, die seit Cartouche die Ebenen und Wälder des Pariser Raumes beherrschen, aber auch in der Provinz vorkommen, die Erinnerung an Mandrin schließlich, den in den Alpen volkstümlichen Briganten usw. In diesem Zusammenhang ist die *Grande Peur,* die in der zweiten Juli-Hälfte 1789 die französische Provinz erfaßt, keineswegs mehr ein unverständliches Kuriosum[75]. Sie folgt nämlich sehr alten Pfaden und stützt sich auf traditionelle Trägerschichten: An der Küste stellt sich die Panik als Angst vor den Engländern dar, in den Alpen als Angst vor den Piemontesen, fast überall aber als Angst vor den erwarteten und angeblich schon gesichteten Räubern. In einem dreifachen – politischen, ökonomischen und sozialen – Kontext läßt sich diese simultane Explosion der Angst als verzerrtes Echo des Bastillesturms begreifen, das in der französischen Provinz von verschiedenen Seiten her widerhallt: von Estrée nördlich von Paris bis Montmirail im Maine-Tal, von Ruffec im Poitou bis Louhans in der Bresse ... Die Verbreitung der Panikmeldungen läßt sich von Dorf zu Dorf genau verfolgen; sie folgt bestimmten Relaisstationen oder auch Umwegen – von den vielbenutzten und schnellen Alpenstraßen bis zur Poststraße durch das Rhône-Tal ...

Zweifellos ist die *Grande Peur* der panische, rückwärtsgewandte Ausdruck einer Gesellschaft mit mündlicher Kultur, in der eine phantastische Neuigkeit von heute auf morgen die Menge mobilisieren kann. Aber sie hat zwei Aspekte: Nachdem die Dorfbewohner aufgrund der vermeintlichen Räuber-Gefahr zu den Waffen gegriffen haben und dann feststellen mußten, daß die Räuber gar nicht existierten, sind sie nicht nach Hause zurückgekehrt, sondern haben sich aus keineswegs magischen Gründen vielmehr einer anderen, sehr realen Klassenkampf-Front zugewandt: dem nachbarlichen Schloß, das sie dann manchmal geplündert haben und wo sie sich die Papiere, in denen die seigneurialen Abgaben festgelegt waren, übergeben ließen, um daraus ein Freudenfeuer zu machen. Auch ist die *Grande Peur* die letzte große Panik, zumindest dieser Größenordnung. Zwar ist die Angst auch in den folgenden Jahren immer wiedergekehrt: Darüber gibt es z. B. Berichte vom Sommer bis Herbst 1790 an verschiedenen Stellen der Pariser Tiefebene und des Nordostens. Sie taucht dann auch im Zusammenhang mit der Flucht des Königs nach Varennes im Frühjahr 1791 in der Champagne und um

[75] Unsere Untersuchung der Großen Furcht lehnt sich natürlich an das vorbildliche Buch von GEORGES LEFEBVRE [47] an.

Paris herum auf – sogar im Bois de Boulogne wurden damals Räuber gesichtet! Aber mit den Septembermorden von 1792[76] beginnt nach dem Sturz der Monarchie ein neues Kapitel in der Geschichte der Angst. Während der *Grande Peur* von 1789 war außerordentlich wenig Blut geflossen (offenbar gab es insgesamt nur 3 Morde), von nun an wird die Bewegung durch die „Strafaktion" überrollt. Die Septembermassaker sind zwar das Ergebnis einer Angst, aber keineswegs einer wahnsinnigen Panik wie bei der *Grande Peur*. Denn hier materialisiert sich die bereits 1789 aufgekommene Furcht vor dem „aristokratischen Komplott", obwohl noch in den letzten August-Tagen über 3000 Verdächtige in Paris verhaftet wurden, darunter Aristokraten, vor allem aber eidverweigernde Priester. Vom 2. September an stürmt eine riesige Menschenmenge die Pariser Gefängnisse „Force" und „Abbaye" und massakriert dort völlig willkürlich – aufgrund eines Pseudourteils vor einem improvisierten Volksgericht – ungefähr 1000 bis 1400 Menschen, darunter 300 Priester.

Solche Massaker hat es nicht nur in Paris gegeben: In Versailles z. B. bringt die aufgebrachte Menge sogar unter Beteiligung der Eskorte die Gefangenen um, die sie zuvor aus den Gefängnissen von Orléans geholt hat . . . Ähnliches gilt auch für die Provinz. Wie lassen sich die Septembermorde überhaupt erklären? Bereits damals gab es eine Mischung aus einer Verschwörung des Schweigens auf der einen Seite und einer nachträglichen Ausbeutung des Geschehenen auf der anderen Seite, so daß das Problem nur verdunkelt wurde. Heute weiß man, daß die Träger des Massakers keineswegs aus dem sogenannten Schoße des Volkes kommen. Es sind vielmehr Pariser Kleinbürger und Familienväter, die sich in der Person des die Urteile verkündenden Gerichtsvollziehers Maillard wiedererkennen. Ihre Gerechtigkeit ist zugleich selektiv und blind, sie trifft die Hauptverdächtigen – die Priester und Adligen –, aber verschont auch die gewöhnlichen Strafgefangenen nicht – sie stellen 3/4 der Opfer – und liquidiert echte Kriminelle. Diese Geste ist – auf der Ebene der expliziten Ziele – vor allem mit der Angst vor einer innenpolitischen Verschwörung oder – wie es heißt – vor einem „Dolchstoß" in den Rükken der Revolution erklärt worden, aber die Wege der kollektiven Abreaktion sind natürlich sehr viel komplexer. Die den Mord an der Prinzessin Lamballe begleitenden sexuellen Verstümmelungen und Zurschaustellungen verweisen zwar auf eine lange Tradition ähnlicher Verhal-

[76] Pierre Caron: Les massacres de septembre, Paris 1935.

tensweisen bei mittelalterlichen Volkserhebungen, aber sie sind damit noch keineswegs erklärt. Fest steht, daß die Angst von nun an hinter diesen Formen kollektiver Gewalt tendenziell verschwindet und man 1793 nur noch punktuell derartige Phänomene beobachten kann, die sich dann nicht mehr weiter ausbreiten ...

Ist die Angst also verschwunden – oder hat sie nur das Gesicht gewechselt? In der Tat bezeichnet dieser Ausdruck verschiedene Realitäten. Wenn man sagt, daß die Schreckensherrschaft die Angst beseitigt habe, so ist dies mehr als nur ein Wortspiel. Die *terreur* ist nämlich eine kontrollierte, beherrschte Angst, die in den Grenzen der Volksjustiz stattfindet; es ist nicht mehr die panische und irrationale Angst, die man fühlt, sondern jene, die man ganz bewußt den Feinden der Freiheit einjagen möchte. Auch kann die Angst als Element der revolutionären Mentalität nicht einfach auf die spektakuläre Panik reduziert werden. Auf hinterlistige, aber tiefgreifende und kontinuierliche Weise begleitet sie die gesamte Geschichte dieser zehn Jahre: Zum Teil beschränkt sie sich auf eine Geschichte der Mythen – oftmals von Einzelpersonen oder Gruppen –, die in dem einen oder anderen Lager die Furcht wach halten. Um diese kollektiven Verhaltensmuster zu erhellen, die bedingt sind durch eine gerade erst entstandene, von seltenen und langsamen Informationen beeinflußte öffentliche Meinung, brauchen wir eine Geschichte der Gerüchte, der Flüsterpropaganda und ihrer Verbreitung. An einem mir gut bekannten Beispiel, den Bauernerhebungen von 1791/92 in den großen Getreideebenen südlich von Paris[77], läßt sich zeigen, wie einander widersprechende Gerüchte aufeinander treffen: Für die Behörden besteht damals noch immer die Gefahr einer konterrevolutionären Verschwörung, und sie heben z. B. die Präsenz von Priestern an der Spitze der Bauern hervor, die das Getreide auf den Märkten „taxieren" wollen. Oder, falls die Bewegung nicht aus dieser Richtung kommt, könnte sie womöglich das Werk der „Anarchisten" sein – und man spricht absurderweise von der Präsenz eines vermeintlichen Bruders von Marat ... Schließlich – warum nicht? – könnte es sich aber auch um das versteckte Werk von Philippe-Egalité handeln, dem intriganten Vetter des Königs, der damals Mitglied des Konvents war! Neben solchen ge-

[77] MICHEL VOVELLE: Les taxations populaires de 1792 dans la Beauce et sur ses confins, in dem Kongreßband: *Structures sociales et problèmes économiques, 1787–1798,* Paris 1958, S. 107–159 (abgedr. in Michel Vovelle: Ville et campagne au 18e siècle, Paris 1980, S. 227–276).

heimen Verbindungen hat man auch die Verteilung von Geldern zu sehen gemeint oder die viel zu voll gestopften Taschen einiger armseliger Agitatoren durchschaut. Ganz andere Erklärungsschemata haben demgegenüber die Aktivisten der *taxation populaire:* Dem Anarchisten stellen sie den *accapareur* (Wucherer) gegenüber, dessen Speicher sie durchsuchen. Oder sie berufen sich im Herbst 1792 – nach alter Tradition – auf ein angebliches Dekret des Konvents, das sie dazu berechtige, das Getreide zu taxieren.

Die Verschwörung, der Verdächtige, der Wucherer, der Anarchist, das falsche Dekret, das verteilte Geld – mit diesen wenigen, sich ständig wiederholenden Themen ist ein wichtiger Teil der Phantasmen dieser Periode umschrieben. Je nach Situation und natürlich auch je nach Stellung und Milieu setzt sich das eine oder andere Thema durch: Gleich in den ersten Wochen wird von Verschwörung gesprochen, bald folgt das Thema des Räubers, aber mit geringerem Erfolg. Das Verschwörungsthema ist umso erfolgreicher, als es meist kaum erfunden werden muß, auch wenn die Fabulierung die Wirklichkeit verzerrt. Hier wird die ungeheure Popularität eines Journalisten wie Marat verständlich, dessen „Volksfreund" mit einer Mischung aus Weitsicht und präziser Information zwischen 1789 und 1792 schon im voraus die kommenden Zusammenstöße, Tiefschläge und Verschwörungen ankündigt – bis hin zur Flucht des Königs. Aber damit wird auch deutlich, welcher entscheidende Wandel seit der *Grande Peur* in einer politisierten, organisierten und informierten öffentlichen Meinung vor sich gegangen ist. Die Reife dieser Öffentlichkeit ist gleichwohl nicht zu überschätzen: Der mobilisierende Mythos der Verschwörung ist äußerst leicht manipulierbar und immer nützlich: Vom aristokratischen Komplott bis zur Verschwörung des Auslands nach Kriegsbeginn, die zur Mobilisierung der – wie es heißt – „Helfershelfer von Pitt und Coburg" führt, wird dieses Etikett nacheinander den Girondins, den Dantonisten und den Hébertisten angeheftet. Schließlich läßt dann die bürgerliche Republik des Direktoriums die Verschwörung der „Anarchisten" – gemeint sind die Babouvisten – durch eine gefällige Ikonographie illustrieren: Babeuf und seine Freunde erscheinen darin als Anhänger des Agrargesetzes bzw. der „Landverteilung", d. h. der Aufteilung des Eigentums. Auf die früheren Propagandabilder gegen den Aristokraten folgt nun der Terrorist mit dem Dolch. Die Panik oder das Gerücht sind zwei Triebkräfte dieser Gewalt, der wir uns nun unmittelbar zuwenden müssen, wobei wir zunächst ihren realen Träger betrachten wollen: die revolutionäre Menge.

2. Die Menge

Gerade zu diesem Thema sind in den letzten Jahrzehnten wichtige Beiträge geleistet worden, die zu einer Überwindung alter Phantasmen geführt haben. Bereits in seinem berühmten Aufsatz von 1932, *Foules révolutionnaires*[78], hat Georges Lefebvre zu einer Begriffsklärung aufgerufen, die vermeiden soll, daß ganz unterschiedliche Realitäten als „Menge" bezeichnet werden: Für ihn gibt es nämlich keine „reine" und deshalb leicht manipulierbare Menge; bereits in jeder zufälligen Menschenansammlung gibt es „Elemente vorgegebener kollektiver Mentalität". Sobald sie von außen angesprochen werden, entsteht eine Menge, die nicht aufgrund formaler Stimuli, sondern eingeprägter Losungen formbar ist. Nach dieser Entmystifizierung des Begriffs der Menge bzw. Masse hat sich allmählich eine quantifizierende historische Soziologie entwickelt, die sowohl die Rekrutierung der Handelnden, als auch deren kollektive Verhaltensweisen und Losungsworte verfolgt: Hier sind insbesondere die bahnbrechenden Arbeiten von George Rudé über die revolutionären Massen zu nennen, die zwei für dieses Thema grundlegende Quellentypen systematisch auswerten: zum einen Verzeichnisse über die Würdigung oder Entschädigung lebender oder toter Helden von siegreichen Volkserhebungen, zum anderen Register von Strafverfolgungs- und Unterdrückungsmaßnahmen gegenüber den Akteuren „subversiver" Aufstände.

Fast könnte man meinen, daß die Massen, die so aufgrund objektiver Spuren bis ins Kleinste analysiert werden, nach diesen Forschungen – im Vergleich zu den ihnen bis dahin zugeschriebenen magischen Fähigkeiten – etwas an Bedeutung verlören. In seinen *Paysans de Languedoc* hat E. Le Roy Ladurie[79] hinsichtlich der Massen alten Typs auch tiefenpsychologische Ansätze benutzt und auf Themen der Psychoanalyse zurückgegriffen (ohne allerdings deren Begriffe voll zu beherrschen). Diese Dimension der Analyse ist zweifellos besonders wichtig. Aber löst sie das eigentliche Problem? Heute lassen sich die Entstehungsbedingungen der Menge, d. h. der „halb-freiwilligen Aggregate", aus denen sie hervorgeht, schon recht genau beschreiben. Auf dem Dorf sind es bestimmte Tage und bestimmte Arbeiten, die kollektive Praxisformen erfordern: die Ernte, die Weinlese usw. Es gibt sehr viele verschiedene

[78] LEFEBVRE: Foules (s. Anm. 56).

[79] EMMANUEL LE ROY LADURIE: Les paysans de Languedoc, 2 Bde., Paris 1966; gek. Ausgabe: Paris 1969.

Möglichkeiten: ob im Hainland mit verstreuten Höfen oder in den konzentrierten Siedlungen der Ebenen und des Südens. G. Lefebvre betonte darüberhinaus zwei weitere Arten des Zusammentreffens: Der Sonntag (bei der Messe oder im Wirtshaus), der Jahrmarkt und mehr noch der Markt bieten immer wieder Anlässe zur Mobilisierung. Vor allem auf dem Markt bilden sich die Angst und die Unzufriedenheit über knappes und zu teures Getreide heraus. Auch das zirkulierende Getreide, auf der Straße, den Flüssen und Kanälen, ist ein bevorzugtes Motiv spontaner und organisierter Zusammenrottungen. Das zeigen die durch Sturmgeläut versammelten Weinbauern der Touraine und die von Dorfbewohnern überfallenen Kutschen. Auch in den Städten bietet sich manche Gelegenheit, wenngleich weniger häufig (die Sonntagsbegegnung ist dort weniger feierlich): Die Marktunruhen, bei denen Bauern und Stadtbürger oftmals feindselig aufeinander treffen, sind deshalb umso explosiver. Schließlich kommt noch der Krieg hinzu, wo die Warteschlangen vor der Bäckerei oder gar dem Lebensmittelhändler zu ebenso neuralgischen Punkten werden wie die Stadtmauer und die Befestigungen. Es wäre allerdings falsch, diese Kontakte auf die des Alltags zu beschränken: Vor allem die Feste, etwa die *fêtes votives et baladoires* (Kirchweihfeste) im Beaujolais oder die *romérages* (Devotional- oder Patronatsfeste), die oft in Schlägereien ausarten, lassen sich leicht zu steuerfeindlichen oder anti-seigneurialen Unruhen politisieren. Vor allem auch der französische Süden mit seinen *confréries* (Bruderschaften) und vielfältigen Geselligkeitsformen hat für solche Zusammenstöße eine günstige Infrastruktur bereitgestellt. Vor diesem Hintergrund läßt sich heute bereits eine Typologie der Massen vorschlagen, die sowohl einer analytischen Hierarchie, als auch einer chronologischen Entwicklung entspricht und die besser bekannten Pariser Massen als Vergleichsmaßstab für diejenigen der Provinz nimmt.

Aus der von George Rudé[80] vorgelegten Darstellung ergeben sich verschiedene Bilder der Menge und ihres Verhaltens. Ein erster Typus bzw. ein erstes Modell wird schon während der Vorrevolution und des Jahres 1789 sichtbar: Hungerrevolten spielen in den spontanen Erhebungen des heißen Sommers von '89 eine wichtige Rolle: Plünderung des Pariser Saint-Lazare-Klosters, Verbrennung der verhaßten Zollschranken, Verwüstung der Tapetenmanufaktur Réveillon im Faubourg Saint-Antoine (bereits im April '89) usw. Solche sozio-ökono-

[80] RUDE: Massen [48].

misch bestimmten Erhebungen, die erneut vom Frühjahr 1792 bis zum Sommer 1793 vorkommen, als Bäckereien und Lebensmittelläden geplündert werden, haben bestimmte gemeinsame Merkmale: ein hoher Anteil von Lohnarbeitern und Tagelöhnern, folglich ein relativ jugendliches Alter der Teilnehmer (29 bis 30 Jahre im Schnitt), oft auch ein großer Anteil von Frauen, d. h. unmittelbar betroffener „Verbraucherinnen". Bereits dieses Profil der Pariser Massen widerspricht dem von Hyppolite Taine und seinen Nachfolgern geprägten Phantasiebild: In diesen „Horden" gibt es nur wenige Arbeitslose und Kriminelle, was sich unter anderem daran ablesen läßt, daß ein Großteil (2/3) der Verhafteten mit seinem Namen unterschreiben kann. Geht man zu den zwar ebenfalls spontanen, aber mit etwas mehr politischem Bewußtsein verbundenen Erhebungen über, so werden diese Merkmale zugleich präzisiert und modifiziert: Die Gruppe der „Bastille-Sieger" ist z. B. wesentlich älter (34 Jahre im Durchschnitt), wobei es sich um Familienväter handelt, die zum Großteil (77%) keine Lohnempfänger sind, sondern unabhängige Produzenten – Handwerker und Kleinhändler, meist aus dem jeweiligen Viertel. Angesichts dieser soziologischen Struktur läßt sich relativ leicht auf einen ebenfalls spontanen Typus der Menge bzw. der Erhebung schließen, bei der die Improvisation des Augenblicks – mit allen Widersprüchen und „Fehltritten" – eine wesentliche Rolle spielt. Der Übergang zur motivierten und siegesbewußten Masse ist dann aber kein Zufall: Am 14. Juli versammelt sich eine fest entschlossene Menge; sie will zwar nicht die Bastille stürmen, aber nach Waffen suchen. Dieser „gemischte" Typus revolutionärer Massen findet sich auch bei vielen späteren Erhebungen: Am 5. und 6. Oktober 1789, als die Pariser den König aus Versailles zurückholen, verbindet sich die Menge der Marktfrauen, die durch den Brotpreis mobilisiert wurden, mit der Menge der „Aktivisten", die bereits weitergehende Ziele verfolgen. Damit zeichnet sich der Übergang von einer spontanen und unorganisierten Masse der Revolutionsanfänge zu einer Masse ab, die zugleich deren Höhepunkt und Negation darstellt. Ab Juli 1791 und vor allem 1792 sind die Pariser Massen – ob in der Nationalgarde oder der Sektionsbewegung – fest organisiert: Statt vorbereiteter Aufstände gibt es nun zunehmend aufständische Demonstrationen (21. Juni 1792, 31. Mai 1793, 5. September 1793) mit einer bewaffneten – manchmal friedlichen, notfalls aber auch gewaltsamen (10. August 1792) – Liturgie. Die Teilnehmer des 10. August entsprechen dem typischen „Steckbrief" des mobilisierten Sansculotten: ein buntes Gemisch aus Handwerkern, Ladenbesitzern und ihren

Gehilfen, letztere allerdings in der Minderzahl (41%). Alles gestandene Männer (36 bis 38 Jahre), die fast immer lesen und schreiben können. Ist dies überhaupt noch eine „Menge"? Im gleichen Augenblick, da die Bewegung der Sansculotten in den für sie spezifischen ideologischen Grenzen die Theorie des permanenten Aufstands formuliert, haben sich dessen Strukturen bereits von denen der ersten revolutionären Erhebungen weit entfernt: Zwar gibt es immer noch den Funken, der nach G. Lefebvre dem Aufstand seinen „massenhaften Zustand" verleiht, aber wenn die spontanen Erhebungen scheitern (so z. B. am 21. Juni 1792) und auch bei den anderen – bleibt die organisatorische Improvisierung gering: Am 10. August 1792 kommt der Angriff der Schweizergarde vor dem Tuilerien-Palast keineswegs mehr überraschend, da der Zusammenstoß schon seit längerem erwartet und vorbereitet wurde. Die Pariser Menge verschwindet also in dem Maße, wie sie sich strukturiert und in die Organisationsformen der Volksbewegung einfügt. Sie wird erst unter dem thermidorianischen Konvent – bei den Erhebungen des Germinal und Prairial des Jahres III – wieder punktuell auftreten, wobei sich wirtschaftliche Forderungen mit einem letzten demokratischen Elan verbinden. Danach kehrt die Pariser Menge entwaffnet in ihre Schlupfwinkel zurück ... für viele Jahre.

Aber gibt Paris, dessen Massen lange Zeit als einzige bekannt waren, auch all das wieder, was sich in der Provinz oder auf dem Lande abgespielt hat? Natürlich nicht. Die Untersuchung der meridionalen Massen[81] zeigt in soziologischer Hinsicht zwar die Beständigkeit der Handwerker, kleinen Schankwirte und Ladenbesitzer, aber hier kommen noch andere Elemente hinzu. Unter den Bedingungen heftiger Klassenkämpfe, bei denen Revolution und Konterrevolution einander ausgleichen und abwechseln, läßt sich die auf der Straße vorherrschende Menge nicht immer eindeutig als revolutionär bezeichnen: Aufgrund vertikaler Klientel-Beziehungen sind die armen Leute und das städtische Lumpenproletariat oft mit der Führungsschicht der Notabeln verbunden, woraus sich ein ungewöhnliches Profil der Massen ergibt. Ein Extremfall hierfür, fast schon eine Karikatur, ist Nîmes, wo eine dreifache – ökonomische, politische und konfessionelle – Kluft zwischen den oft wohlha-

[81] MICHEL VOVELLE: Les troubles sociaux en Provence de 1750 à 1789, in: *Actes du Congrès national des sociétés savantes* (Tours 1968), *Section d'histoire moderne et contemporaine*, 93, Teilbd. 2, Paris 1971, S. 325–372 (abgedr. in MICHEL VOVELLE: De la cave au grenier, Paris 1980, S. 221–262).

benden Protestanten (u. a. die Seidenhändlermeister) sowie den Anhängern der Revolution auf der einen Seite und dem sehr rasch von der royalistischen Konterrevolution dirigierten katholischen Pöbel auf der anderen Seite besteht.

Von den Pariser bzw. städtischen Massen unterscheidet sich die spezifische Physiognomie der ländlichen Massen, wie sie aus den Forschungen über die Agrarunruhen zwischen 1789 und 1792 in den Anbaugebieten im Pariser Umland oder in Südfrankreich hervorgeht. Schon die Chronologie ist hier sehr eigentümlich: Zwischen Frühjahr und Sommer 1789 kommt es zu einer ersten Welle, die in der *Grande Peur* ihren Höhepunkt findet; dann gibt es zwischen dem Frühjahr und Herbst 1792 einen weiteren spektakulären Schub. Dieser besondere Rhythmus verweist sowohl auf eine größere Abhängigkeit von den ländlichen Jahreszeiten, die die bäuerliche Problemlage strukturieren, als auch von den spezifischen Kampfzielen gegenüber dem seigneurialen Regime: je nach örtlichen Bedingungen findet die anti-aristokratische Revolte ihren Höhepunkt 1789 oder 1792. Darüberhinaus ist auch die Struktur dieser ländlichen Massen eigentümlich. 1789 oder 1792 handelt es sich um eine bewegliche Menge, die von Dorf zu Dorf zieht und oft nahezu alle Einwohner umfaßt, die von ihren natürlichen Vertretern angeführt werden – den Notaren, Priestern, Schulmeistern usw. Die Motivationen ebenso wie die Verhaltensweisen spiegeln auf unterschiedliche Weise sowohl die festverwurzelten Strukturen der ländlichen Gesellschaft oder gar Landschaft, als auch die spezifischen Formen des dörflichen Klassenkampfes. In der Weite der Beauce und der Ebenen südlich von Paris sind es Banden von zehn- bis zwanzigtausend Bauern, die 1792 die Märkte überschwemmen und das Getreide „taxieren". Ihr eigentlicher Gegner ist nicht der Adlige, sondern der bürgerliche *accapareur*. Im Umkreis von ungefähr hundert Kilometern kann sich diese Menge ständig erneuern. Demgegenüber mobilisieren sich die Dorfbewohner vom Vivarais bis zum Languedoc und zur Provence nur in kleinen Gruppen – 500 bis 1000 Mann stark –, um punktuelle Aktionen gegen das Schloß des nächsten Grundherrn durchzuführen. Wir haben es also mit einer sehr differenzierten Typologie und Soziologie zu tun, die noch weiter verfeinert werden muß. Allerdings bleibt das – ganz simple – Problem bestehen, daß die ländlichen Massen ab Herbst 1792 verschwinden.

Sind die Bauern nach der endgültigen Abschaffung der seigneurialen Abgaben zufriedengestellt? Oder sind sie im Gegenteil so frustriert, daß sie ins Lager der antibürgerlichen Revolution umschwenken – wie etwa in der Vendée[82]? Ist der bäuerliche Jakobinismus ausgeblutet worden, indem seine militanten jüngeren Elemente zur Verteidigung der Landesgrenzen eingesetzt wurden? Dies sind drei mögliche Erklärungen, von denen keine die beiden anderen ausschließt und die örtlich in unterschiedlichem Maße eine Rolle gespielt haben mögen.

Noch 1793, 1794 und danach gibt es immer wieder aufrührerische Massen, wie etwa 1794 die bäuerliche Reaktion auf die Entchristianisierung im Forez (Savoyen) oder die letzten städtischen jakobinischen Erhebungen während des Niedergangs der Sansculotten-Bewegung in Toulon, Marseille und anderswo ... Aber es bleibt eine Tatsache, daß die revolutionären Massen abnehmen oder in der zweiten Hälfte dieser Periode sich auflösen. Eine andere Art von Gewalt entsteht, die diffuser, mehrdeutiger und manchmal auch politisierter, in jedem Fall aber sozial bedeutsamer ist: die Räuberbanden der direktorialen Periode sind hierfür besonders repräsentativ. Das Nachdenken über die Massen führt uns somit zu einer Analyse der Formen und Gesichter der Gewalt, für die sie letzten Endes nur ein besonderer Ausdruck waren.

3. Die Gewalt

Die revolutionäre Gewalt verweist sowohl auf sehr alte wie auf ganz neue Verhaltensformen. Ihre Spontaneität reiht sich in die lange Tradition wilder Reaktionen seitens der Unterschichten gegenüber grausamster Unterdrückung ein. Bekanntlich sind erst 1787 die offiziellen Formen der Folter abgeschafft worden, um der veränderten Sensibilität der Aufklärung entgegenzukommen. Die zwischen 50 und 60 Jahre alten Pariser haben aber noch miterlebt, wie 1757 Damiens zur Strafe für einen gegen Ludwig XV. gezückten Dolch öffentlich gevierteilt wurde. Die Gewalt gehörte zum täglichen Leben: Die Chronisten des ausgehenden Ancien Régime – Louis-Sébastien Mercier und vor allem Restif de la Bretonne[83] – erwähnen sowohl das Blut auf der Straße, den Mord, die Schlägerei zwischen Gesellen oder Spitzbuben sowie den von einer Kutsche am Wegesrand überfahrenen Familienvater als auch umgekehrt den Andrang bei öffentlichen Hinrichtungen und deren Popularität bei

[82] Siehe die überzeugende Argumentation von Paul Bois [49].

[83] Louis-Sebastian Mercier: Tableau de Paris nouv. éd. revue et corrigée, 12 Bde., Paris 1783–88; dt. auszugsweise: Mein Bild von Paris, hg. v. Jean Villain, Frankfurt/M. 1979. Nicolas Restif de la Bretonne: Les nuits de Paris, 8 Bde., Paris 1788–94.

Kleinen ... und Großen. Diese Haltung wird im Juli 1789 durch den damals noch unbekannten Babeuf bezeugt, der die Ermordung des Pariser Intendanten noch am selben Abend erschüttert kommentiert: Unsere Herren, so schreibt er, haben uns ebenso grausam gemacht wie sie selbst; sie ernten nur, was sie gesät haben. Heute sind wir nicht mehr auf der Suche nach rechtfertigenden Argumenten, sondern die Gewalt mit ihren zwei Gesichtern – dem subversiven und dem repressiven – ist für den Historiker zu einem Gegenstand geworden, den er über große Zeitabschnitte hinweg verfolgt.

Die Revolution bedeutet zugleich einen Höhepunkt in der kontinuierlichen Entwicklung der alten Gewaltformen und einen definitiven Bruch. Über die theoretische Gewaltkritik der Aufklärung hinaus hat sie zu einer Neubewertung der gewaltsamen Subversion als Mittel der Weltveränderung geführt. In dieser Hinsicht widerspricht sie – zumindest auf ihrem Höhepunkt – der spontanen Gewalt ihrer ersten Episoden und formuliert zugleich eine neue Legitimation für die durch den revolutionären Staat kontrollierte Subversion durch das Volk. Wie ist diese Wende vollzogen und vor allem erlebt worden? Es wäre etwas einfach, sich über den Robespierre der Konstituante zu mokieren, der noch für die Abschaffung der Todesstrafe eintrat, bevor er dann später selbst zum Organisator der Schreckensherrschaft wurde. Um diesen Positionswechsel zu verstehen, muß man die Bewegung etwas genauer verfolgen. Zunächst bedient sich die Französische Revolution einer zugleich spontanen und punktuellen Gewalt: Ermordung von de Launay, dem Gouverneur der Bastille, oder von Flesselles, dem Vorsteher der Kaufleute, am 14. Juli; Erschlagung des Intendanten von Paris, Bertier de Sauvigny, und dessen Schwiegervaters Foullon einige Tage später, weil sie der Wucherei beschuldigt werden ... Dem steht die *Grande Peur* gegenüber, die außerordentlich unblutig verläuft (3 Opfer!). Die Provinz ist in ihren Revolutionen also eher zahm, obgleich in den großen und weniger großen Städten die kommunalen Revolutionen nicht ganz ohne Blutvergießen abgehen. Als die Marseiller 1790 ihre „Bastillen", die Festungen Saint-Jean und Saint-Nicolas, stürmen, wird der Kommandant der zuletzt genannten Zitadelle, Major de Beausset, niedergemacht: In einer Farandole tragen die Männer und Frauen seine Gedärme auf einem Stock durch die Straßen und rufen: „Wer will Frischfleisch?" In den letzten Monaten des Jahres 1789 kommt es in Paris zu einer Eskalation der Gewalt: Die volkstümlichen Darstellungen der Oktobertage von '89 zeigen die Rückkehr der Marktweiber aus Versailles mit einer expressiven Symbolik von Zweigen als Zeichen der Hoffnung, aber auch von Piken, auf denen Brotlaibe und die Köpfe der während der Erstürmung des Palastes getöteten Leibwachen stecken. Hieran anknüpfend läßt sich mit wenigen Zügen ein ganzes System der spontanen Gewalt während der ersten Revolutionsjahre skizzieren. Dabei geht es nicht darum, die gemeinen Aspekte zu unterschlagen – auch wenn sie sich nur schwer erklären lassen: Niemand wird heute bestreiten wollen, daß darin Angst, Alkohol (manchmal sehr direkt – ohne daß damit jedoch die leichtfertigen Pseudoerklärungen einer veralteten Geschichtsschreibung übernommen werden sollen) und auch sadistische Triebregungen zum Ausdruck kommen. Es gibt gewissermaßen eine „mörderische" Heftigkeit, die entweder auf sehr einfache oder sehr komplexe Gemütszustände verweist (je nachdem). Diese Unmittelbarkeit der Gewalt zeigt auch deren Ambivalenz an, wenn nicht gar deren Käuflichkeit: Wie in dem von Rabelais beschriebenen Universum der Volkskultur kommt es zu einer Vermengung der Genres. Die Lächerlichkeit, eine bestimmte Art von Humor, ja sogar ein Fest begleiten das Massaker. „Gib Küßchen", rufen die Aufständischen Bertier de Sauvigny zu, als er wie ein Krimineller auf einem Karren zum Grève-Platz gefahren wird, und halten ihm den mit Stroh garnierten Kopf seines Schwiegervaters, des „Wucherers" Foullon, entgegen. Bekannt ist auch, daß ein Geigenspieler die Septembermorde begleitet hat. Dabei gehören auch das Mitleid oder die plötzliche Meinungsänderung, für die schon Michelet zahlreiche Beispiele anführt, zu diesem Muster spontaner volkstümlicher Verhaltensweisen. Daraus ist allerdings nicht auf deren „Kindlichkeit" zu schließen: Vielmehr entwickelt sich diese Praxis anhand bestimmter Themen, die einfach sind, aber keineswegs simpel. Nur sehr selten sind die Begründungen wirklich niederträchtig. Das entspricht der geringen Rolle der Spitzbuben innerhalb dieser Massen[84]. Es kommt zu Plünderungen wie im Juli 1789 in Paris oder 1793 bei den Lebensmittelläden; manchmal gibt es sie auch während der Teuerungsaufstände in der Provinz, wobei es sich aber meist nur um die Auf- und Verteilung – manchmal zu herabgesetzten Preisen – des Getreides unter die Armen handelt. Wie wir noch sehen werden, wird häufiger zerstört als gestohlen: der „Vandalismus" ist eine der Sprachen der Gewalt.

Vorherrschend ist die Strafaktion und die Volks- oder Straßenjustiz. Das improvisierte Tribunal während der Septembermorde ist hierfür

[84] Siehe die Statistiken im Anhang zu RUDE: Massen [48].

ziemlich charakteristisch. Zur Ausübung derartiger Funktionen treten aus der Menge einzelne „Anführer" hervor, die nicht immer selbst aus dem Volk stammen, aber ihm nahestehen: So der Gerichtsvollzieher Maillard in Paris zwischen 1789 und 1792. Andere, wie Fournier der „Amerikaner", bilden sogar regelrechte Banden oder halborganisierte Gruppen[85]. Bei den Unruhen von Courtat in Südfrankreich begegnen wir einem Jourdan, genannt „der Kopfabschneider", und bei den Erhängungen von Marseille fallen 1792 die Brüder Savon, von Beruf Lastenträger, besonders auf. Bei der Ausübung der Gewalt spielen also Anführer und oftmals zweifelhafte Banden eine nicht unerhebliche Rolle. Soweit uns die Teilnehmer an gewaltsamen Aktionen bekannt sind, handelt es sich sowohl um Kleinbürger oder unabhängige Produzenten – Handwerker oder Kleinhändler – als auch um Arme und Lohnabhängige. Sie sind durchweg verheiratet, Familienväter und oft schon reiferen Alters. Auch die Frauen spielen bei den Volkserhebungen eine spezifische Rolle – meist haben sie eine konkrete ökonomische Motivation und treten nicht bloß in der Rolle des entfesselten „Mannweibes" auf. Die Gewalt erscheint somit als eine eher defensive Reaktion, die als Strafaktion angelegt ist und durch gewisse Anhaltspunkte gerechtfertigt wird. Ihre Gegenstände und Feindbilder werden zunehmend präziser: der „Aristokrat", der „Eidverweigerer", der „Wucherer". Dies entspricht einer Kodierung, bei der für die Masse gewisse Stimuli eine wesentliche Rolle spielen (so z. B. die Kleidung, die den Sansculotten vom Aristokraten unterscheidet). Daraus ergeben sich besondere Mythen, die – wie wir gesehen haben – meist um das Thema der Verschwörung kreisen. Außerdem schafft sich die Gewalt eine eigene Symbolik, deren Bilder nach und nach verbindlich werden: Auf Stichen und manchmal auch Tellern taucht z. B. nach dem 4. August 1789 der Dreschflegel auf, mit dem die Menschen aus dem Volk auf die Embleme des Feudalismus einschlagen. Dann die Laterne, ein auch von seinem Ursprung her äußerst populäres Thema, denn am Laternenpfahl hängt man die Aristokraten auf („Dem Bertier, dem Flesselles", heißt es im Lied, „streift man die Schlinge um den Hals ... Aber ja, was ist da schon dran?"). Auch die Ikonographie bemächtigt sich dieses Themas, und so sehen wir den kö-

[85] Zum Problem der „Rädelsführer" *(meneurs)* siehe die noch unveröffentlichte Dissertation von Bernard Conein: Demiurges politiques et porte-paroles dans les massacres de Septembre; les juges „improvisés" dans les prisons de Paris (Paris 1978). Teilveröffentlichung: Le tribunal de la terreur du 14 juillet 1789 aux „massacres de septembre", in: *Les révoltes logiques*, Nr. 11, 1979/80, S. 2–42.

nigstreuen Malouet am Rednerpult der Nationalversammlung, während über seinem Kopf eine Laterne schwebt, oder Barnave in einer nächtlichen Landschaft im schärfsten Galopp in die Emigration reiten, verfolgt von einer geflügelten Laterne ... Diese Symbole werden dann später durch andere ersetzt, wie etwa die Pike (die „heilige Pike") als Waffe gegen die Aristokratie oder den Blitz als eine abstraktere Form der Vernichtung des Bösen ... Hier verweist die symbolische Sprache auf einen entscheidenden Wandel in der revolutionären Gewaltpraxis, nämlich deren laufende Berücksichtigung und theoretische Reflexion im Kampf selbst. 1790 hat die revolutionäre Bourgeoisie versucht, die spontane Gewalt des Volkes, die ihr zur Macht verholfen hatte, unter Kontrolle zu bringen, indem sie bereits im Oktober das Kriegsrecht ausrief und Sicherheit und Eigentum als die höchsten Werte proklamierte. Dabei hatten die Föderationsfeste im Juli 1790 gerade noch die wiedergefundene Einmütigkeit der Nation zelebriert. Aber diese Maßnahme gerät schnell unter den Druck der revolutionären Notwendigkeiten, die bis 1792/93 zu einer Eskalation der Gewalt unter veränderten materiellen Bedingungen führen, wobei die Aufstellung der Nationalgarde das Fehlen des früheren Unterdrückungsapparates nicht ausgleichen kann.

Die spontane, punktuelle Gewalt des Volkes breitet sich immer mehr aus: Den ländlichen oder städtischen Zentren revolutionärer Gewalt steht die antagonistische Entfachung einer konterrevolutionären Gewalt gegenüber: mal umstürzlerisch wie in Nîmes, Arles oder Montauban, mal sogar offiziell sanktioniert wie in Nancy 1791, wo die patriotischen Schweizergarden des Regiments von Châteauvieux hingerichtet werden (der letzte spektakuläre Einsatz des Galgens und des Rades), oder wie bei den Massakern auf dem Marsfeld. Diese Eskalation findet ihren Höhepunkt im heißen Sommer 1792, als der Krieg sowohl den Mythos wie die Realität der Verschwörung neu belebt, während sich gleichzeitig die Objekte der Angst und des Hasses präzisieren (der Aristokrat, der Priester, der „Verdächtige"). Die Septembermorde 1792 und dann die sogenannte „erste Schreckensherrschaft" sind zwar Höhepunkte der spontanen Gewalt, aber diese hat sich nun bereits in Volkstribunalen ansatzweise organisiert. Der daraufhin auftretende Bruch innerhalb der revolutionären Bourgeoisie erweist sich teilweise an genau diesem Problem: Ein Teil der Bourgeoisie legitimiert nicht nur die Gewalt, sondern begründet sie nun mit theoretischen Argumenten, so etwa in den Zeitungsartikeln von Marat, der eine zugleich vom Volk getragene und kontrollierte Gewalt als einziges Mittel zur Rettung der Revolution rechtfertigt und ermutigt: „Aus den Feuern des Aufruhrs entsteht die Freiheit ...“

1793 kommt es zum entscheidenden Übergang von der Gewalt zum Terror. Natürlich verschwindet die Gewalt nicht, aber sie wird gleichsam marginalisiert. Im Rahmen eines Kampfes auf Leben und Tod wird sie einerseits zu einer Abfolge von Massakern an den offenen Fronten des Bürgerkrieges – der Aufstand in der Vendée beginnt mit Massakern wie der Ermordung der republikanischen Nationalgarden in Machecoul –, während andererseits die Feldzüge der Revolutionsarmeen als „Instrumente der Schreckensherrschaft in den Départements“ (R. Cobb)[86] z. B. in der Gegend von Lyon zu einer neuen Vorstellung von Gewalt führen, die selten mörderisch ist, aber die Konterrevolutionäre erschrekken soll. Die offiziell proklamierte und theoretisch begründete „Schrekkensherrschaft“ zwischen 1793 und 1794 wurde durch die regierende Bergpartei definiert: Robespierre hat sie in seiner berühmten Rede vom 5. Nivôse Jahr II (25. Dezember 1793) in seine Begründung der revolutionären Regierungsform bis zum Frieden einbezogen. Die Gesetze vom Prairial des Jahres II konkretisieren auf dem Höhepunkt der Schrekkensherrschaft deren Modalitäten. Läßt sich aber noch von einer „Mentalität“ sprechen, wenn ein ganzes institutionelles System eine spontane Praxis aufgreift und formalisiert? Ja, gewiß, wenn im Feuer des Gefechts eine neue Sensibilität entsteht, nämlich der Wille zu Strafen und die ständige Angst vor Verschwörungen bei den einen, eine diffuse, aber allgegenwärtige Angst bei den anderen. Diese Wende wird auch durch eine neue Symbolik signalisiert: Die Guillotine als sauberer und schneller Apparat steht im Gegensatz zu den alten Folterinstrumenten, die im Lied vom Doktor Guillotin erwähnt werden: „Le député Guillotin / dans la médecine / très expert et très malin / fit une machine ...“ (Der Abgeordnete Guillotin / in der Medizin / ein Experte und ein Schlaukopf / erfand eine Maschine)[87]. Sie kompensiert gleichsam durch quantitative Inflation. Am Ende wird dies zu einem kollektiven Reflex der Abstoßung führen, über den dann unter anderem die Revolutionsregierung stürzt. In der revolutionären Ikonographie wird die neue Sensibilität gleichzeitig durch den Blitz und das reinigende Feuer oder auch

[86] COBB: Armées révolutionnaires [36].

[87] Wie alle Zitate aus revolutionären Liedern übernehme ich diese Strophe aus BARBIER / VERNILLAT: Chansons (s. Anm. 71).

durch einen hünenhaften Herkules mit Keule versinnbildlicht, der die Könige zermalmt.

Die offizielle Ideologie der Thermidorianer hat anschließend versucht, Angst und Gewalt zu bekämpfen. Aber dieser Diskurs ist in der Regel nicht befolgt worden. Nachdem die „weiße Schreckensherrschaft" im Jahre III ihren Höhepunkt findet, kehrt sie in Abständen immer wieder zurück, so z. B. im Jahre V. Sie kann die Form eines von den Massen oder – noch häufiger – von Soldaten begangenen Massakers annehmen, das das Massenverhalten zu Beginn der Revolution symmetrisch umkehrt – so besonders im Süden, von Lyon bis Arles, von Tarascon bis Marseille –, oder auch die Form der Schlägerei und der Racheaktion, wie dies durch die *jeunesse dorée* in Paris geschieht. Bald werden diese spektakulären Formen jedoch durch eine andere Aktionsform abgelöst, für die die organisierten Banden des Südens das Vorbild sind. Diese *compagnons de Jésus* oder *campagnons du soleil* operieren meist nachts, gelegentlich aber auch am hellichten Tag. Schlag auf Schlag erfolgt die „Bestrafung" oder Ermordung von Jakobinern, so daß sich ein neues Klima der Unsicherheit und der verborgenen Gewalt ausbreitet. Schließlich kommt es zu einem kaum merklichen Übergang von der politischen Gewalt, die einen Generalstab aus Adligen und Bürgern (die *jeunes gens* im Süden) mit einer Klientel aus royalistischen „Schlägern" aus den Unterschichten verbindet, zu einer ambivalenteren Gewalt, die während des Direktoriums ganz gewöhnliche Räuberbanden hervorbringt. In Südfrankreich oder im Westen – dem Gebiet der *Chouans* – wird diese Räuberei, die die Straßen unsicher macht und Kutschen überfällt, stets einen gewissen politischen Anschein aufrechterhalten. In den großen Ackerbaugebieten von der Beauce bis zum Valois finden dagegen die *chauffeurs,* die die Füße ihrer Opfer braten, um so das Versteck ihrer Reichtümer zu erfahren, in kaum veränderter Form die alten Gesten der Wegelagerer des 17. Jahrhunderts wieder[88]. Das Abenteuer der revolutionären Gewalt verflacht damit in seinem letzten Stadium zu einer atomisierten und perspektivlosen primitiven Rebellion: Was nicht heißen soll, daß diese Gewalt bedeutungslos wäre, zumal sie immer noch einen tiefsitzenden sozialen Unmut zum Ausdruck bringt.

[88] Über die *chauffeurs de pieds* siehe die Ausführungen bei COBB: Police [45]. Vgl. auch MICHEL VOVELLE: Les errants en Beauce sous la Révolution française, in: *Actes du Congrès national des sociétés savantes* (Montpellier 1961), *Section d'histoire moderne et contemporaine,* 86, Paris 1963, S. 483–512 (abgedr. in VOVELLE: Ville et campagne, S. 277–304).

4. Die Tabula rasa oder das Autodafé

Um die revolutionären Mentalitäten wirklich zu begreifen, muß man über die zwar mächtigen, aber zu einem Gutteil unbegründeten kollektiven Realitäten wie Angst, Menge, Gewalt usw. hinausgehen. Sonst würde man den revolutionären Ansatz lediglich als eine Antwort auf verschiedene unkontrollierte und negative Triebregungen betrachten.

Um den Fragestellungen der Mentalitätsgeschichte zu entsprechen, ist zu untersuchen, wie dieser gewaltsame Bruch mit der Vergangenheit erlebt und zum Ausdruck gebracht wurde: Dies läßt sich sowohl am Diskurs der Elite ablesen, als auch – versteckter – an den Haltungen der handelnden Massen selbst. In den geschriebenen oder gesprochenen Formulierungen einer Zeit, die ganz besonders deklamatorisch war, drückt sich durch eine Vielzahl von Äußerungen das Bewußtsein einer unmittelbar erlebten Veränderung und der Notwendigkeit einer totalen Umwälzung aus[89].

Die Revolutionäre selbst hatten in unterschiedlichem Maße das Gefühl, an einer vollständigen Zerstörung teilzunehmen, so wie es Marat im Juni 1793 in seinem Tagebuch notierte: „Es gibt keinen einzigen Menschen, der nicht fühlen würde, daß eine Revolution sich nicht festigen kann, *ohne daß eine Partei die andere zermalmt hat.*" Man könnte meinen, so schreibe nur Marat, aber auch Sieyès hatte diese Dialektik des Alles oder Nichts in seiner Flugschrift bereits fomuliert: „Was ist der Dritte Stand? *Alles.* Was ist er bis jetzt in der politischen Ordnung gewesen? *Nichts.*" Die Umwälzung wurde nicht nur als radikale begriffen, sondern auch als sofortige. Saint-Just formulierte es in seiner berühmten Rede: „Unsere Freiheit ist *wie ein Gewitter* und ihr Triumph *wie ein Donnerschlag.*" Damit antwortete er Marat, der in seiner *Offrande à la Patrie* geschrieben hatte: „Erlebt nur einmal den Preis der Freiheit, erlebt nur einmal *den Preis eines Augenblicks* ..." Auf der Ebene der Beschwörungsformeln ist die Revolution aber nicht nur radikal und unmittelbar, sondern auch irreversibel und unbesiegbar: „Wir sind *unbesiegbar* geworden", schreibt Camille Desmoulins bereits 1789; und der spätere Girondist Isnard wiederholt dies 1791, indem er das Postulat aufstellt: „Ein Volk im Zustand der Revolution ist *unbesiegbar.*" Darin

[89] Interessenten sei die Lektüre der Reden und Schriften der großen Revolutionäre (Robespierre, St.-Just, Marat usw.) empfohlen, die in der Reihe *Les classiques du peuple* von den Editions Sociales veröffentlicht werden. Einen schnellen Überblick gibt auch die Zitatensammlung von DENIS ROCHE (Hg.): La Liberté ou la mort, Paris 1969.

stimmte ihm Marat ausnahmsweise zu: „Die Revolution wird *unweigerlich* durchgeführt, ohne daß irgendeine menschliche Macht dies verhindern könnte." Diese Fatalität im guten Sinne des Wortes drückt sich in dem Gefühl aus, einen *point of no return* zu überschreiten, einen vollständigen Bruch mit dem Vergangenen zu erleben. „Das Jahr I der Freiheit": Diese Formulierung, die mit der Kette der Zeiten bricht, wurde von Desmoulins in lyrischen Worten kommentiert: „Die Jugend begeistert sich, *zum ersten Mal sehnen sich die Alten nicht mehr nach vergangenen Zeiten,* sondern erröten darüber." Aber auf den Optimismus von 1789 folgt bald der oft tragische Eindruck, alle Brücken seien nunmehr abgebrochen: „Es gibt kein Zurück, verdammt noch Mal", schreibt Hébert im *Père Duchesne,* „ die Revolution muß vollendet werden, ein einziger Schritt zurück, und die Republik ist verloren." Paradoxerweise hat Cambon, ein Abgeordneter der „Ebene", der ansonsten als kaltblütiger Techniker gilt, nach dem Tod des Königs (21. Januar 1793) den treffendsten Ausruf getan: „Wir sind endlich auf der Insel der Freiheit gelandet und *haben das Schiff verbrannt, das uns hinfuhr."*

Betrachtet man diese Erklärung in ihrem genauen Kontext, so wird verständlich, warum beim Prozeß gegen den König alle Mitglieder des Konvents so großen Wert auf ihre persönlichen Erklärungen legten: Selbst bei den entschlossendsten „Königsmördern" handelt es sich um oft bemerkenswerte Lesestücke[90]. Während Marat ohne jede Bindung als freischwebender Politiker spricht, bringen Robespierre oder Saint-Just, jeder auf seine Art, ihre Argumente vor und betonen die historische Tragweite ihrer Entscheidung. Als Königsmord, als ritueller Vatermord wird die Gewalt nunmehr zu einer notwendigen Voraussetzung für die Schaffung einer neuen Welt. Einige gestehen es sich ein: „Wir gehen auf einem Vulkan", sagt Billaud Varenne. Andere konzedieren es nur widerwillig, wie z. B. Vergniaud: „ Wir brauchen in unserem Eifer das belebende und konservierende Feuer..." Während er dieses Feuer aber kontrollieren will, rechtfertigen andere vielmehr dessen Auswüchse: „Hat das Volk nicht das Recht, die Leidenschaften zu verspüren, die es zur patriotischen Verzückung führen?" (Danton). Oder sie rufen sogar direkt dazu auf, wie z. B. Jacques Roux: „Der Löwe des Patriotismus möge noch schrecklicher wüten als bei seinem ersten Eingreifen..." Aus dem Kaleidoskop dieser Zitate, die bewußt aus den verschiedensten Phasen und aus allen Tendenzen ausgewählt wurden, ergibt sich – noch

[90] ALBERT SOBOUL (Hg.): Le procès de Louis XVI, Paris 1966.

auf impressionistische Weise – ein Bild von der Gemütsverfassung einer Generation, die die Welt von Grund auf verändern will.

Bis hierhin handelt es sich um quasi literarische Äußerungen, um die Vorstellungen einer bürgerlich-revolutionären Elite. Wie aber stand es um die politisierten Volksmasse? Vertraten sie nur eine vulgarisierte Form dieses Diskurses oder eine eigene Linie? Auf diese Fragestellung läßt sich anhand der Äußerungen der Sektionen oder der Volkslieder antworten. Die „verkehrte Welt", das egalitäre Ideal der populären Gleichmacher und Aufrührer drückt sich darin ohne Umschweife aus. So z. B. in der *Carmagnole:* „Il faut raccourcir les géants / Et rendre les petits plus grands / Tous à la même hauteur / Voilà le vrai bonheur ..." (Man muß die Riesen kürzen / Und die Kleinen vergrößern / Alle gleich groß / Das ist das wahre Glück).

Der Wunsch, die Welt von Grund auf zu verändern, äußert sich bei den Volksmassen nicht nur in Worten, sondern vor allem auch in Gesten und symbolischen Aktionen. Der „revolutionäre Vandalismus" kann daher für die gleichmacherische Mentalität, in der der bereits beschriebene Zerstörungstrieb kulminiert, als typisch gelten[91]. Allerdings muß man sich über den Begriff verständigen, der vielleicht komplexer und vielfältiger ist, als man gemeinhin annimmt. Das Wort *vandalisme* ist bekanntlich während der Revolution selbst durch den Abbé Grégoire geprägt worden, um vor allem die Zerstörungen im Rahmen der Entchristianisierung zu benennen.

Es bezeichnet jedenfalls eine faßbare Realität oder vielmehr ein Bündel von Realitäten, die entweder das Produkt einer Konzertierung an der Spitze sind oder aus der Spontaneität des Volkes entstanden und über Straßen und Dörfer hinweg von den Truppen der Revolutionsarmee verbreitet wurden. Diese *Tabula rasa,* die ich z. B. anhand der Entchristianisierungskampagne des Jahres II für den französischen Südosten beschrieben habe[92], vermengt komplexe Elemente. Teilweise gehen sie auf Regierungsinitiativen zurück, wie die große Umbenennung der Ortschaften durch die Liquidierung des Erbgutes aus Monarchie,

[91] Siehe das Forschungsvorhaben von DANIEL HERMANT über den „revolutionären Vandalismus", teilw. veröffentlicht in dem Aufsatz: Destructions et vandalisme pendant la Révolution française, in: AESC 33. 1978, S. 703–719.

[92] MICHEL VOVELLE: Religion et Révolution: La déchristianisation de l'an II, Paris 1976 [65], bes. S. 36 f.; siehe auch DERS.: Vom Vendémiaire zum Fructidor des Jahres II. „Die andere Entchristianisierung", in H. U. GUMBRECHT / R. REICHARDT / T. SCHLEICH (Hg.): Sozialgeschichte der Aufklärung in Frankreich, Teil II, München 1981, S. 201–228.

„Fanatismus" und „Aberglauben" oder die Einschmelzung der Kirchenglocken, die das Alltagsleben einteilten, oder auch die Einführung des Dekadi und des Revolutionskalenders... Aber diese radikalen Maßnahmen stützten sich auf ein ambivalentes Zusammentreffen mit gleichmacherischen Entchristianisierungsaktionen an der Basis, die vor allem in zwei Bildern zum Ausdruck kommen: dem *Autodafé* und der *Maskerade*. Warum sich auf diese punktuellen Illustrationen beschränken, die in der historischen Tradition so sehr mißverstanden wurden? Weil hier alte Ausdrucksformen einer verdrängten Volkskultur wieder auftauchen und zugleich verändert werden. Das Autodafé wird meist anhand der großartigen und schönen Bilder des Pariser 14. Juli 1792 behandelt, wo ein großer Baum, mit den Überresten, Ornamenten und all dem „Flitterkram" der alten Welt (Wappen, Abzeichen und andere Symbole) behängt, in einem riesigen Feuer verbrannt wird. Man findet es ebenso auf den Marktplätzen der Dörfer und Städte des Südens: Beichtstühle, holzgeschnitzte Heilige, religiöse Bilder usw. werden vor der Kirche aufgeschichtet, und die örtlichen Sansculotten tanzen um den Scheiterhaufen. Es ist wie eine revolutionäre Umfunktionierung des Scheiterhaufens am Johannistag. Die Maskerade reproduziert demgegenüber auf einer anderen Ebene die Gesten subversiver Umkehrung aus der Katzenmusik und dem Karneval. Überall in Frankreich finden Prozessionen mit dem für die Entchristianisierungskampagne des Volkes so charakteristischen „Esel mit der Mitra" statt: Auf einem Karren, der von ausgemergelten, mit Meßgewändern drapierten Mauleseln gezogen wird, hat man – zusammen mit Symbolen des „Feudalismus" und des „Aberglaubens" – mehrere Puppen aufgestapelt, die die Züge des Kaisers, der großen Katharina, des Königs von England und des „römischen Tyrannen" tragen. Sie werden dann – ähnlich wie die Puppe von Caramantran oder die „Alten" am Ende des Winters – verbrannt. Mit diesen Eintagsrevolten haben die dörflichen Sansculotten mit gestischen Mitteln das Gleiche artikuliert wie die Redner mit ihren Diskursen: die *tabula rasa* soll eine neue Welt hervorbringen. Allerdings darf dies nicht die Ambivalenz verdecken, die im Begriff und in der Praxis des revolutionären „Vandalismus" steckt, denn er enthält auch das Erbe des vorrevolutionären „elitären" Vandalismus, wie z. B. der Domherren von Chartres, die die Kirchenfenster einschlagen, damit das Licht der Aufklärung *(les lumières)* in ihre gotische Kathedrale einfallen kann, oder der für Vernünftigkeit und neoklassische Klarheit schwärmenden Bourgeoisie. Auch wissen wir, daß die bürgerliche Revolution die abstrusesten volkstümlichen Aspekte dieses Zerstörungswerkes zurückweisen wird, und aus der dialektischen Negation des Vandalismus entsteht unter dem Direktorium das *Musée* als Ort der Konservierung und Wiederaneignung bzw. der Wiedereingliederung des historischen Erbes.

Indem wir diesen ersten Abschnitt über die zerstörerische Wirksamkeit der Revolution mit dem Bild der karnevalesken Maskerade beenden, möchten wir gewissermaßen den Kreis schließen: Von der Angst sind wir zur Menge und den verschiedenen Gewaltformen gelangt und stoßen nun an diese letzte Grenze, wo sich die zerstörerischen Aspekte der *tabula rasa* vermischen mit der erträumten Entstehung einer neuen Welt, als deren Begründer sich die Revolutionäre verstanden.

III. DIE GELEBTE ERFAHRUNG DER REVOLUTION: DIE ENTDECKUNG DER NEUEN WELT

Für Georges Lefebvre war die revolutionäre Mentalität, wie gesagt, in Angst und Hoffnung gespalten. Trotz des etwas simplen Manichäismus bleibt dieser Gedanke immer noch anregend, denn er deutet auch auf die Kehrseite der revolutionären Mentalität hin, die bewirkt, daß dieses Abenteuer einiger Jahre – nach einer weiteren Formulierung von Lefebvre – als „gute Botschaft" erfahren wurde[93]. Auch dieser Ausdruck bedarf der Weiterentwicklung: Er ist durchaus zweideutig und spielt sowohl auf die neuen Gewißheiten einer selbstsicheren Bourgeoisie als auch auf den Hoffnungsschub bei den einfachen Menschen an. War die Revolution also nur eine kurzfristige, irrational-messianische Welle? Erinnern wir uns nur an die von Arthur Young, der beileibe zurückhaltend und keineswegs lyrisch ist, beschriebene Szene, wo auf einer Straße in der Champagne ihm eine noch gar nicht alte, aber schon abgearbeitete Bäuerin ihre ganzen Hoffnungen auf eine veränderte Welt erzählt. Dieses kollektive Gefühl ist im Laufe der Kämpfe gereift und dann auch zerbrochen. Wir können hier nur einige Aspekte herausgreifen, die Anhaltspunkte – auf der Ebene des Diskurses, der Gesten und Haltungen – für noch zu leistende Forschungen sind: Angefangen bei einem Überblick über das neue System der gelebten und/oder erträumten Werte, wollen wir versuchen, die Merkmale des „neuen Menschen" zu skizzieren: des Sansculotten, des Kämpfers und des revolutionären „Helden".

[93] LEFEBVRE: Quatre-vingt-neuf [31].

Anschließend werden wir uns den bevorzugten Ausdrucksformen dieser Mentalität in der politischen Praxis, im Fest und in der revolutionären Religion zuwenden.

1. Die neuen Werte: das Volk, die Gleichheit, das Glück

Es mag noch verfrüht erscheinen, anhand einiger Begriffe wie *peuple* und *fraternité*, wie *égalité*, *bonheur* oder *vertu* zu ermitteln, was während der Revolution gefühlt oder erträumt wurde. Zwar liegen dazu bereits ideengeschichtliche Studien vor, aber sie beziehen sich in erster Linie auf die „offiziellen" Sprecher der Revolution – Führer oder Redner –, und die Ergebnisse semantischer Auszählungen und gegenwärtig durchgeführter Diskursanalysen stehen noch aus[94]. Vor allem aber müssen diese Diskurse noch zu den kollektiven Gefühlen und Wünschen der Massen in Beziehung gesetzt werden, denn die Idee des Glücks bei Robespierre hat z. B. durchaus etwas mit den Vorstellungen zu tun, die sich in der Praxis der Pariser Sansculotten beobachten lassen, auch wenn es sich um kein einfaches Widerspiegelungsverhältnis handelt[95]. Indem wir also vollauf zugestehen, daß unser Vorgehen impressionistisch sein mag, wollen wir hier den Versuch machen, einmal nicht bei den komplexen Begriffskonstruktionen an der Spitze, sondern bei den Durchschnittsbegriffen an der „Basis" anzusetzen, wie sie in Liedern, Bildern oder Gesten verwendet werden. Der Begriff *peuple* z. B. enthält in konzentrierter Form ein ganzes Bündel wichtiger Bedeutungen und spiegelt zugleich im Laufe der Monate die Widersprüche der gelebten Revolution. Vor allem anhand der revolutionären Erfahrung hat die romantische Geschichtsschreibung, speziell Michelet, das mythische Bild des Volkes als beseeltes Kollektivsubjekt entwickelt ... Heute ist diese Sichtweise überholt, d. h. es ist an der Zeit, von der Mythologie zur Wissenschaft überzugehen.

Streng genommen ist das Volk 1789 noch nicht existent. In den Beschwerdeheften wie in den zeitgenössischen Liedern findet man lediglich die Ausdrücke *les peuples* oder *vos peuples* zur Bezeichnung der französi-

[94] Ich verweise zu dieser Frage auf die Arbeiten der Gruppe um REGINE ROBIN. Zahlreiche Beispiele enthält Robin: Linguistique (s. Anm. 48). Zu deren theoretischer Fundierung siehe dt. Michel Pêcheux / Catherine Fuchs: Das Subjekt und der Sinn. Zur Neuformulierung des Erkenntnisgegenstands Sprache, in *Alternative* 18. 1975, S. 204–216.

[95] Zur Praxis der Volksbewegung siehe SOBOUL: Volksbewegung [35], S. 169 ff.

schen Bevölkerung oder als Anrede gegenüber den Ministern: „Quoi ces êtres détestables / *Des Peuples* trop misérables / voudraient toujours disposer . . ." (Warum wollen diese schrecklichen Wesen / über allzu elende Völker / immerzu disponieren)[96]. In dem Maße wie *das* Volk bereits existiert, wird es noch ganz durch ein patriarchalisches Verhältnis zum König definiert.

Dieser in vielen Beschwerdeheften vorkommende väterliche König wird später immer wieder von den konterrevolutionären Liedern gefeiert: „Ce sont ses enfants / . . . Son coeur n'en veut pas davantage" (Es sind seine Kinder / . . . Sein Herz verlangt nicht mehr). Zwar sind Kinder bzw. Subjekte / Untertanen – „Nommez les donc, nommez-moi les sujets. Dont ma main signa la sentance . . ." (Nennt sie nur, nennt mir die Untertanen, deren Urteile meine Hand unterzeichnet hat) – dazu da, um geliebt zu werden, aber nur, wenn sie es verdienen: „Le peuple veut-il qu'on l'aime / Quand il met le fils d'Henri dans les prisons de Paris . . ." (Will das Volk überhaupt geliebt werden / Wenn es Heinrichs Sohn / In die Pariser Gefängnisse wirft).

Dies ist der Ausgangspunkt für ein anderes Bild des Volkes, wie es sich den ehemaligen Herren aufdrängt: „ Du peuple j'entends la colère" (Ich höre des Volkes Groll), heißt es im Klagelied Marie-Antoinettes. Aber ursprünglich geht es dabei nicht um Aggresivität. Mindestens bis 1791 wird das Vokabular der Einmütigkeit vorherrschen. Mit der Selbstbehauptung des Volkes geht die des *citoyen* und des *patriote* einher, die sich erst nach und nach im Gegensatz zum *aristocrate* definieren. Die Mystik der Einstimmigkeit und einer grenzenlosen Brüderlichkeit entlädt sich vor allem in einer reichhaltigen Liederproduktion, die durch das Föderationsfest am 14. Juli 1790 hervorgerufen wird: „Frères courons aux armes . . ." (Brüder, zu den Waffen), aber auch: „J'nous mangerons ty entre frères . . ." (Wir werden essen wie unter Brüdern); denn man verkündet den „guten Bürgern": „Il n'est plus de Bastille / Il n'est qu'une famille . . ." (Es gibt keine Bastille mehr / Es gibt nur noch eine Familie). Diese Lektüre, die die vertikale Vaterbeziehung – zumindest im Traum – durch das brüderliche Verhältnis ersetzt, wird durch Bilder, Gesten und Symbole bestätigt: die Cocarde oder die Mütze sind Träger der erwünschten Kommunion. In den Kupferstichen wird diese Offenbarung eines Volkes, das seine kollektive Präsenz behauptet, besonders herausgestellt: *„le peuple* faisant fermer l'opéra . . ." (Das Volk läßt die Oper

[96] Auszug aus BARBIER / VERNILLAT: Chansons (s. Anm. 71).

schließen), oder noch eindeutiger am 12. und 13. Juli '89: „Paris gardé par *le peuple*" (Paris, vom Volk bewacht). Als offizielle Lesart wird diese Mystik der Einmütigkeit weiterbestehen, zumal viele nach wie vor davon träumen. Andere aber, wie Marat, entlarven verzweifelt die Mystifikation: Im großen und ganzen findet sie sich bis kurz vor dem Sturz des Königs, am 7. Juli 1792, als Bischof Lamourette für einen Augenblick die Abgeordneten aller Fraktionen in einer berühmten und etwas lächerlichen Szene zum Bruderkuß *(baiser Lamourette)* veranlaßt. Das war schon damals ein recht durchsichtiges Manöver, während der Geist der „Fraternisierung", der in den Föderationen von 1790 seinen Höhepunkt fand, durchaus noch weiter existierte und es auch später immer wieder zu „Fraternisierungen" zwischen Clubs, Sektionen oder Dörfern kam. Aber dieser Traum entspricht schon bald nicht mehr den neuen Bedingungen. Bereits im August '89 entsteht im volkstümlichen Bild eine andere Symbolik, die nicht mehr die Versöhnung, sondern die Rache und die Umkehrung der Rollen verkündet: Die „alte Zeit" wird durch den Bauern dargestellt, der die schwere Last des Adligen und des Priesters im Huckepack schleppt; die „neue Zeit" dagegen zeigt den Bauern, wie er frohen Mutes ein vierbeiniges Wesen reitet, das aus Abbé und Aristokrat besteht, und dazu ausruft: „Ah, ça ira". Das *Ça ira*-Lied, das die neue, engere Lesart von *peuple* in Versform ausdrückt, ist im Kontext der Vorbereitungen zum Föderationsfest entstanden. Die Menschen sangen es, während sie die Karren zum Marsfeld schoben. In seiner wirklich volkstümlichen Fassung ist es weit entfernt von jeder einmütigen Lesart des Volkes, denn alle Feinde und vor allem die Aristokraten werden als nicht zum Volk gehörig betrachtet. Die revolutionäre Bourgeoisie hatte sehr frühzeitig die von ihr Ausgeschlossenen benannt (wenigstens implizit): die Armen und die Passivbürger der Zensurverfassung einerseits, die von selbst ausgeschlossenen Aristokraten andererseits. Anschließend kommt es dann zu einer zunehmenden Ausweitung und Präzisierung des Kreises der Ausgestoßenen: Aristokraten, Eidverweigerer, Verdächtige. Und schließlich gilt als Konterrevolutionär „jeder, der nicht audrücklich der Revolution beigetreten ist". Diese neue Lesart, die an die Stelle der Fraternisierung den Ausschluß und die Säuberung (so etwa bei den Jakobinern) setzt, führt zu einer neuen Definition des „Volkes". Es wird nun wesentlich weiter gefaßt: An die Stelle des Aktivbürgers der zensitären Revolution tritt der *citoyen* als solcher, der an den Sektionsversammlungen und am allgemeinen Wahlrecht teilnimmt. Zugleich kommt es umgekehrt zu einer Eingrenzung des *ci-*

toyen auf den *sans-culotte,* der aktiv die Revolution unterstützt. Vor allem aber wird der Begriff des *peuple* nun in den Texten wie in der Praxis in zunehmendem Maße auf *petit peuple* zugespitzt, d. h. auf die Eigentumslosen, die schon Marat sehr frühzeitig als die wichtigste und „am meisten an der Revolution interessierte“, wenn auch am stärksten vernachlässigte Gruppe bezeichnet hatte[97].

Diese Entwicklung, die über die bloße Ideengeschichte weit hinausgeht, ist in der gelebten und aktiv geführten Praxis verankert. In der Mentalität des Volkes führt dessen restriktive Definition zu einer Reihe signifikanter Gesten: das Dutzen (oder die erzwungene Brüderlichkeit), die Kleidung (die Tracht des Sansculotten, die Cocarde und die Mütze) und schließlich ein Ensemble von Verhaltensmustern. Die neue Symbolik der Brüderlichkeit drückt sich in neuartigen Praxisformen aus wie z. B. den brüderlichen Festessen vom Messidor des Jahres II, die von der regierenden Bergpartei so sehr mißverstanden wurden, oder in anderen Fraternisierungsfesten. Aber im Rahmen des revolutionären Klassenkampfs enthält diese Praxis auch spezifische Widersprüche: Niemals ist die Dialektik von Verdächtigung und Brüderlichkeit in solchem Maße beansprucht worden, wie in der Phase der Schreckensherrschaft, als die regierende revolutionäre Minderheit die Vorzüge und Privilegien der „siegreichen und friedfertigen Freiheit“ auf später verschob.

Diese lapidare Formulierung und die darin enthaltene Metapher beruht auf zwei Vorstellungen: Einerseits wird der lückenlose Monolithismus des souveränen Volkes gepriesen – „Peuple souverain – unité et indivisibilité“ (Souveränes Volk – Einheit und Unteilbarkeit), oder: „*le peuple français* reconnaît l'Etre Suprême ...“ (Das französische Volk erkennt das Höchste Wesen an) –, während sich andererseits das Volk mit dessen aktivem und kämpferischen Flügel identifiziert: „Was ist die Revolution?“, fragt der revolutionäre Katechismus, „es ist der Aufstand des Volkes gegen seine Tyrannen. Es ist ein gewaltsamer Übergang vom Zustand der Sklaverei in den Zustand der Freiheit“. Und bereits im Januar 1793, nach dem Tod Ludwigs XVI., schlägt die Zeitung *Révolutions de Paris* vor, an allen wichtigen Punkten Frankreichs eine Kolossalstatue des „königfressenden Volkes“ zu errichten. Man singt: „Le peuple bon, trop confiant / aujourd'hui sera méfiant ...“ (Das gute, allzu gutgläubige Volk / Wird ab heute mißtrauisch sein). Die Wende des Thermidor knüpft auf oft provozierende Weise an die Bilder und My-

[97] VOVELLE: Marat (s. Anm. 39).

then des „Volkes" an, vor allem in den Liedern, deren charakteristische Strophen bemerkenswert zweideutig sind. Der Thermidor begreift sich als ein Appell an „das Volk" gegen die Sansculotten, die dessen Bild usurpiert hätten. Die Zeitung *Le Réveil du Peuple* drückt dies in ihrem Titel und in den Versen aus: „Peuple français, peuple de frères / hâte-toi peuple souverain" (Volk von Frankreich, Volk von Brüdern / Souveränes Volk, beeile Dich). Noch expliziter werden in einem anderen Lied mit der Ironie des Anstands die Franzosen aufgerufen: „Remettez vos culottes . . . Distinguez de l'homme de bien / le paresseux et le vaurien / et les faux patriotes / Gens habiles, laborieux / Ne vous déguisez plus en gueux / Remettez vos culottes" (Zieht eure Kniehosen wieder an . . . Unterscheidet den Wohlhabenden / Vom Faulenzer und Taugenichts / und den falschen Patrioten / Anständige und arbeitsame Leute / Verkleidet euch nicht mehr als Lumpenpack / Zieht eure Kniehosen wieder an). Man besingt die Rückkehr zur Einmütigkeit, die „ehrbaren Leute" und das wiederentdeckte, von seinen Irrtümern bekehrte „brave Volk". „Peuple ne sois plus idolâtre / Ni trop bon, mais toujours franc / L'homme noir ou l'homme mulâtre / On te fait croire qu'il est blanc" (Volk vergöttere niemanden mehr / Sei nicht zu gut, aber immer ehrlich / Der schwarze Mann oder der Mulatte / Redet man dir ein, sei ein Weißer). Die rechte Demagogie ist etwas offener und gibt diesem „braven Volk" noch ganz andere Bezeichnungen: „Peuple imbécile, peuple bête / Vous vous foutez du souverain . . ." (Dummes Volk, idiotisches Volk / Der Souverän ist euch egal . . .)[98]. Als Ergänzung und Kontrast zu dieser Pädagogik der Verachtung muß man allerdings auch auf die Liturgie der direktorialen Feste hinweisen, die das offizielle Einmütigkeitsgefühl zu reaktivieren versuchen, obwohl dies unter Umständen eine Verschleierung der gesellschaftlichen Verhältnisse durch eine Symbolik des Alters erfordert . . . Natürlich ist diese affektierte Rückkehr zur Einmütigkeit von 1790 nur eine Illusion, denn – wie eine Zeitung damals schrieb – jetzt kann nichts mehr wie früher sein: „Nous sommes tous des ci-devants" (Wir alle sind Ehemalige), und jeder folgt nun nur noch seinen eigenen Interessen.

Als Indikator der neuen Sensibilität haben wir hier die zehnjährige Geschichte eines gerade wegen seiner Zweideutigkeit besonders interessanten Begriffes gewählt: *le peuple*. Das Volk ist der Prüfstein für die Brüderlichkeit der Revolution, der Ort, wo Träume, Realitäten und My-

[98] Auszug aus BARBIER / VERNILLAT: Chansons (s. Anm. 71).

stifikationen zusammentreffen. Aus Platzgründen werden wir diese gleiche Analyse nun nicht für andere Grundbegriffe wiederholen, zumal die Entwicklungslinien im Großen und Ganzen dieselben wären. Aber wir wollen wenigstens einige Pfade andeuten und eine Bilanz versuchen. Man müßte z. B. der irdischen Suche nach Glück einen besonderen Stellenwert geben, da sie – wie Saint-Just sagte – „eine neue Idee in Europa ist" und manchmal auf messianische oder religiöse Weise proklamiert wird. So z. B. wenn Claude Fauchet ausruft: „Laßt uns heute schwören, daß wir glücklich sein werden". In der gelebten Praxis erweist sich auch diese Idee als widersprüchlich, als in individualistische Selbstliebe und Nächstenliebe gespalten. Eine Selbstliebe, die mitten im revolutionären Drama sich der Kürze des Lebens und des Wertes des Augenblicks bewußt wird, wie etwa in dem pathetischen und egozentrischen *carpe diem* von André Chénier ... Eine Nächstenliebe, die sich auf unterschiedlichen Ebenen in Großmut und Entsagung sublimiert, vom einfachen Wunsch zu teilen („Was braucht der Republikaner?" fragt die *Carmagnole* und antwortet: „Und Brot für seine Brüder") bis zum freiwilligen und heldenhaften Opfer des eigenen Lebens für die Revolution und das Glück der Menschen. Hier fügt sich auch der Wunsch nach Gleichheit ein, wobei es sich um einen sehr vielschichtigen Begriff handelt. Hinter der unbekümmerten Schlichtheit der *Carmagnole* („Il faut raccourcir les géants et rendre les petits plus grands, tous à la même hauteur, voilà le vrai bonheur ...") verbirgt sich ein komplexes Erbe. Auf dem Lande verweist sie darauf, wie hartnäckig sich kollektive Praxisformen und gemeinschaftliche Traditionen manchmal behaupten. In der Stadt verweist sie auf das Ideal des unabhängigen Produzenten in seiner Werkstatt oder seinem Kramladen. Sie verbindet sich mit dem messianischen Traum vergangener Revolutionen von einer umgestülpten Welt ..., von einer Umkehrung der gesellschaftlichen Rollen, wie sie im Karneval harmlos vorgeführt wird. Das zugleich nivellierende und subversive Ideal findet seinen knappsten Ausdruck in dem berühmten Vers des *Ça ira*-Liedes: „Celui qui s'élève on l'abaissera ..." (Wer aufsteigt, wird von uns heruntergezogen). Aber damit ist nicht gesagt, daß es sich hier nur um Reminiszenzen eines sehr alten, vielbenutzten und repetitiven millenaristischen Traumes der einfachen Menschen handelte. Um mehr als Reminiszenzen geht es auch bei einem anderen Merkmal, das in dem Schlüsselbegriff der *vertu* (Tugend) zusammengefaßt ist und in dem sich sowohl der rousseauistische Moralismus der führenden Montagnarden als auch der Wunsch nach Volksjustiz wiederfinden. Dieses spartanische

Idealbild beruft sich auf neoklassische Vorstellungen einer idealisierten Antike, aber auch auf sehr alte messianische Bibelreminiszenzen, deren Echo sich bei dem „Propheten" Jacques Roux und manchmal auch bei Marat oder in einigen anonymen Sansculotten-Anträgen wiederfindet...

2. Vom Kämpfer zum Helden: der revolutionäre Mensch

Will man wissen, wie diese neuen Werte und Zielsetzungen gelebt wurden, so muß man nach dem neuen revolutionären Menschen fragen, der in den revolutionären Kämpfen erkennbar wird. Natürlich lassen sich die Menschen innerhalb von zehn Jahren nicht verändern, obwohl die Revolution eine entscheidende, manchmal dauerhafte und unwiderrufliche Wende für viele grundlegende Verhaltensweisen bedeutet hat. Aber auch an der zwar ephemeren, aber keineswegs unerheblichen oder illusorischen Oberfläche hat die Revolution neue Haltungen und neue Menschentypen geformt. Wie läßt sich ein Revolutionär in Aktion beschreiben? Als schriftstellerische Stilübung ist dies seit der Revolution immer wieder versucht worden. Die Romantiker à la Michelet haben im letzten Jahrhundert darin eine gewisse Meisterschaft entwickelt und sich ganz – mit Begeisterung oder Ablehnung – auf einige Hauptfiguren konzentriert: Mirabeau, Danton, Robespierre... Hat diese psychologische Geschichtsschreibung von gestern etwas mit der Mentalitätsgeschichte von heute zu tun? Man kann immerhin dem Entwicklungsgang folgen, der – zwischen gelebter Wirklichkeit und Traum – vom Kämpfer zum Helden führt. Stärker als früher bemühen wir uns heute jedoch um den Durchschnittsrevolutionär. Um jede falsche Verallgemeinerung zu vermeiden, müssen wir ihn deshalb gleich zu Anfang soziologisch verorten: Wer hat aktiv an der Revolution teilgenommen und sie erlebt? Es ist gewiß eine Minderheit, deren Umfang je nach Zeitpunkt erheblich schwankt. Anstatt uns auf die fragwürdigen Zahlen der Wahlbeteiligung zu beziehen – in denen sich das Zensuswahlrecht und dann die fehlende Gewohnheit des allgemeinen Wahlrechts niederschlägt –, läßt sich dieses Engagement am besten anhand der Strukturen der Sansculotten-Bewegung zwischen 1791 und 1794 messen, also der Clubs und „Sektionsversammlungen". A. Soboul hat für Paris den Anteil der erwachsenen Teilnehmer an Sektionssitzungen zwischen 1792 und 1793 auf durchschnittlich 8 bis 9% geschätzt[99]. Für Marseille ergibt eine ge-

[99] SOBOUL: Volksbewegung [35].

nauere Untersuchung der gleichen Quellentypen sogar noch höhere Zahlen: Danach haben sich im gesamten Zeitraum ein Viertel bis die Hälfte aller Männer wenigstens einmal in ihrer Sektion blicken lassen[100]. Aber von dieser Zahl wollen wir als *militants* (Aktivisten) nur diejenigen berücksichtigen, die wenigstens ein dutzend Mal erschienen sind – ein durchaus weitgefaßtes Kriterium! Danach stellen diese Aktivisten im Durchschnitt fast immer über ein Fünftel der Sektionsmitglieder, also insgesamt – wie in Paris – ca. ein Zehntel aller erwachsenen Männer. Dieser erste Test ist hart, aber wichtig: Auch in der aktivsten Phase der Revolution wird sie nur von einem Zehntel der erwachsenen Stadtbewohner getragen. Denkt man allerdings darüber nach, so ist dieser Politisierungsgrad keineswegs zu verachten. Die Gruppensoziologie der Pariser Sansculotten ist seit den Forschungen A. Sobouls sehr gut bekannt. Man weiß, daß es einen soliden Kern aus unabhängigen Produzenten der Kramläden und Werkstätten, aus Handwerkern und Kleinhändlern gibt; außerdem auf beiden Seiten eine nicht unerhebliche Beteiligung von *bourgeois* ebenso wie eine – freilich begrenzte – Mobilisierung der Lohnarbeiterschaft. Die Pariser Aktivisten setzen sich zu jeweils 57%, 18% und 20% aus diesen Gruppen zusammen. Auf einer sehr viel breiteren statistischen Grundlage – insgesamt wurden 5000 Sektionsmitglieder ermittelt – wird dieses Ergebnis durch die Marseiller Erhebung bestätigt und nuanciert: 40–50% Handwerker und Kleinhändler, 30–40% Bourgeois und 10–20% Lohnarbeiter ... Allerdings verschwindet das proletarische Element – in Marseille wie in Paris –, sobald man zur Ebene der Funktionsträger wie etwa den Zivil- und Revolutionskommissaren aufsteigt.

Der Militantismus des Kramladens und der kleinen Werkstatt ist ein Militantismus gestandener Männer: In Paris sind die Sansculotten im Durchschnitt 40 Jahre alt, in Marseille sogar 41 bis 42 Jahre, je nach Sektion. Bestätigend ergibt sich, daß sie zu 2/3 und manchmal sogar zu 4/5 verheiratet sind, wobei 40–60% Kinder haben. Ohne diese Aktivisten auf einen simplen Determinismus festlegen zu wollen, ergibt sich aus diesen Merkmalen doch bereits eine spezifische Mentalität: die einer – auf den ersten Blick überraschenden – Revolution von Familienvätern. Wo bleiben die Jugendlichen? In bezug auf die Zwanzig- bis Drei-

[100] MICHEL VOVELLE: Noch unveröffentlichtes Forschungsvorhaben. Eine graphische Darstellung der Teilnahmehäufigkeit der Marseiller Sektionen gibt nachstehende Abbildung, aus MICHEL VOVELLE: La chute de la Monarchie, Paris 1971, S. 216 [15].

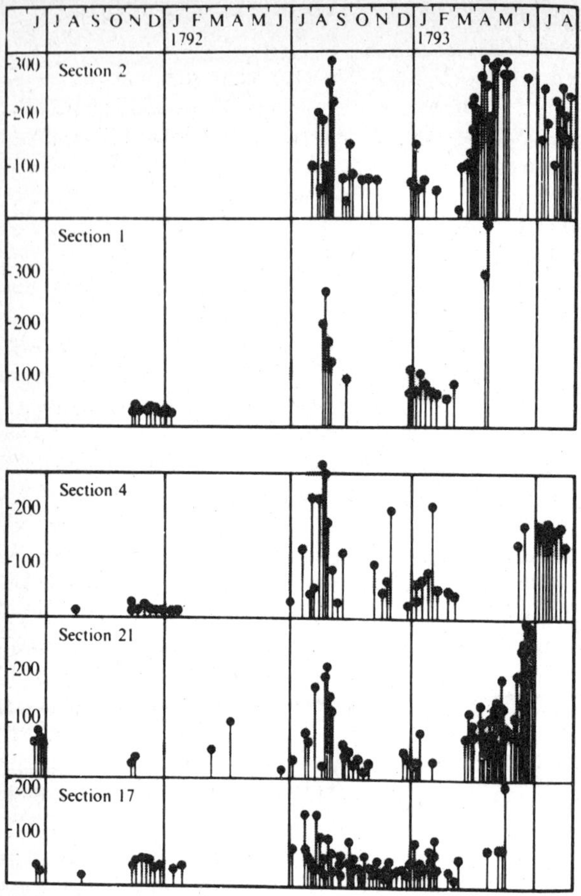

Abb. 2: Anstieg der Clubbewegung am Beispiel der Teilnahme an den Sektionssitzungen in Marseille (Juli 1791 – August 1793)

ßigjährigen wirkt sich hier, wie entsprechende Nachforschungen ergeben, die Einberufung zur Armee nachteilig aus. Die Konterrevolution der *muscadins* und der *jeunesse dorée* wird demgegenüber – scheinbar paradox – wesentlich jünger sein. Im Süden z. B. verfügt sie über einen Generalstab junger Aristokraten und Bürger, der sich mit einer Anhängerschaft aus dem Volk verbindet, in der es unzählige Zwangsrekruten und Deserteure gibt.

Aber all dies bleibt der Mentalität dieser sozial uneinheitlichen und erst durch das revolutionäre Engagement vereinten Gruppe noch äußerlich. Aufgrund konvergierender Quellen, nämlich Reden, Erklärungen und Proklamationen einerseits und der antiterroristischen Repression andererseits (ein suspekter, jedoch messerscharfer Blick), haben R. Cobb und A. Soboul zwei kontrastreiche Bilder dieser revolutionären Mentalität entworfen. Mit impressionistischen Pinselstrichen versucht der englische Historiker ein „wahrheitsgetreues" Porträt des Sansculotten zu malen[101]. Er erwähnt seine kurze Existenz von nur drei bis vier Jahren (1792 bis 1796) und sein Bewußtsein, eine außergewöhnliche Zeit zu erleben. Er schmeichelt ihm nicht, findet ihn viel zu ernst, viel zu sehr von einem Pariser Überlegenheitsgefühl besessen, großmäulig und in seinen persönlichen und emotionalen Beziehungen eher puritanisch, dabei nachsichtig gegenüber alkoholischen Getränken. Cobb betont die Glaubwürdigkeit dieser Gruppe, die erst im Laufe der Revolution politisch sozialisiert worden ist und deren Glaube an alle möglichen Verschwörungen zu einer sorgsamen, aber auch blinden Wachsamkeit führt. Dabei werde der Konformismus der Sansculotten noch durch Diskussionsformen und öffentliche Abstimmungen besonders gefördert, weil dies zu einer zwanghaften Einstimmigkeit führt, die die heftigen Cliquenkämpfe kaum verdecken kann. Nach Cobb ist der Sansculotte brutal: die Notwendigkeit der Schreckensherrschaft sei für ihn ein Schlüsselerlebnis gewesen. Daher spielen die Denunziation, die Suche nach Verstecken, die Überwachung von Unterhaltungen eine so große Rolle ... Es erklärt auch die Unbarmherzigkeit des geforderten Unterdrückungsprogramms, in dem die „Heilige Guillotine", wie man in Lyon und anderswo sagte, die zentrale Figur ist. Aber diese „Rohlinge" sind in ihrer Gesamtheit keinesweg blutrünstig. Trotz der Ertränkungen von Nantes – eine Ausnahme, die die Regel bestätigt – sind sadistische Triebe durchaus kein Wesenszug der revolutionären Mentalität. Der Revolutionär, so wie Richard Cobb ihn schildert, zeichnet sich durch Mut, eine tiefe Überzeugung, aber auch Machtgelüste, einen Hang zur Phrase und Großspurigkeit sowie durch Eitelkeit und Aufstiegshoffnungen aus; er bildet also ein ephemeres Kompositum, das den Ermüdungserscheinungen der robespierristischen Republik nicht gewachsen

[101] COBB: Mentalité (s. Anm. 63).

ist und in der Mehrzahl der Fälle zu Pantoffeln und Billard zurückkehren wird ... Allerdings treten andere sein Erbe an: So finden sich die gleichen Verhaltensmuster noch etwas länger in der Armee und manchmal auch bei den Verschwörern der babouvistischen Zeit, die ebenfalls hart, überzeugt und heftig sind, obwohl sie sich als Theoretiker der erträumten Revolution sehr stark von den Ausführenden der tatsächlichen Revolution unterscheiden. Dieses wenig schmeichelhafte Porträt der Sansculotten durch Richard Cobb enthält gewiß viele treffende Züge und entstaubt das überlieferte Bild. Aber man hat dennoch den Eindruck, daß es nur die eine Seite der Medaille beschreibt.

In der Darstellung Albert Sobouls[102], die zwar ebenfalls schonungslos, aber nicht schwarzmalerisch ist, trägt der Pariser Sansculotte etwas andere Züge. In seinem politischen Handeln, in seinem Alltagsleben, in seiner Ethik, seinem Verhalten und sogar seiner Kleidung kommt eine „Weltanschauung" und eine bestimmte Haltung dem Leben gegenüber zum Ausdruck. Eben dies fehlt in der Beschreibung von Cobb. Es geht um den Traum der Gleichheit: die *Carmagnole,* das Dutzen, die Parolen („Ton égal en droit" / Dein Dir rechtlich Gleichgestellter) und die besondere Betonung der direkten Demokratie der Sektionen. Es geht um die aktive Brüderlichkeit im täglichen Leben, die Verteidigung des Brotes und des Weins für alle, die Besteuerung der Mieten und die Beschränkung des Eigentumsrechts. Dahinter steht Strenge, gewiß, und ein spartanischer Diskurs. Aber dieser ist nicht puritanisch, sondern führt zu einer neuen, „natürlichen" Moral, die keine Vorurteile kennt und sogar die freie Liebe erlaubt ..., ohne jedoch einen tiefverwurzelten Phallokratismus zu überwinden. Schließlich geht es um ein unbeschränktes Engagement für die neue erträumte Welt. Natürlich führt dies dann zur Intoleranz. Der Traum von der Einstimmigkeit, der den Widerspruch aus den Sektionsversammlungen verbannt, und die durch die Pike symbolisierte Gewalt – „meine exekutive Gewalt" – sind durchaus Merkmale, bei denen die Analysen von Cobb und Soboul übereinstimmen. Man sollte sie keineswegs verschweigen.

Es hat wenig Sinn, hier einen bürgerlichen Kompromiß oder einen billigen Synkretismus vorzuschlagen: Der Sansculotte ist durch und durch widersprüchlich, und seine Mentalität kann dies nur widerspiegeln. Man wird ihn nie verstehen, wenn man ihn auf eine Triebstruktur reduziert, deren Schlüssel die Ignoranz und deren Motor ein vergangen-

[102] SOBOUL: Volksbewegung [35], S. 276 ff.

heitsorientierter Traum ist. Auch wenn man vorgibt, ihm noch so vertraut zu sein. Denn dies würde bedeuten, daß man den zwischen 1792 und 1794 inmitten harter Kämpfe stattfindenden Prozeß der Politisierung und Akkulturation völlig übergeht.

In Paris (mit seinen vergleichsweise gebildeten Unterschichten), aber auch in den Städten und Dörfern ist es aufgrund noch zu untersuchender Modalitäten zu einer Begegnung zwischen einer griffigen und volkstümlichen Aufklärungsideologie und den oftmals widersprüchlichen Zielvorstellungen der Sansculotten gekommen. Daraus ist eine einzigartige Synthese entstanden, die das Kernstück einer neuen, wenngleich kurzlebigen Mentalität wurde.

Um sie zu begreifen, ist es wichtig, auch die Träume zu analysieren, die zu dieser Zeit verbreitet waren. Als Kontrapunkt und Ergänzung zum Porträt des Sansculotten wollen wir daher das geträumte und gelebte Bild des revolutionären Helden zeichnen.

Den Einstieg zu dieser kurzen Skizze vermitteln uns die heutigen „Entmystifizierer" des revolutionären Militantismus[103]. Sie betonen gewissermaßen den „revolutionären Karrierismus": In der jakobinischen Bürokratie ebenso wie in den Armeen des Inlands und der Front habe sich ein neuartiger Typus meist jugendlicher, manchmal aber auch älterer Männer herausgebildet, der das ganze Hin und Her und die ungeheuren Karriere- und Aufstiegsmöglichkeiten der Revolution für sich ausgenutzt habe. Was die jakobinische Elite des Jahres II angeht, so sind solche Karrieren wohl gescheitert oder nur von kurzer Dauer gewesen ... Auch die marginalisierten oder verbitterten Verschwörer der Direktorialzeit waren bis zu ihrem manchmal tragischen Ende angeblich nur die Opfer eines verfehlten Abenteuers. Aber das Modell sei im Falle der Revolutionsarmeen – ihrer Kader oder Generäle – sehr erfolgreich und zukunftsträchtig verlaufen – bis hin zum Abenteuer des Kaiserreichs. Napoleon Bonaparte sei zugleich der letzte Vertreter dieses Karriereideals und seines Verrats. Diese bewußt kleinliche Interpretation des menschlichen Abenteuers der Revolutionäre verdient durchaus Beachtung, denn sie erzwingt gründlichere Überlegungen. Die heroische Vision eines Lebens als prometheisches Abenteuer ist keine Erfindung der Revolution gewesen, sondern findet sich bereits in den neoklassischen Bildern der vorrevolutionären Jahrzehnte, die auf die Sensibilität

103 Diese Interpretation findet sich sowohl bei COBB: Mentalité (s. Anm. 63) als auch bei FURET/RICHET: Französische Revolution [9].

einer ganzen von Plutarch und dem römischen Heroismus geprägten Generation – ob Saint-Just oder Madame Roland – einwirkten.

Bevor die Revolution ihr eigenes Heldenbild hervorbrachte, hatte sie zunächst einmal die alten Idole zerstört und die zentralen Figuren der Vergangenheit getötet. An erster Stelle den König: Noch in den Beschwerdeheften und in den Anfängen der Revolution gilt er als väterlicher Herrscher[104], aber fast mit jedem Monat kommt er dem Schafott einige Schritte näher. Man hat mit Recht geschrieben, daß Ludwig XVI. für die Pariser eigentlich nicht am 21. Januar 1793, sondern vielleicht schon im Juni 1791 gestorben sei, also bei dem beeindruckenden und tragischen Zug durch die Hauptstadt bei der Rückkehr von Varennes: fast schon ein Trauermarsch in eisiger Stille. Auf den inneren Zwiespalt der Konventsmitglieder bei der Verurteilung des Königs haben wir bereits hingewiesen. Die Franzosen haben den Tod ihres Königs / Vaters / Helden auf verschiedenen Ebenen des Bewußtseins und der Wahrnehmung erlebt. Die erste Etappe materialisiert sich in Gesten und Bildern, die die Zerstörung alter „Tyrannen"-Denkmäler darstellen. Aber nach dem Verschwinden dieses schicksalsträchtigen Mannes sind zunächst Ersatzidole aufgetaucht, auf die sich die Sicherheitsbedürfnisse der revolutionären Bourgeoisie und von Teilen des Volkes projiziert haben. Dies gilt z. B. für Necker mit seiner zweideutigen Popularität oder auch für Mirabeau (der „Heilige Mirabeau", gegen den Marat wettert), vor allem aber für Lafayette, jenes kümmerliche Idol der „Entsorgung", auf das sich in Paris wie in der Provinz die cäsaristischen Überlegungen eines Teils der Bourgeoisie beziehen. Diese großen Männer im Schafsfell haben während der ersten Revolutionsphase auch ein Äquivalent in der Provinz: So z. B. Lieutaud, den schönrednerischen Kommandanten der Marseiller Nationalgarde von 1791 mit seinen Handlangern und Parteigängern. Gerade gegen diese Eintagshelden richten sich die Sansculotten mit ihrem Ruf nach „Verkürzung der Riesen". Auch bringt diese erste Revolutionsphase zugleich ihre eigenen Volkshelden hervor, wie etwa Marat, dem man vertraut und schreibt: „Lieber Volksfreund, Verteidiger der Unterdrückten . . ." Nachdem dann die Idole zerstört sind, beruft man sich auf die anerkannten Ahnherren und errichtet für sie das Pantheon, in dem ihre Asche und ihre Erinnerung konserviert werden

[104] Eine gute Einführung in die *cahiers de doléances* bieten PIERRE GOUBERT / MICHEL DENIS (Hg.): 1789. Les français ont la parole . . ., Paris 1964 [29]. Zur Darstellung des Königs siehe dort S. 39–51.

sollen. Die großen Architekten der Zeit wie Ledoux oder Boulleé entwerfen gigantische Denkmäler (wie z. B. den Xenotaph von Newton). Voltaire oder Rousseau werden mit einem imposanten Zeremoniell ins Pantheon überführt. Ein volkstümlicher Rechnungsbogen enthält bezeichnenderweise das Bild einer geflügelten Göttin, die den Ruhm Voltaires verkündet, während vor dem Hintergrund eines Triumphzuges dessen Standbild mit dem Fuß den fliehenden Ludwig XVI. zu Fall bringt[105].

Nach dieser ersten Etappe gibt es eine sich ständig erneuernde Heldenverehrung. Alle Akteure der Revolution haben Heldenbilder in ihr Herz geschlossen, lassen sich in ihrer Kultur und Sensibilität von ihnen leiten. Dies zeigt sich vor allem in der Kunst. Eine kleine Auszählung, deren Naivität man uns verzeihen möge, ergibt z. B., daß von 250 kürzlich ausgestellten zeitgenössischen Zeichnungen (aus Paris und aus der Provinz) allein 80 „Helden" darstellen[106]. Diese Helden sind zu 60% in römische oder griechische Gewänder gekleidet, d. h. umgehen die christliche oder biblische Kulturtradition und stützen sich statt dessen auf andere Mythologien (Ossian und die Nebel des Nordens ...): Hektor, Pyrrhus oder Achilles triumphieren als Kriegshelden über Brutus, Sokrates und sogar Homer. Meist sind es positive Helden (Nero fehlt ...), die im Triumph oder noch häufiger in der manchmal tödlichen Bewährung gezeigt werden. Dieser Heroismus nach antikem Vorbild mag elitär erscheinen, aber die Volksrevolution, die auf ihren Festen die Brutus-Büste mit sich führt, hat sich längst an diese Kreaturen einer anderen Zeit gewöhnt. Sie hat vor allem selbst eine ganze Kohorte neuer Helden gekürt. An ihrer Spitze marschiert die Trias der Freiheitsmärtyrer: der von Charlotte Corday ermordete Marat, der in Lyon hingerichtete Jakobiner Chalier und schließlich Lepeletier de Saint-Fargeau, ein von einem Konterrevolutionär ermordeter Konventsabgeordneter. Manche würden diese Trias wohl auch als neue Dreifaltigkeit bezeichnen, denn die Kultformen greifen die traditionellen Formeln durchaus wieder auf. So z. B. in der Litanei: „O cor Jésus, O cor Marat ..."[107]. Bewußt oder unbewußt hat die Revolutionsregierung versucht, diesen Kult zu unterbinden oder wenigstens in einer größeren Heroengalerie aufzulösen, in-

[105] Zu all diesen Stichen und volkstümlichen Bildern siehe das schöne, aber leider seltene Buch von JEAN MASSIN: Almanach de la Révolution française, Paris 1963.

[106] Errechnet aufgrund der Gesamtheit der Gemälde, Zeichnungen und Stiche, die in den jüngsten Ausstellungen zum „Neoklassizismus" zu sehen waren.

[107] ALBERT SOBOUL: Sentiment religieux et cultes populaires pendant la Révolution: Saintes patriotes et martyrs de la liberté, in: AHRF 29. 1957, S. 193–213.

dem sie z. B. zwei Kinderhelden hinzufügte: den kleinen von Vendée-Aufständischen ermordeten Bara und den von den Marseillern umgebrachten Viala. Bei den festlichen Umzügen werden individuelle oder kollektive Militäraktionen besonders herausgestellt, so z. B. der heldenhafte Tod der Matrosen des „Vengeur", die ihr Leben dem Vaterland geopfert haben. Trauerfeiern oder staatsbürgerliche Feste haben somit das heroische Ideal in den Massen verankert, und z. B. die Lepeletier-Feiern im Dezember 1793 zeigen durch ihren überwältigenden Erfolg selbst auf der Ebene kleinster Ortschaften, daß diese Botschaft verstanden wurde. Auf dem Hintergrund dieser diffusen Sensibilität läßt sich auch wesentlich leichter der revolutionäre Held oder der schicksalsträchtige Mann „an der Spitze" erkennen, zumal dieses Problem keineswegs umgangen, sondern ganz offen zum Gegenstand der Polemik wurde. Die Linie zieht sich von Robespierre, der schon 1792 geradezu prophetisch vor der Gefahr eines militärischen „Retters" warnte, bis zu Marat, der gegen Lafayette wetterte, und zu den Girondisten, die 1793 die diktatorischen Ambitionen der Führer der Bergpartei anprangerten. Aber die Revolutionsregierung, die stets bereit ist, kollektive Heldentaten zu feiern, bleibt zurückhaltend gegenüber den individuellen Erfolgen der Generäle und akzeptiert einzelne Helden nur dann, wenn sie bereits tot sind. Diese Zurückhaltung ist freilich ambivalent, wenn man die Theorie bedenkt, daß die Revolution nur durch eine Diktatur gerettet werden könne. Nur Marat hatte 1793 den Mut, sie offen auszusprechen. Jene Zurückhaltung ist außerdem umstritten, denn Robespierre und seinen Freunden ist seit der Zeit des Thermidor immer wieder der Vorwurf gemacht worden, sie hätten eine unkontrollierte und völlig diktatorische Macht ausgeübt. Dabei ist bekannt, daß die Thesen Marats nicht mit denen der Bergpartei übereinstimmten und daß der Wohlfahrtsausschuß die offizielle Linie einer kollegialen Führung verkörperte. Aber das heißt nicht, daß nie gegen dieses Prinzip verstoßen wurde oder daß es keinerlei „Personenkult" gab. In der Provinz verhalten sich die Konventskommissare oftmals wie römische Proconsuln. An der Regierungsspitze zeigt die Fülle der von Robespierre nach den Attentaten von Admirat und Cécile Renault erhaltenen Briefe, daß er vielfach wie ein Heros verehrt wurde. Eine zweideutige Bilanz also, entsprechend einer widersprüchlichen Bewegung. Aber haben sich die Dinge nach dem Thermidor wirklich geändert? Nach der Ablehnung der Diktatur – die für manche den Geist des Thermidor ausmachte – und dem Triumph der Lobbyisten taucht langsam ein neues Heldenbild auf, das vor allem den militärischen Führer herausstellt: Damit betinnt die große Zeit der Generäle Hoche, Marceau, Pichegru oder Joubert ... Die Bedürfnisse einer nunmehr Fraktur sprechenden Bourgeoisie („Ich brauche einen König, weil ich Besitz habe“) treffen sich mit den Plänen der Vorsehung, die „den Liebling der Viktoria“ in der Person Bonapartes vorstellt: Napoleon ist der letzte Ausdruck und zugleich die Negation des revolutionären Helden.

Am Ende dieses Abenteuers stoßen wir auf einen Helden, der sich selber einsetzt und bewußt oder unbewußt für die Nachwelt posiert: Dies läßt sich an einem Bild, einem Stich oder einer Rede ablesen. Das Bild zeigt Marat, der zunächst nach seinem triumphalen Freispruch gemalt und dann später – als Apotheose – auf dem Gemälde Davids betrauert wird, das den Märtyrer der neuen Zeit verewigt. Dann der Stich: Er zeigt, wie Chalier aus dem Gefängnis kommt, um auf die Guillotine gebracht zu werden, und zum Abschied sagt: „Warum weint ihr? Der Tod ist nichts für den, der immer rechtschaffene Absichten hatte und dessen Bewußtsein immer rein war. Wenn ich nicht mehr sein werde, wird meine Seele in die uns umgebende Ewigkeit und Unendlichkeit eingehen.“

Letzte Worte, Verkündigungen oder kurze vertrauliche Mitteilungen im Rahmen einer Rede: Von Robespierre bis Saint-Just[108] und anderen – der revolutionäre Held definiert nun selber wie er sich sein Schicksal vorstellt: ununterbrochenes Handeln (Wer die Revolution machen will, darf nur im Grab Ruhe finden, sagt Saint-Just), Tugend und Selbstlosigkeit. Aber die bittere Ergänzung dieser Tugend ist die Einsamkeit, wenn Robespierres Aussage richtig ist, daß „die Tugend auf der Erde immer in der Minderheit war“. Einsamkeit: Bei dem Propheten Marat oder bei Saint-Just oder Robespierre gibt es – in unterschiedlicher Form – einen pessimistischen Grundzug, der nur durch den pathetischen Appell an das Höchste Wesen – das mehr eine Sache des Herzens als der Gewißheit der Vernunft ist – oder an die Nachwelt kompensiert wird: „Ich hinterlasse euch die Erinnerung an mich“, sagt Robespierre, „sie wird euch teuer sein, und ihr werdet sie verteidigen.“

[108] Auch hierzu verweise ich auf die ausgewählten Texte dieser Autoren in der Reihe *Les classiques du peuple* (Editions Sociales).

3. Bilder der gelebten Hoffnung: vom Club zum Fest

Auch das Porträt des Sansculotten oder des revolutionären Helden drückt die gelebte Erfahrung der Revolutionszeit nur teilweise aus. Denn die Revolution wurde nicht als eine Kette individueller Abenteuer erlebt, sondern als Begegnung oder „Kommunion" mit einem neuen Ideal. Die erste Begegnungsform war natürlich die politische Praxis selbst. Innerhalb von vier Jahren ist es zu einer ungeheuren Politisierung gekommen: Von den vorbereitenden Versammlungen zu den Generalständen, auf denen die Beschwerdehefte redigiert wurden, bis hin zu den permanent tagenden Sektionen von 1793. Damit war ein massenhafter Lernprozeß verbunden, eine äußerst rasche politische Reifung, die man nicht als grobschlächtig oder unvollständig abtun darf. Hier ist nicht der Ort, diese Entwicklung im einzelnen nachzuzeichnen, aber diese neue Form der Geselligkeit ist dennoch richtig zu bewerten: Nach 1790 und vor allem zwischen 1791 und 1793 ist Frankreich mit einem dichten Netz von Volksgesellschaften überzogen worden, für das die Pariser Jakobiner den institutionellen Rahmen und die Ideologie lieferten. Eine vollständige Landkarte dieses Netzes liegt bisher nicht vor. Aus den bereits erforschten Regionen (Südostfrankreich)[109] ergeben sich aber immerhin einige Konstanten: Die Volksgesellschaft ist dort – in der Provence, dem Languedoc und dem Rhône-Tal – fast in allen Kleinstädten und Dörfern vertreten, während sie anderswo – in den Alpen oder dem Zentralmassiv, vor allem aber im dörflichen Frankreich – ein Privileg der Marktflecken oder Kantonshauptstädte bleibt. Eine neuere Untersuchung hat überzeugend nachgewiesen, daß in der Provence die hergebrachten Strukturen männlicher Geselligkeit und die traditionellen Bruderschaften, deren Eliten in der zweiten Hälfte des 18. Jahrhunderts zu den Freimaurerlogen übergewechselt waren, paradoxerweise in die revolutionären Volksgesellschaften übergingen, die sich an das gleiche volkstümliche Publikum wandten[110]. Neben den Clubs und Volksgesellschaften wurde die massenhafte Politisierung vor allem von den Volksversammlungen getragen. Wir haben bereits weiter oben die dabei auftauchenden Themen skizziert und gehen daher nicht erneut auf diese

[109] Michel Vovelle: Karte der Volksgesellschaften im Südosten Frankreichs, in Edouard Baratier/Georges Duby/Ernest Hildesheimer (Hg.): Atlas historique de Provence, Paris 1969, Karte Nr. 166.

[110] Maurice Agulhon: Pénitents et Franc-Maçons dans l'ancienne Provence, Paris 1968.

Versammlungen ein. Aber ohne diesen Hinweis wäre unser kurzer Überblick über den institutionellen Ausdruck der revolutionären Mentalität sicherlich unvollständig.

Das revolutionäre Fest ist gewiß das wichtigste Ereignis, in dem der Traum einer neuen Gesellschaft und einer idealen Welt sich artikuliert hat. In der Geschichtsschreibung ist dieses Thema heute geradezu modisch, jedoch durchaus zu Recht[111]: In der Unmittelbarkeit des Festes sind alle Träume des Augenblicks zusammengefaßt. Hier verbindet sich die Prägnanz eines auf dem Höhepunkt der Aufklärung entwickelten Modells – das von Rousseau inspirierte staatsbürgerliche oder nationale Fest als ideale Begegnung, bei der es keinen Unterschied mehr zwischen Akteuren und Zuschauern gibt und der Genuß eines jeden die Freude aller ist, – mit späteren Weiterentwicklungen wie z. B. durch Cabanis, der 1791 vom Fest als Erfüllung und Verschmelzung der Herzen träumte, oder La Révellière-Lépeaux, der 1796 das Fest als Mittel der Pädagogik und sogar der kollektiven Konditionierung eines noch kindlichen Volkes betrachtete[112]. Diese Theorien des Festes, die dessen Stellenwert innerhalb der Ideologie der bürgerlichen Revolution unterstreichen, können sich auch auf das Erbe einer kollektiven Praxis berufen, bzw. auf die Existenz eines System, das – im Dorf, in der Kleinstadt oder in den Provinzen – gerade am Ende des 18. Jahrhunderts besonders lebendig ist. Aber zugleich werden sie auch mit den in der Entstehung begriffenen Innovationen des spontanen Revolutionsfestes konfrontiert. Innerhalb dieses komplexen Zusammenhangs lassen sich mehrere Phasen einer Geschichte des revolutionären Festes unterscheiden: Eine erste Phase reicht von 1789 bis 1792. Das Fest ist auf der Suche nach neuen Ausdrucksformen und koexistiert noch mit den Feiern alten Stils – dem religiösen Fest bzw. dem Fest der Schutzheiligen –, weshalb das liturgische Zeremoniell noch im Vordergrund steht. Dennoch bildet sich bereits in dieser Phase der Einmütigkeitsillusionen der bürgerlichen Revolution ein neuer Stil heraus, der in den verschiedenen Förderationsfesten vom Juli 1790 zum Ausdruck kommt: Feiern unter freiem Himmel; genau festgelegtes Programm in der Absicht, die errungene Einheit zu materialisieren; Aufhebung aller Spannungen und Kommunion vor dem Altar des Vaterlandes. Die Pflanzung von Freiheitsbäumen zwi-

[111] *Fêtes de la Révolution* [71]; OZOUF: Fête [72]; VOVELLE: Métamorphoses [73].

[112] Siehe den Abschnitt „Sociologie et idéologie de la fête" in: *Fêtes de la Révolution* [71], S. 457–583.

schen 1791 und 1792 – je nach Ort – verbindet das Alte mit dem Neuen: Die traditionelle Errichtung der „Maibäume" und die Symbolik der Geste: „Wir haben ihn gepflanzt, jetzt ist es an euch, ihn groß zu ziehen." Aber diese erzwungene Einmütigkeit weist trotzdem einige Widersprüche auf: Die revolutionäre *journée* bringt nämlich ihre eigenen Formen der „festlichen" Entladung hervor – die Massaker enden oft mit einer *farandole* – und das organisierte Fest zerbricht oder erhält Konkurrenz durch Anti-Umzüge. So widerspricht 1792 die volkstümliche Rehabilitierungsliturgie für die zu Unrecht verurteilten Schweizer Patrioten von Châteauvieux Punkt für Punkt der offiziellen Feier zu Ehren von Simonneau, dem von Aufständischen getöteten Bürgermeister von Estampes, der zum Märtyrer von Ordnung und Gesetz erkoren wird. Zwischen 1793 und dem Frühjahr 1794 mündet diese Explosion von Festen in eine neue Sprache. Die alten liturgischen Rituale werden endgültig verworfen, und eine unwiderstehliche Begeisterung führt zur Wiederverwendung der lange verschütteten Formen des karnevalesken Festes: der Umzug des Esels mit der Mitra und den Spuren von Fanatismus und Aberglauben; der reinigende Scheiterhaufen aus den Überresten des Ancien Régime in Anlehnung an die Scheiterhaufen bei Johannis; die Göttin der Vernunft und ihre lebendige Personifizierung während der neuen Kulte. Diese subversiven festlichen Umzüge, die die alten Regeln umstoßen und äußerst kämpferisch verlaufen, ja sich sogar häufig aggressiv gegen die bis dahin geltenden Verordnungen richten, sind weit mehr als nur die Erneuerung lange Zeit folklorisierter und marginalisierter Volksfeste. Analysiert man z. B. die Struktur der Umzüge, die im Winter 1793 stattfinden, um die Siege, die Märtyrer und die ersten Geburtstage einer Revolution zu feiern, die nun beginnt, ihre eigene Vergangenheit zu kommemorieren, so läßt sich die Einführung einer ganzen Symbolik feststellen, deren Embleme einen expliziten pädagogischen Diskurs bilden. Die unzähligen und oft verwirrenden Feste von 1793/94 zeichnen sich durch ein prekäres und explosives Gleichgewicht zwischen sehr alten karnevalesken Elementen und neuerfundenen Festformen aus. Die entscheidende Wende sind dabei sicherlich die Feiern des Höchsten Wesens am 21. Prairial des Jahres II, die einen ungeheuren kollektiven Erfolg haben.

Das von David für die Pariser Festlichkeiten entwickelte Szenario ist nicht überall imitiert worden: Auch wenn die Dorfbewohner von Fontvieille bei Arles, die aus Gründen der Gleichheit beschlossen, in alphabetischer Reihenfolge aufzumarschieren, sicher ein Einzelfall waren, folgten die lokalen Organisatoren doch jeweils ihren eigenen Vorstellungen, so daß dieses Fest einerseits zum Höhepunkt der großen Volksfeiern wurde und andererseits bereits die unter dem Direktorium vollzogene „Normalisierung"ankündigte. Zwischen 1795 und 1800 – vom „thermidorianischen" Konvent bis zum Direktorium – kommt es in der Tat zu einer charakteristischen Neuorientierung der Feste: Die an die Macht gelangte Bourgeoisie versucht jetzt, den symbolischen Ausdruck ihrer Weltanschauung in ein stabiles System von Festen zu übertragen (wovon bereits Robespierre geträumt hatte). Die Zeremonien sollen sowohl überzeugen als auch belehren und finden ab dem Jahre IV in einem Zyklus statt, der die Jahrestagsfeiern (21. Januar, 14. Juli, 9. Thermidor usw.) mit einigen moralischen Festen verbindet: den Festen der Jugend, des Alters, der Landwirtschaft und der Dankbarkeit – ganz zu schweigen von den Totenfeiern zu Ehren gefallener Helden.

Die Vergangenheitsbewußte Periode des Direktoriums, die die Zukunft durch die Projektion einer idealen Demokratie vorbereiten will, ist mit ihren Festen – dem Auf und Ab des politischen Lebens entsprechend – nicht immer erfolgreich gewesen: Höhepunkte gab es in den Jahren IV und VI, Rückschläge aufgrund der Erfolge der Konterrevolution in den Jahren III und V. In der Geschichte der Feste endet diese Periode mit einer Niederlage: die direktoriale Zeremonie zerbricht an der Rückkehr zum Fest alten Stils, zunächst dem profanen, dann dem religiösen.

Aber war dieses historisch eindeutige Scheitern endgültig und vollständig? Sicher nicht, denn in den neuen Werten – Recht, Freiheit, Vaterland –, die in diesem neuen Fest zelebriert werden, deutet sich der „Transfer des Sakralen" an, den heute Autoren wie Mona Ozouf als wesentlichen Ertrag dieser historischen Periode bezeichnen.

Während Mona Ozouf aber dazu tendiert, die Entwicklung des religiösen Moments in der Französischen Revolution auf das Fest zu reduzieren, wollen wir nun versuchen, einen Schritt weiter zu gehen.

4. Eine neue Religion?

Da wir die Revolution als Subversion begreifen, haben wir zwangsläufig das Moment der Tabula rasa – die Maskerade und das Autodafé – privilegiert. Auch trifft es durchaus zu, daß das revolutionäre Abenteuer zum Teil durch jene provokatorischen Entchristianisierer symbolisch vertreten wurde, die – vom Forez bis zum Dauphiné – in aller Seelenruhe den Meßwein tranken und dann den Christengott aufforderten, sie doch zu zerschmettern, falls er existiere[113]. Auf der anderen Seite konnte auch die Revolution der „guten Botschaft" (dem Ausdruck von G. Lefebvre zufolge) als religiöses Ereignis erlebt werden. Dies ist ein bedeutendes Thema, auf das wir hier nur mit wenigen Worten eingehen können. Bis vor kurzem ist kaum bekannt gewesen, in welchem Maße das revolutionäre Engagement – bis hin zum Messianismus – sich auf überkommene religiöse Formen innerhalb der Volksmassen hat stützen können. Es ist ein Verdienst Albert Sobouls, auf die lange Zeit als bloße Kuriosität geltenden Phänomene wie die patriotischen Heiligen und die Märtyrer der Freiheit hingewiesen zu haben[114]. Die patriotischen Heiligen – wie die Heilige Pataude im republikanischen Hainland – drücken in naiver und elementarer Form den von Mona Ozouf angesprochenen Transfer des Sakralen aus. Eine Hirtin aus dem Volk, die die „Blauen" im Vendée-Krieg unterstützt, wird von den *chouans* vergewaltigt und ermordet; sie wird dann gesehen, wie sie mit blau-weiß-roten Flügeln zum Himmel aufsteigt ... Bis zum Beginn des 20. Jahrhunderts hat man sie in Oratorien verehrt. Eine bloße Kuriosität? Möglicherweise, aber es bedarf weiterer Untersuchung. In vielen Städten und nicht nur in Paris stellt der Kult der Märtyrer der Freiheit eine äußerst lebendige religiöse Veranstaltung dar. Wir haben bereits in dem Abschnitt über die revolutionären Helden darauf hingewiesen, brauchen also nicht erneut darauf einzugehen. Aber es bleibt das erstaunliche Bild jener „gläubigen" Pariserinnen, die ihre Psalmen zu Ehren des Herzens von Marat singen: „O cor Jésus, O cor Marat ..." Genaue Nachforschungen ergeben, daß es auch in der Provinz ähnliche Phänomene gibt. Diese Gleichsetzung des „Volksfreundes" mit dem „Sansculotten Jesus", wie es im Jahre II vielfach hieß, ist in der älteren Geschichtsschreibung oft auf Entrüstung, in der neueren manchmal auf Erstaunen gestoßen. Das Problem ist bisher nicht gelöst, und es ist durchaus verständlich, daß manche Forscher wie Mona Ozouf in dieser Humanisierung der Mythen noch keine wirkliche Volksreligion sehen wollen. Ist dieser Schritt wirklich massenhaft vollzogen worden? Damit sind wir erneut beim revolutionären Messianismus. Schon damals wurden die erleuchteten Mystiker verlacht, die manchmal aus der unterschwelligen Strömung eines Jansenismus des Schweigens kamen – wie Cathérine Théot, die „Mutter Gottes", oder Dom Gerle, der an ihre Weissagung glaubte – und prophezeiten, daß die

[113] Dieser Aspekt wird angeführt bei COBB: Armées [36] und VOVELLE: Religion [65].
[114] SOBOUL: Sentiment religieux (s. Anm. 107).

Französische Revolution den Beginn des Weltenendes und die Heraufkunft des Milleniums bedeute ... Selbst Robespierre galt ihnen als der Mann des Schicksals. Das sind keineswegs Einzelfälle, es gibt noch viele andere, weniger bekannte, die ebenfalls auf die Existenz eines authentischen revolutionären Messianismus verweisen.

Aber im Unterschied zur englischen Revolution hat sich die revolutionäre Hoffnung in Frankreich nicht mehrheitlich in dieser Form geäußert. Im Vergleich zum einzigartigen Experiment des Vernunftkultes und seiner Berichtigung und Fortführung im Kult des Höchsten Wesens spielen Synkretismus, „Gegenreligionen“ oder Sekten nur eine zweitrangige Rolle.

Zu Beginn des 20. Jahrhunderts war die jakobinische Historiographie – von Aulard bis Mathiez – von diesem Vernunftkult, der quasi spontan im Winter 1793 und Frühjahr 1794 entstand, äußerst fasziniert[115]. Auf die Schließung der Kirchen war die Öffnung der Tempel gefolgt und vor allem die Abhaltung von Vernunftfesten mit personifizierten Göttinnen, nach dem Vorbild der in Notre-Dame von Paris abgehaltenen Zeremonie. Während die Historiker des 19. Jahrhunderts darin nur Orgien unter der Beteiligung von Dirnen gesehen hatten, also den Abschaum einer Periode des Irrsinns, begannen um die Jahrhundertwende endlich ernsthafte Überlegungen. Mathiez und vor allem Aulard, die sich darum bemühten, die verschiedenen Inhalte der Kulte zu unterscheiden, die oft nur eine andere Form staatsbürgerlicher oder patriotischer Feiern waren, fragten sich, was dieser Vernunftkult für jene bedeutet hat, die daran teilnahmen. Die heute aufgrund weiterer Forschungen denkbare Antwort ist immer noch zurückhaltend und vorsichtig. Jeder Teilnehmer hat in dieses kollektive Abenteuer etwas von sich selbst eingebracht. In Avignon schreibt ein kleiner Handwerker in sein Tagebuch, als sei es ganz natürlich: „Heute haben wir die Mutter des lebendigen Vaterlandes durch die Straßen getragen ...“ Die Madonna also, nur mit dem Unterschied, daß diese hier aus Fleisch und Blut ist. Aber nicht immer geht es so harmlos zu. An der Basis, bei den Profanatoren der einzelnen Abteilungen der Revolutionsarmee und bei den lokalen Aktivisten entspricht diese Betonung der Vernunft einer plötzlichen Befreiung, die dann auch als heftige Verwerfung formuliert wird. Andere sind weniger

[115] Vor allem ALPHONSE AULARD: Le culte de la Raison et le culte de l'Etre Suprême (1793–1794). Essai historique, Paris 1892; Nachdruck: Aalen 1975. Siehe aber auch ALBERT MATHIEZ: Les origines des cultes révolutionnaires, Paris 1904.

affirmativ: Hébert läßt die Frau des *Père Duchesne,* Jacqueline, sagen: „S'il existe un Dieu, *ce qui n'est pas trop clair,* il ne nous a pas crées pour nous tourmenter mais pour être heureux" (Wenn es einen Gott gibt, was keineswegs auf der Hand liegt, dann hat er uns nicht geschaffen, damit wir uns grämen, sondern damit wir glücklich sind). Aber ist der *Père Duchesne* wirklich die Stimme des Volkes? Ihm entsprechen jedenfalls eine Reihe nüchterner Bekanntmachungen von Regierungsgesandten, die einen aufklärerischen Materialismus betonen: „Nein Bürger", läßt Lequinio in Rochefort bekanntgeben, „es gibt kein Leben nach dem Tod. Die himmlische Musik der Christen und die schönen Huris der Mohammedaner ... Satan, Luzifer, Minos und Proserpina sind alle nur Chimären, die jeder denkende Mensch verachten sollte. Von uns werden nur die geteilten Moleküle zurückbleiben, aus denen wir entstanden sind, sowie die Erinnerung an unsere vergangene Existenz"[116].

Aber dieser Gleichmut ist das Privileg einiger weniger. Die Forderung Robespierres nach einem Höchsten Wesen zur Befriedigung eines moralisch-emotionalen Bedürfnisses, als Garant der Unsterblichkeit der Seele und mehr noch als Belohnung der Guten und Bestrafung der Bösen hat zur Folge, daß im Floréal und Prairial des Jahres II der Kult der Vernunft durch den des Höchsten Wesens ersetzt wird. Die Wirkung auf die Volksmassen war sicher auch größer, wie sich an den Reaktionen und eindeutigen Grußadressen ablesen läßt („Das Höchste Wesen existiert, denn es hat euch beschützt ..."). Obwohl das Höchste Wesen nur ein vorübergehendes Dogma war und nur für kurze Zeit triumphierte, war sein Erfolg nicht ganz so unbedeutend, wie oft behauptet worden ist. Seine Wiederentdeckung in Form der Theophilanthropie im Jahre VI durch La Révellière-Lépeaux war allerdings nur eine kurzfristige Kuriosität. Wie auch immer: die Französische Revolution hat die religiösen Mentalitäten dauerhaft geprägt, indem sie, wie Mona Ozouf sagt, eine neue Sicht des Sakralen einführt, also gleichsam jene laizistische Religion, die dem 19. Jahrhundert überliefert wird und es weitgehend bestimmt. Darüberhinaus, wenn auch insgeheim, wird eine kleine Flamme weiterbrennen, die bereits im konspirativen Jakobinismus der Verschwörung der Gleichen sichtbar wird: Der Glaube an eine künftige Revolution, der an die Stelle der alten millenaristischen Utopie tritt und über den berühmten Satz meditiert: „Die Revolution wird nur vollendet durch das vollständige Glück."

[116] Zit. bei AULARD: Culte (s. Anm. 115).

IV. DAS LEBEN WÄHREND DER REVOLUTION

Bis hierhin haben wird die revolutionäre Mentalität als kollektives Mobilisierungsinstrument betrachtet, sowohl unter dem Aspekt der Zerstörung wie des gelebten Traumes. Sie läßt sich aber nicht darauf reduzieren. Zwischen Ignoranz, vollständig passiver Impregnierung und Ablehnung gibt es noch eine ganze Skala von Verhaltensweisen, die all jene kennzeichnen, die die Revolution nicht „gelebt", sondern nur erlebt haben.

Um diese Unterscheidung zu begründen, ist an eine aussagekräftige Zahl zu erinnern: Nur ungefähr 10% der männlichen Erwachsenen haben sich zwischen 1792 und 1793, also in der Zeit der Sektionsversammlungen, aktiv am Kampf beteiligt. Noch härter würde ein Test ausfallen, der sich anhand eines Protokollbuchs dörflicher Gemeinderatssitzungen kontinuierlich vornehmen läßt. Daraus geht der zwar intensive, aber auch sehr punktuelle Charakter der revolutionären Mobilisierung hervor: Wahl zu den Generalständen, *Grande Peur,* Föderationsfeste, Verfassungseid, Krieg und Einberufung, Preisfestsetzungen und Entchristianisierung (Abnahme der Kirchenglocken)..., danach eine allmähliche Verlangsamung und schließlich – bis auf Zwischenfälle und Ausnahmen – ein tiefes Schweigen. Das Schweigen einer – scheinbar – sehr schnell abgeschlossenen Revolution. Dieses Bild ist aber seinerseits eine Täuschung, da es die manchmal verschlungenen Wege der bäuerlichen oder urbanen Revolution nicht berücksichtigt.

Die von manchen Historikern vertretene Auffassung, daß die Mehrzahl der Franzosen die Revolution nur „am Rande" erlebt habe – wie R. Cobb es formuliert[117] – ist richtig und falsch zugleich: Man muß in der Tat auch an jene denken, die den revolutionären Schock nur indirekt erlebt haben oder überhaupt nicht von ihm betroffen wurden. Hierfür gibt es mehrere Unterscheidungsmerkmale: ein soziales, von dem die Ausgeschlossenen und Übergangenen betroffen sind; ein kulturelles, das die Grenzen der revolutionären Akkulturation sichtbar macht, die auf den Widerstand der Tradition, des Dialekts und der Zentrifugalkräfte stößt; schließlich ein geographisches: ein Frankreich des revolutionären Engagements und eines der Ablehnung.

In der Existenz jedes einzelnen Menschen gibt es diese Grenze. Die Revolution wird nicht nur gemacht, sondern auch „durchgemacht". Sie

[117] COBB: Police [45].

verändert die Einstellungen und Verhaltensweisen – bis in den Alltag hinein.

1. Die Revolution im Alltag

Den meisten Menschen, die die Revolution erlebt haben, dürfte diese vor allem als „harte Zeit“ in Erinnerung geblieben sein. Eine Zeit steigender Preise und alltäglicher Schwierigkeiten. Dieser Hintergrund ist bereits von A. Mathiez beschrieben worden[118], und wir wollen ihn hier nicht mit wenigen Worten wiederholen. Aber es wäre natürlich unverzeihlich, diesen Aspekt ganz zu verschweigen. Man soll ihn weder geringschätzen – wie dies gelegentlich auch bei Robespierre vorkommt („Sollen wir uns etwa um diese armseligen Waren kümmern?“) – noch ihn im Zeichen einer Verelendungstheorie zum einzigen Motor des Massenverhaltens deklarieren. Vielmehr ist er ein oft wichtiger Katalysator der Mobilisierung. So ist die allererste revolutionäre Flutwelle im Rahmen der ökonomischen und sozialen Krise von 1789 entstanden, deren Auswirkungen noch bis 1790 spürbar sind, und 1792/93 kommt es – nach einer Beruhigung – erneut zu Kämpfen für das tägliche Brot, gegen die Teuerung und in Paris – bei der Plünderung der Lebensmittelläden – auch für Zucker und Kaffee. Das wirklich große Elend für alle folgt dann aber erst im Jahre III, nach dem zwar zaghaften, aber doch wirksamen Dirigismus des Jahres II. Ein Bettler, dessen Spur wir in der Zeit des Direktoriums gefolgt sind, antwortet denn auch auf die Frage, seit wann er durch die Felder streife, mit dem Hinweis auf „das Jahr des schlimmen Winters“, wobei es sich eindeutig um das Jahr III handelt[119]. Die harten Lebensbedingungen und die Probleme der Nahrungsmittelbeschaffung, die durch die Inflation und den Sturz der Assignatenwährung noch verstärkt werden, sind in den Dörfern und Städten recht unterschiedlich empfunden worden, stellten aber für die meisten Menschen sicher einen der Hauptaspekte der Revolution dar. Als Beleg verfügten die Historiker lange Zeit nur über das Ausgabenbuch der Madame Hamel, einer wohlhabenden Bürgerin aus Nantes, die die alltäglichen Sorgen beim Einkaufen wesentlich genauer beobachtet hat als die äußeren Widrigkeiten der „großen“ Revolution in Paris oder in Nantes selbst, denn diese Gegend wurde ja keineswegs von Unruhen verschont. Aber

[118] MATHIEZ: Vie chère [52].
[119] VOVELLE: Mendicité (s. Anm. 88).

diese Quelle steht heute nicht mehr isoliert da. Es gibt auch die Erinnerungen von Pariser *rentiers* und die Hauptbücher savoyardischer Bauern, die in die gleiche Richtung weisen und die Revolution ‚von unten' erhellen. Anhand eines Dokuments ist es manchmal möglich, ein sehr präzises Bild von jenem „merkwürdigen" Leben zu erhalten, das in einigen Gegenden – wie etwa den Anbaugebieten um Paris während des Direktoriums – herrscht. Beim Prozeß gegen die Räuber von Orgères analysiert z. B. der Staatsanwalt ganz genau die Funktionsweise des zu dieser Zeit in der Beauce üblichen Tauschhandels. Da das Papiergeld nichts mehr wert ist, bezahlen die Städter in Naturalien – Kleidungsstücken, Möbeln, Juwelen –; die Großbauern der Ebene horten diese Reichtümer auf ihrem Hof... bis dieser dann für einen Überfall der Räuber und Vagabunden, die durch das Land streifen, „reif" ist[120].

Jenseits des alltäglichen Trubels vollzieht sich während der Revolution ein grundlegender Wandel des sozialen Gefüges. Zwar verändern sich die Strukturen der Gesellschaft nur sehr langsam, und die eigentliche Revolution, die aus der Stadt alten Stils, der Stadt der Handwerker und Kleinhändler, eine Stadt modernen Typs macht, wird noch rund ein halbes Jahrhundert auf sich warten lassen; aber bereits während der revolutionären Kämpfe kommt es zu gewissen Transformationen: Die Aristokratie verschwindet, indem sie emigriert oder sich aufs Land zurückzieht; die Arbeiter der Luxus- oder Konsumgüterindustrien verelenden, desgleichen die städtischen *rentiers*... Es mag vielleicht unzulässig erscheinen, derartige Aspekte unter der Rubrik „Mentalitätsgeschichte" anzuführen, aber die psychologischen Auswirkungen dieser sozialen Umwälzung sind nicht zu unterschätzen. Wir haben bereits den Ausspruch eines Journalisten aus der Direktorialzeit zitiert, der sagte: „Wir alle sind Ehemalige"[121]. Damit ist gemeint, daß die Revolution für alle oder fast alle Menschen einen sehr existenziell erlebten Einschnitt bedeutete. Die Genrestiche der Direktoriumszeit haben diesen Aspekt denn auch vielfach dargestellt und kommentiert. Z. B. stellt ein Stich ganz ausdrücklich drei Sequenzen nebeneinander: „Was ich war, was ich wurde und was ich sein müßte..." Was ich war: ein Malandrin, der ein soeben ausgeraubtes Haus mit einem Ballen unter dem Arm fluchtartig verläßt; was ich bin: ein wohlhabender Parvenü, der mit einer

[120] Ebenda.
[121] Aus dem *Journal de Paris* vom 4. März 1797, zit. von Nicolas Wagner, in: *Fêtes de la Révolution* [71], S. 528.

schönen Frau im Tilbury fährt; was ich sein müßte: ein Galeerensklave, der auf einem Hafenquai schuftet. Ein wohlmeinendes Bild, das den sozialen Eigennutz und den egoistischen Individualismus illustriert – ein schändlicher Triumph der Unternehmensfreiheit. Diese moralisierende Gefühlswelt verweist auf eine grundlegend veränderte Sensibilität. Das Thema von der Kürze des Lebens nimmt innerhalb der revolutionären Konjunktur zwei verschieden Formen an. Wir haben es bereits am Beispiel des revolutionären Helden dargestellt, der den Tod in seinem Pessimismus als das Ende eines abenteuerlichen Lebens auf sich zukommen sieht. Zugleich komplementär und im Gegensatz dazu steht das Bild des *muscadin* der Direktorialzeit, der seine unmittelbarsten Gelüste befriedigt, wie es das mondäne Leben dieser „freizügigen" Zeit (in Punkto Kleidung und Sitten) auch gestattet – allerdings nur einer kleinen, neuen oder alten Elite, die mit dem Bild des Todes spielt (die Haartracht „à la guillotine" läßt den Nacken frei), ohne ihn wirklich zu fürchten.

Diese soziale Umwälzung, die zu einer eigentümlichen Sensibilität des Augenblicks führt, setzt sich fort in einem großen Hin und Her der Menschen. Die demographischen Aspekte sollen hier nur insoweit erwähnt werden, als sie sich auf die kollektiven Mentalitäten auswirken. Die Revolution war eine Periode intensiver Mobilität: Emigranten, Soldaten, Entwurzelte – alles bewegt sich. Im Norden Frankreichs nimmt die Bevölkerung mancher Städte aufgrund von Zuwanderungen aus den Grenzgebieten oder dem aufständischen Westen oder einfach nur aus den Dörfern enorm zu, teilweise um fast die Hälfte[122]. Im Süden gibt es zahlreiche Gegenbeispiele, da die Städte (Marseille, Toulon usw.) aufgrund ständiger Kämpfe gleichsam einem Zentrifugaleffekt unterworfen sind . . . In Paris ersetzt in einem vormals aristokratischen Viertel wie dem Faubourg Saint-Martin eine Masse von kleinen Leuten vorübergehend die Adligen und ihre Diener. Diese Mobilität bleibt nicht ohne Wirkung auf das generative Verhalten der Bevölkerung: Zusammen mit den anderen Aspekten der akuten Krise führt sie zu einem Hochschnellen der Sterblichkeitsraten – so vor allem während der Krise des Jahres III –, während die Heiratsraten (und in geringerem Maße die Geburtsraten) an einen Wendepunkt gelangen. In den Städten vor allem hat die Revolution zu einem regelrechten Heiratsfieber geführt – oft

[122] Siehe die verschiedenen Folgen von *Contributions à l'histoire démographique de la Révolution française*, hg. v. MARCEL REINHARD, insbesondere die erste und zweite Folge (1962, 1965).

steigt die Rate um 50%. Dies wird gewöhnlich – und nicht ganz zu unrecht – damit erklärt, daß die verheirateten Männer nicht zur Armee mußten. Aber die Heiratswelle hatte schon vorher eingesetzt, und es unterliegt keinem Zweifel, daß sich hier – auch wenn es sich nicht quantifizieren läßt – der Bruch mit den gesellschaftlichen und religiösen Konventionen und Tabus befreiend auswirkte. Dies zeigt sich etwa an der Aufhebung des Verbots, während bestimmter Perioden wie der Fasten- oder Adventszeit zu heiraten. Diese nur scheinbar marginale Überlegung wirft das Problem grundlegenderer Veränderungen in den geheimen, aber wesentlichen Verhaltensweisen der Männer und Frauen auf: gegenüber dem Leben, der Liebe, der Familie und auch dem Tod. Bevor wir jedoch in diesen Bereich vordringen, scheint es angebracht, eine provisorische Bilanz des bisher Gesagten vorzunehmen, denn zweifellos geht schon daraus für die Menschen jener Zeit eine veränderte Wahrnehmung des Raumes und der Zeit hervor.

2. Neue Wahrnehmungsweisen des Raumes und der Zeit

Ein Raum verändert sich! Wir haben dies bereits beim Problem der Mobilität und dem Hin und Her der Menschen zu spüren bekommen. Aber es geht nicht nur um den Raum innerhalb der französischen Grenzen, denn sowohl die Emigranten als auch und ganz massiv die Soldaten und Freiwilligen haben neue Horizonte kennengelernt. Dabei ist nicht nur an die Zirkulation von Menschen zu denken, sondern auch von Ideen und kollektiven Strömungen. Gewiß, die Revolution materialisiert, wie wir gleich noch sehen werden, die Trägheitsstrukturen der Nachrichtenübermittlung: Man hat z. B. untersucht, wie schnell sich die Nachricht von der Flucht nach Varennes im ganzen Lande verbreitet hat[123] und wie lange es umgekehrt dauerte, bis eine Information aus der Provinz zum Konvent gelangte[124]. Paradoxerweise zirkulierte eine mündliche Panik wie die *Grande Peur* wesentlich schneller als Losungen und Begriffe: Die von uns analysierte Entchristianisierungswelle brauchte z. B. in Südostfrankreich ganze sechs Monate, um von Nevers nach Nizza zu gelangen ... Aber dennoch bedeutet die Revolution eine Umwälzung des Raumes, eine Durchbrechung alter Abschottungen.

[123] Eine graphische Darstellung dieser Ausbreitung findet sich in REINHARD: Chute [32], S. 432–433.

[124] Karte in VOVELLE: Religion [74], S. 290.

Die Einführung des Dezimalsystems, die oft nur mit Widerwillen rezipiert, aber schließlich angenommen wurde, drückt sehr genau diese erhoffte bessere Beherrschung des menschlichen Raumes aus. Das metrische System hat großen Erfolg – aber der revolutionäre Kalender scheitert, bleibt das erzwungene Experiment einiger Jahre: Bereits in den Jahren VI und VII spürt man sein Ende nahen, da der Dekadi und ganz allgemein eine grundlegende Veränderung der überkommenen Strukturen kollektiver Zeitlichkeit auf allen Seiten abgelehnt wird. Der Dekadi wird boykottiert, und die Abnahme der Kirchenglocken, die den dörflichen Alltag geregelt hatten, führt zu heftigen Konflikten: kollektive Trägheit verhindert hier den plötzlichen Wandel. Aber das heißt nicht, wie am Heiratskalender sichbar, daß nicht doch eine stillere Entwicklung in Gang gekommen ist ...

3. Das Leben, die Liebe, die Familie

Damit sind wir nun bei jenen zugleich kollektiven und privaten Haltungen angelangt, die das allerpersönlichste Leben jedes Einzelnen betreffen. Ist das wahrgenommene und gelebte Bild der Familie, des Paares und der Liebe durch die Revolution verändert worden? Auf der Ebene der überkommenen Bilder oder impressionistischer Anmerkungen gibt es in der klassischen Historiographie zahlreiche Ansätze für eine solche Geschichte der Gefühle, die über das bloß Anekdotische hinausgeht. Die im letzten Jahrhundert verbreitete Darstellung der Revolution als Orgie ist inzwischen reichlich verblaßt und findet sich allenfalls noch in der Groschenliteratur. Das heißt natürlich nicht, daß nicht einige Roués – aufgeklärte libertäre Aristokraten – in der Revolution ihre geheimsten Träume verwirklicht sahen: Hérault de Séchelles, Barras, Antonelle und natürlich Sade, der in *Français, encore un effort si vous voulez être républicains* unter anderem auch eine Idealwelt schildert, in der jede Frau sich den Wünschen jedes beliebigen Mannes fügt ... und auch das Umgekehrte nicht ausgeschlossen ist, was natürlich der Gleichheit die Krone aufsetzt. Aber es wäre etwas leichtfertig, diese Art von Befreiung besonders hervorzuheben: In bezug auf amouröse Beziehungen war die Revolution zwar leidenschaftlich, aber eher keusch. Es ist die Zeit der großen rousseauistischen Leidenschaften oder Freundschaften: Im Schatten des alten Roland spielen dessen Frau Manon und Buzot die *Nouvelle Héloïse* nach; Camille Desmoulins und seine Frau Lucile gelten als das ideale Paar, vereint bis in den Tod. Daneben bilden die Brüder Robespierre das Vorbild keuscher und aufgeschobener Liebschaften, indem sie angesichts der dringenden Erfordernisse einer höheren Mission zurückstecken.

Von dieser Galerie heroischer Liebschaften müssen wir hinabsteigen auf die Ebene durchschnittlicher Liebesbeziehungen (was nicht heißt, das diese mittelmäßig seien). Allerdings sind sie äußerst schwer zu erfassen, wenn die Beteiligten sich nicht direkt geäußert haben. Für die gewöhnlichen Sansculotten, die *Enragés* oder die Kader der Volksbewegung bedeutet Liebe das Zusammenleben eines Paares ohne Rücksicht auf die Zwänge der Vergangenheit, so wie sich Marat und seine Gefährtin – nach dem Vorbild Rousseaus – nur im Angesicht des Höchsten Wesens vermählt haben[125]. Die *union libre,* die bereits am Ende des Ancien Régime in der Welt der städtischen Unterschichten keine Seltenheit war, entspricht den Wünschen eines Großteils der revolutionären Elite. Aber daraus läßt sich nicht extrapolieren. Angesichts der vom Gegner behaupteten Sittenlosigkeit herrscht innerhalb der Sansculotten-Bewegung eher eine gewisse Strenge und Prüderie. Durch den Mund des *Père Duchesne* und seiner Frau Jacqueline spricht ein zugleich fortschrittliches und legalisiertes Ehepaar im Namen der durchschnittlichen Revolutionäre. Und das anonyme Porträt des Sansculotten („Antwort auf die unverschämte Frage: Was ist denn eigentlich ein Sansculotte?") beschreibt nicht zufällig einen Familienvater. Dies entspricht eben genau der Soziologie der Bewegung.

Mit diesem Modell, in dem sich soziale Praxis und erträumte Formgebung verbinden, berühren wir das Problem der Frauen während der Französischen Revolution. Auch dieses Thema ist alt und neu zugleich: Schon in der traditionellen Revolutionsgeschichte ist viel von Hetären, Strickweibern oder Heldinnen die Rede gewesen, aber dem Zeitgeist entsprechend hat man ihnen nur eine beschränkte Bedeutung beigemessen. Heute beginnt man, das Engagement der Frauen in der Volksbewegung anhand der bekanntesten Beispiele neu zu erforschen[126]: Claire Lacombe z. B. und die Gruppe der „Revolutionären Republikanerinnen" haben innerhalb der Bewegung der *Enragés* eine nicht unwichtige Rolle gespielt. Allerdings reagierten die Sansculotten in den Sektionsversammlungen auf diese ungebetene Teilnahme von Frauen oft mißtrauisch, und die Unterdrückung der *Enragés* hat die beteiligten Frauen

[125] SOBOUL: Volksbewegung [74].

[126] PAULE-MARIE DUHET (Hg.): Les femmes et la Révolution, 1789–1794, Paris 1971 [70].

nicht verschont. Nachdem die Frauen vor allem bei den Erhebungen mit ökonomischer Motivation eine oft entscheidende Rolle gespielt haben, ansonsten aber eher im Hintergrund blieben, sind sie erst während des Aufschwungs von 1793 und des Jahres II in größerem Umfang bei den revolutionären Festen aufgetreten. Sie wurden als „Amazonen" gefeiert und manchmal sogar als Vernunftgöttinnen verehrt, ehe sie schließlich ihren Ort als Vestalinnen oder Mütter zugewiesen bekamen.

Während ihres Aufschwungs und ihrer Konsolidierung träumte die Revolution von einem neuen Diskurs über die Familie. Dies zeigt sich etwa an der Rolle, die – vor allem bei den Festen des Direktoriums – die Symbolik des Alters spielt. In direkter Anknüpfung an die neoklassischen Bilder von 1792 werden die Jugend, die Eheleute und die Alten verehrt, wird – nach spartanischem Vorbild – davon geträumt, daß die Greise auf den öffentlichen Plätzen die jungen Krieger zum Kampf anspornen. Aber es ist durchaus denkbar, daß diese neue Symbolik der Altersklassen, die an die Stelle der gesellschaftlichen Gruppen tritt, auch den bewußt oder unbewußt mystifizierenden Intentionen einer bürgerlichen Revolution entspricht, die sich als die imaginäre ideale Gemeinschaft darstellen möchte – ohne soziale Spannungen[127].

Bis wohin ist dieser Diskurs vorgedrungen? Die Geschichte der realen Veränderungen im Familienleben während der Revolution bleibt noch weitgehend zu schreiben. Wir wissen noch zu wenig über die realen Auswirkungen einer Innovation wie der Scheidung, auch wenn punktuelle Analysen (z. B. über Marseille ergeben, daß es zu einer Initialzündung kam, die vermutlich eine Vielzahl längst angeschlagener oder bereits zerbrochener Beziehungen auflöste. Aber war die Scheidung mehr als nur ein begrenztes städtisches Phänomen? Auch auf anderen Gebieten gibt es Untersuchungen: z. B. über die Rolle der Revolution bei der Verbreitung von Verhütungsmitteln. Dies ist ein wesentlicher Indikator für die Haltung gegenüber dem Leben. Im Languedoc z. B. scheint die Französische Revolution die entscheidende Periode gewesen zu sein, von der an die bis dahin hohen Geburtenziffern deutlich zurückgehen. Aber läßt sich dies, wie E. Le Roy Ladurie meint, einfach nur mit der Rückkehr der Soldaten erklären, die durch ihre Feldzüge klüger geworden und über „dunkle Geheimnisse" aufgeklärt worden sind[128]? Auch

[127] Mona Ozouf: Symboles et fonction des âges dans les fêtes révolutionnaires, in: AHRF 42. 1970, S. 569–593.

[128] Emmanuel Le Roy Ladurie: Demographie et „funestes secrets": Le Languedoc (fin XVIIIe – début XIXe siècle), in: AHRF 37. 1965, S. 385–400.

wenn sich die ersten Spuren der Empfängnisverhütung (vor allem in den Städten) bis 1770 zurückverfolgen lassen, bedeutet die revolutionäre Wende eine erhebliche Beschleunigung.

4. Das Sterben während der Revolution

Das Leben hat sich also verändert – aber auch der Tod. Sterben unter der Revolution? Die Untersuchung der kollektiven Sensibilität kann hier auf zwei Ebenen ansetzen[129]. Zum einen läßt sich die Bedeutung dieser durchweg als grausam empfundenen Periode quantifizieren: Während der Schreckensherrschaft, so ist errechnet worden, haben 50 000 offizielle und summarische Hinrichtungen stattgefunden, d. h. es wurden ungefähr 0,2% der Bevölkerung getötet. Ist das viel oder wenig? Jedenfalls ist der Aderlaß je nach Ort äußerst unterschiedlich: In vier von zehn Départements gibt es weniger als 10 Hinrichtungen; in zwei von zehn Départements dagegen mehr als 1000. Letzteres gilt vor allem für den aufständischen Westen, den föderalistischen Südosten und für den Norden. Aber es kommt nicht nur darauf an, eine objektive Berechnung vorzunehmen, sondern man muß auch die Bedeutung des Todes in der damaligen Sensibilität abwägen. Sicher spielte der Tod eine sehr große Rolle, wie sich an dem Stellenwert der Trauerfeierlichkeiten im Rahmen der revolutionären Feste und überhaupt an der Verehrung der gefallenen Helden in Musik, Dichtung und bildender Kunst ablesen läßt: Von 250 zeitgenössischen Zeichnungen behandeln mindestens 20% das Thema Tod, und zwar meist in neoklassischem Gewande[130]. Der Tod ist präsent, aber vor allem verändert sich die Vorstellung von der letzten Reise. Nicht zu unterschätzen ist hier die Zerstörung des traditionellen Systems des Todes, die im Jahre II während der großen Entchristianisierungskampagne kulminiert. Da der „Priestertrug" vor allem als Ausbeutung der Ökonomie des Todes begriffen wurde, haben viele Revolutionäre des Jahres II – ähnlich wie manche Hébertisten – davon geträumt, den Weg zur letzten Ruhestätte zu entmystifizieren, zumindest aber einen neuen, gereinigten Diskurs vorzuschlagen. Ein Beispiel dafür ist der Erlaß des Repräsentanten Fouché für die Friedhöfe des Département Nièvre im Jahre II: „Der Tod ist ein ewiger Schlaf..." Aber dieser Tod, den die konsequentesten Jakobiner vertreiben wollen,

[129] MICHEL VOVELLE (Hg.): Mourir autrefois, Paris 1974.
[130] Errechnet aufgrund der Exponate der Ausstellung neo-klassizistischer Zeichnungen.

kommt durch die Hintertür wieder herein und zu Ehren: in der revolutionären Heldenverehrung und durch die allmähliche Entwicklung eines neuen Bestattungssystems während des Direktoriums. Der Gedanke an ein Weiterleben im kollektiven Bewußtsein, an einen staatsbürgerlichen und familialen Totenkult, an entsprechende Grabmäler und Friedhöfe – all dies sind Themen, die dann im 19. Jahrhundert durch den laizisierten Totenkult zum Allgemeingut werden. Manchmal waren sie schon Jahrzehnte zuvor angedeutet worden, aber erst die Revolution führte zu einem kurzfristigen Bewußtseinsschub und insofern zu einem entscheidenden Wandel der kollektiven Sensibilität.

Da das Thema des Todes die geheimsten Bereiche berührt, lädt es dazu ein, in einer vorläufigen Bilanz einige weitergehende Fragen zu formulieren: Welchen realen Einfluß hatte die Entchristianisierung auf die Massen? Und was bewirkte diese weitreichende Umwälzung der kollektiven Verhaltensweisen, die weit über die unmittelbaren Akteure des revolutionären Dramas hinausreicht?

5. Die Grenzen der Veränderung: „Leben am Rande“ und offene Ablehnung

Es war der englische Historiker Richard Cobb, der den Ausdruck „Leben am Rande“ auf die Revolution anwandte, um damit die Situation der Unbeteiligten zu bezeichnen[131]. Folgt man seinen Argumenten bis zum Schluß, so erscheint die Revolution letztlich als das Abenteuer einer sehr kleinen Minderheit, das zudem ephemer und in vieler Hinsicht folgenlos war. Wäre die Revolution also angesichts der kollektiven Mentalitäten, jener „Gefängnisse der langen Dauer“, nur ein kurzes Schaudern oder eine Randerscheinung?

In den vorangegangenen Kapiteln haben wir versucht, auf diese Frage eine Antwort zu finden: Auch die Weltanschauung derjenigen Menschen, die die Revolution eher überlebt als gelebt haben, hat sich verändert, und im Dunkel der kollektiven Verhaltensweisen zeichnet sich eine Wende ab.

Damit soll die Bedeutung des „Lebens am Rande“ keineswegs heruntergespielt werden. Zum Beispiel für einen Teil des städtischen Proletariats, der sich nicht am revolutionären Abenteuer beteiligt: das Proletariat der Hilfsarbeiter, Dienstmägde und Prostituierten, denen man

[131] Cobb: Police [45].

manchmal in der Menge begegnet, die aber fast nie in den Sektionsversammlungen auftauchen. War auch für sie die Revolution zu irgendeinem Zeitpunkt eine „gute Botschaft"? Allerdings wäre es sicher falsch, die am revolutionären Prozeß nicht Beteiligten allein auf diese sozialen Randgruppen zu reduzieren: Bei der Soziologie der Akteure der Marseiller Revolution ist mir z. B. die äußerst geringe Beteiligung der örtlichen Bauern und Seeleute aufgefallen, die nie in den Sektionen erscheinen ...

Neben der Identifizierung dieser sozialen „Restgruppen", die von der Revolution übergangen wurden, wird man sich mit Cobb die Frage stellen, ob die Konjunkturentwicklung nicht die Marginalisierung einzelner Gruppen noch verschärft hat, indem sie z. B. in den großen Getreideebenen die Gruppe der „Streuner" *(errants)* hervorbrachte – Bettlerbanden, Kinderhorden, Delinquenten und manchmal Räuber –, die sich zu einer wahren Gegengesellschaft entwickelten – mit eigenen Riten und eigenem Code – und die letzten Endes vom revolutionären Abenteuer überhaupt nicht betroffen wurden.

Aber ohne die Bedeutung dieser Gruppen zu unterschätzen, die ja keineswegs ein neues Phänomen bilden, meine ich, daß die eigentlichen Hindernisse für die Durchsetzung der revolutionären Mentalität zugleich anonymer und massiver sind. Heute verfügen wir bereits über genügend Ansätze zu einer Soziologie des kollektiven Verhaltens während der Revolution, um dazu einige Landkarten zu zeichnen.

Als ich die Ausdehnung der Entchristianisierungswelle im Jahre II für den Südosten Frankreichs verfolgte[132], habe ich eine sehr viel kontrastreichere Landkarte erhalten, als man aufgrund des ursprünglichen Impulses annehmen konnte. Zugleich läßt diese entscheidende revolutionäre Erschütterung, die an einigen Orten sehr intensiv erlebt wurde – z. B. in Zentralfrankreich, von der Nièvre bis zur Gegend von Lyon und in einem Teil des Südens –,andere Regionen nahezu unberührt: z. B den Alpenraum und die südliche Seite des Zentralmassivs, ohne daß dieser Kontrast sich allein durch einen geographischen Determinismus erklären ließe. Offenbar gibt es so etwas wie „Konservatorien", die nicht durch die kollektive Erschütterung berührt wurden. Bedenkt man diese oder andere Landkarten, so ergeben sich je nach Örtlichkeit eine Reihe von möglichen Determinationen oder Erklärungen: Das Frankreich der

[132] VOVELLE: Religion [65]; s. a. DERS.: Vom Vendémiaire zum Fructidor (s. Anm. 92), die Karten auf S. 214 und 218.

„Heiligtümer", das sich dem gigantischen Versuch der revolutionären Akkulturation widersetzt, oder vielleicht auch das periphere Frankreich der Dialekte und Regionalsprachen, oder schließlich das Frankreich mit einer sehr starken religiösen Praxis oder mit bereits seit langem festgelegten Optionen.

Ein Frankreich der Ignoranz oder ein Frankreich der Ablehnung? Jedenfalls ist es ein Frankreich der zerbrochenen Einmütigkeit, falls es diese jemals gegeben hat. Legt man so verschiedene Landkarten wie die des Verfassungseides von 1791, der revolutionären Ortsnamenänderungen und der signifikantesten Wahlergebnisse – Jahr III, Jahre IV und V – übereinander, so ergeben sich einige Konstanten, die eine kontrastreiche Geographie nahelegen[133]. Es gibt außergewöhnlich revolutionäre Zonen: ein ganzer Kranz im Pariser Becken und vor allem ein großes Hufeisen, das von Norden her das Zentralmassiv umgibt und im Südwesten über das Limousin bis nach Aquitanien reicht, während es im Südosten von der Lyoner Gegend über die Alpenregion bis hin zum Mittelmeer vorstößt. Demgegenüber gibt es drei sehr eindeutige Pole der Ablehnung: das amorikanische Frankreich im Westen, den Nordosten – von Lothringen bis zum Elsaß – und den Südhang des Zentralmassivs. Aber diese Landkarte ist durchaus schon bekannt: sie entspricht ja den großen politischen Optionen vom 19. Jahrhundert bis heute und zudem der religiösen Praxis des 20. Jahrhunderts. Dennoch wurde der Kontrast der Landkarten bereits durch die Revolution sehr genau vorgezeichnet.

Das Frankreich der Ignoranz, der Isolation und der Heiligtümer deckt sich also mit dem Frankreich der Ablehnung der Revolution. Vor diesem Hintergrund erscheint die revolutionäre Mentalität keineswegs als eine einheitliche Gegebenheit, sondern als eine kontrastreiche Landschaft, die durch ein Erwachen und ein ungleiches Eindringen entstanden ist.

[133] Siehe die Gegenüberstellung dieser verschiedenen soziologischen Karten in Georges Duby (Hg.), Histoire de la France, Bd. II, Paris 1970.

Nachwort zur deutschen Ausgabe

Die Französische Revolution heute

Als dieses Buch 1978 geschrieben wurde, ließ sich aufgrund verschiedener Indizien ein Wiedererwachen der Revolutionshistoriographie annehmen, wie ich es im 2. Teil („Die Geschichtsschreibung") zugleich herbeiwünschte und ankündigte. Auch heute läßt sich diese Tendenz nicht bestreiten: Sie bestätigt sich, gewinnt immer deutlichere Konturen, und das Herannahen des 200. Jahrestages der Revolution beschleunigt diese Entwicklung. Denn diese Feiern werden natürlich von langer Hand vorbereitet, und viele arbeiten bereits darauf hin. Allerdings könnte ein solch gesteigertes Interesse auch trügerisch sein, gleichsam ein vorübergehendes Erschauern oder nur eine flüchtige Mode, wie es deren viele gibt. In den 70er Jahren wurde z. B. das revolutionäre Fest wiederentdeckt, und manche haben darin eine Auswirkung von 1968 gesehen, als in der vorübergehenden Euphorie eines revolutionären Traums das Fest wieder auf die Tagesordnung kam. Heute ist dieses Fest zu Ende, oder zumindest scheint es so. Wird es der Revolution ebenso ergehen?

Es dürfte nicht ganz uninteressant sein, sich einmal zu fragen, was dieser 200. Jahrestag möglicherweise mit sich bringen wird, denn dabei geht es ja auch darum, was die Revolution für uns – die Historiker und die anderen – heute noch bedeutet. Soweit sie nicht den Zwängen des Buchmarktes unterworfen sind, spiegeln bereits die Forschungsinteressen und die Neugierden der Historiker eine kollektive Bewußtseinslandschaft wider. Auch läßt sich zweifellos festhalten, daß – ohne das auswärtige Echo zu unterschätzen – die erste Hundertjahrfeier (1889) im wesentlichen eine innerfranzösische Angelegenheit war: Ihre Funktion bestand vor allem darin, in einem Land, das noch nicht einmal seit zwanzig Jahren republikanisch war, die Ideologien und Leitgedanken des revolutionären Gründungsereignisses zu propagieren und zu stabilisieren. Neben diesem Aspekt der Massenpädagogik läßt sich feststellen, daß in den dreißig Jahren nach 1889 die akademische und gelehrte Forschung sich intensiv mit der Revolution beschäftigt hat und daß dieses Forschungsgebiet zum Austragungsort der großen Kämpfe und der großen Entdeckungen der französischen Geschichtsschreibung wurde. Diese Forschung spiegelte nicht nur eine politisches Interesse wider. Dort, wo die liberale und radikale Dritte Republik zumindest unbewußt einen

Schlußstrich ziehen wollte und das Forschungsgebiet am liebsten abgeschlossen hätte, indem sie das Gründungsereignis sakralisierte, entstand in den Jahren um 1900 eine ganz neue Geschichtsschreibung, die die liberale Betrachtungsweise durch eine „sozialistische", wie Jaurès im Titel seines Werkes meinte, oder zumindest eine soziale Geschichte zu ersetzen versuchte, die ganz neue Quellentypen und Arbeitsfelder in Angriff nahm.

Angesichts dieser schöpferischen Entwicklung können wir uns hundert Jahre später fragen, welches Bild heute von der Revolution geblieben ist, sofern wir nicht die leichtfertige Formulierung François Furets übernehmen, daß „die Revolution beendet" sei[1]. Allerdings ist die Revolution dort aufzusuchen, wo sie nach wie vor oder auf neue Weise eine unerschütterliche oder siegreiche Dynamik entfaltet. Dabei ist eine Reihe paradoxer Phänomene zu berücksichtigen. In vielen europäischen Ländern ist das Interesse für die große historische Erschütterung noch nie so lebhaft gewesen: Aus Italien und der iberischen Welt kommen neue Fragestellungen, die beweisen, daß die Aufmerksamkeit noch keineswegs erlahmt ist. In Deutschland haben in den letzten Jahren mehrere Symposien den Wunsch nach einer grundlegenden Reflexion über die Ursachen und die Tragweite des revolutionären Ereignisses deutlich gemacht. Und auch unsere angelsächsischen Gesprächspartner auf beiden Seiten des Atlantiks sind offenbar nach wie vor von einem Abenteuer fasziniert, das ihnen immer noch geheimnisvoll erscheint. Seien wir einmal kühn genug, die Dinge im globalen Maßstab zu betrachten: In einem Großteil der nichteuropäischen Welt hat das Bild der Französischen Revolution noch nichts von seiner Wirksamkeit eingebüßt, denn die Errungenschaften von 1789 und mehr noch von 1793 sind dort nicht nur nicht veraltet, sondern erst noch weitgehend zu realisieren. Während die Hundertjahrfeiern sich auf einen noch zu erobernden französischen Raum beschränken konnten, läßt sich die Zweihundertjahrfeier nur im globalen Maßstab denken, nicht nur als ein Gedenken an 1789, sondern auch an die Nachgeschichte und die Dynamik dieser Erschütterung bis hin zu den verschiedenen durch sie ausgelösten Diskursen und den Bereicherungen, die die revolutionäre Idee seitdem erfahren hat.

Auf der anderen Seite muß man allerdings auch zugeben, daß die Revolution von 1789 in Frankreich selbst, wo die regionalen Identitäten

[1] Siehe François Furet: Penser la Révolution française, Paris: Gallimard 1978. Dt.: 1789 – Vom Ereignis zum Gegenstand der Geschichtswissenschaft, Frankfurt/Main.–Berlin–Wien: Ullstein 1980 (Anm. d. Übers.).

jetzt lebhaft zum Ausdruck kommen – von Okzitanien über Korsika bis hin zur Bretagne – vorschnell mit einem zentralistischen und nivellierenden Jakobinismus identifiziert wird und daher nicht immer sehr beliebt ist. Dieses negative Bild wird auch durch die Gleichsetzung mit den verschiedenen späteren Stratifikationen verstärkt, durch die sich – von Napoleon bis hin zur bürgerlichen Republik – der Apparat des Nationalstaates auf Kosten der Regionen mehr und mehr verfestigt hat. Für den Historiker, dessen eigene Problematik nicht mechanistisch mit dem Zeitgeist gleichzusetzen ist, der aber auch nicht davon abstrahieren kann, ergibt sich also die Aufgabe, erneut die subversive oder ganz einfach suggestive Kraft der revolutionären Episode für ein nach seinen Wurzeln suchendes Frankreich zu zeigen, das paradoxerweise versucht sein könnte, einem Ereignis zu mißtrauen, das so lange als Rechtfertigung der französischen Identität benutzt wurde. Das Frankreich der Regionen muß mit seiner Revolution erst noch versöhnt werden.

Dieses Paradoxon, das sich bei einer räumlichen Betrachtung des Phänomens aufdrängt, ergibt sich ebenso – in zugleich ähnlichen und verschiedenen Formen – bei einem zeitlichen Längsschnitt. Wir befinden uns heute in einer ambivalenten Phase der französischen Historiographie, in der man aufgrund verschiedener Anzeichen meinen könnte, daß die Berücksichtigung des revolutionären Ereignisses einerseits völlig sekundär ist, während auf der anderen Seite dieser Umbruch auf verschiedenste Weise wieder relevant wird.

Bedenkt man den scheinbaren Triumph einer Geschichtsschreibung des „Unbeweglichen" und einer historischen Ethnographie, die sich mit Vorliebe in sehr langen Zeitabläufen verliert, so erscheint die Französische Revolution in der Tat als etwas völlig Abwegiges. Als ich vor kurzem im Rahmen eines Handbuchs über die „neue Geschichtswissenschaft" eine Bilanz der Forschungen vornehmen sollte, die den „langen Zeitabläufen" gewidmet sind (gemäß dem Begriff, den Fernand Braudel vor gut 25 Jahren geprägt hat), konnte ich nicht umhin, einige Einwände zu provozieren – etwa in der Einleitung von Jacques Le Goff – weil ich gegenüber der *longue durée* auch den plötzlichen Wandel, bzw. den kurzfristigen Umbruch ansprach, für den die Französische Revolution noch immer das beste Beispiel bildet[2]. Auch habe ich dann mit leidenschaftli-

[2] Siehe Vovelle: L'histoire et la longue durée, in: Jacques Le Goff/Roger Chartier/Jacques Revel (Hg.): La Nouvelle Histoire, Paris: Retz 1978, S. 316–343, sowie Jacques Le Goff: Une science en marche, une science dans l'enfance, ebenda, S. 11–20, bes. S. 18 (Anm. d. Übers.).

chem Interesse, aber auch einer gewissen Beunruhigung jenes Buch gelesen, das kürzlich zwei Anthropologen, Olivier Todd und Hervé Le Bras, unter dem anregenden Titel *L'invention de la France* (1980) publiziert haben. Sie versuchen darin, anhand verschiedenster Bezugssysteme (Anthropologie, Soziologie, Agrarstrukturen, religiöse Verhaltensweisen, Einstellungen gegenüber dem Leben) uns ein Frankreich vorzuführen, das unter einem jahrhundertealten Erbe verborgen sei und dessen eigentlicher Ursprung die Familienstrukturen seien, die zwar nicht aus grauer Vorzeit, aber doch immerhin aus der Zeit der Völkerwanderung stammen würden. Die Revolution wird nicht ganz ausgeklammert, aber bei einem solchen Blickwinkel ist sie natürlich nur ein Epiphänomen.

Dem gegenüber taucht die Französische Revolution an ganz anderen Fronten wieder auf und tritt auf verschiedensten Wegen erneut in den Mittelpunkt des historischen Interesses. Sie ist ja durchaus weiter erforscht worden, und es ist zugleich überflüssig und etwas ungerecht zu betonen, daß die konkreten Feldforschungen weitergehen und ständig vertieft werden. Dabei kommt es zu einer deutlichen Akzentuierung. Ein Teil der großen Fragestellungen der Vergangenheit, die Anlaß zu heftigen Kämpfen waren, sind meines Erachtens veraltet und treten vorübergehend in den Hintergrund: So etwa die Auseinandersetzung um die Ursachen oder Ursprünge der Revolution, die jedoch kürzlich noch Gegenstand von Überlegungen war. Die Revolution, die nur die Sanktion oder der Schlußakkord des 18. Jahrhunderts war und Gefahr läuft, sich in diesem Jahrhundert zu verlieren, wenn sie nur nach hinten schaut, tritt uns heute erneut mit der ganzen Massivität und Brutalität eines Ereignisses entgegen. Allerdings erfolgt diese Wiederentdeckung des Ereignisses im Rahmen recht verschiedener Forschungsansätze bzw. ideologischer Problematiken.

Der eine signifikante Ansatz ist der einer „konzeptualisierten" Geschichte der revolutionären Tatsache (wie es der Autor selbst formuliert hat). Man findet ihn in dem sehr anregenden Essay, mit dem François Furet „die Revolution zu denken"[3], d.h. ihre Bedeutung und Rolle einzuschätzen versucht, ohne in die Fallen der empirischen Feldforschung zu tappen, die er mit einer gewissen Verachtung straft. Dieser Ansatz ist zugleich neu und doch bereits unausgesprochen in dem schönen Buch von Mona Ozouf über die „revolutionären Feste" (1976) enthalten, wo der Transfer des Sakralen analysiert wird, auf den sich nach

[3] Siehe Furet, a.a.O. (Anm. 1) sowie dazu bereits Vovelle: La révolution est-elle terminée?, in: La Nouvelle Critique, Nr. 121, Februar 1979, S. 63–65 (Anm. d. Übers.).

Meinung der Autorin der im Fest symbolisierte gesellschaftliche Wandel reduziert. François Furet, der seinerseits von einem Legitimitätstransfer spricht, führt diesen Ansatz gewissermaßen fort. Allerdings wird sehr deutlich sichtbar, welchen Weg er in den zwölf Jahren seit Erscheinen seiner Geschichte der Französischen Revolution zurückgelegt hat, die damals zum Modell der gesamten „revisionistischen" Geschichtsschreibung – in Frankreich und im Ausland – wurde. Während Furet und Richet gestern noch versuchten, die Bedeutung der Revolution herunterzuspielen, indem sie auf den innerhalb der Eliten bereits verwirklichten Kompromiß hingewiesen und den gesamten Rest (die Revolution des Volkes und der Bauern) als bloßes „Abgleiten" verwarfen, erhält die Revolution bei Furet heute wieder ihre Kohärenz und unbestrittene Bedeutung zurück. Indem sie jenen Legitimitätstransfer durchführt, von dem das gesamte 19. und zum Teil sogar das 20. Jahrhundert zehren werden, wird die Französische Revolution wieder zum historischen Angelpunkt. Wenigstens teilweise: Denn F. Furet verwirft nach wie vor den Gedanken, daß die Revolution eine zwangsläufige sozio-ökonomische Determination durchgesetzt und sanktioniert habe. Aber immerhin ist diese Revolution eine neue Grundlegung. Im Unterschied zum Höchsten Wesen in der Hymne des 21. Prairial, so könnte man sagen, hat sie zwar keine Vergangenheit, aber doch eine große Zukunft.

Dieser zweifellos anregende Ansatz ist natürlich nicht der meinige. Wie man sich denken wird, stimme ich keineswegs mit dieser Ablehnung jeder sozialen Dimension innerhalb des revolutionären Ereignisses überein, die in diesem zwar eine wesentliche Wende sieht, aber den Umbruch allein auf den Bereich der Ideologie beschränkt: Die Bilanz der Revolution, so schreibt Furet, sei „hauptsächlich eine politische und kulturelle Bilanz", in der sich die Konfrontation zwischen der „repräsentativen Legitimität der Versammlungen und der direkten Demokratie der Volkserhebungen oder der öffentlichen Meinungsäußerungen" widerspiegele, auch wenn letztere de facto in ihren Ausdrucksformen zu einem „kollektiven Machtwahn" geführt habe. Als ein Ort der großen Konfrontation auf dem Felde der Politik wird die Revolution wieder zum *Ereignis*, zum „Focus" und Trauma, das mit einem Schlag „die gesamte frühere Situation verändert".

Ich gebe zu, diese reduktionistische und abstrakte Lektüre der Revolution hat gewisse Verdienste: Sie drückt auf ihre Weise die heute empfundene Notwendigkeit aus, die Revolution auch auf der Ebene der Macht, des Staates und der Ideologie zu betrachten, also unter Gesichtspunkten, die allzu lange vernachlässigt wurden (auch wenn es dabei natürlich sehr verschiedene Ansätze und Definitionen gibt). Darüber hinaus hat diese Lektüre das Verdienst, das Ereignis als solches und seine Rolle in der Geschichte wieder aufzuwerten.

Aber F. Furets Neulektüre ist keineswegs die einzige. Sie steht im Kontext einer Vielzahl von Studien (auch wenn sie selbst sehr wenig neue Forschungsergebnisse beibringt), durch die das Terrain der Revolutionshistoriographie ausgeweitet und erneuert worden ist.

Indem ich meinerseits in der italienischen Ausgabe dieses Buches die Erforschung der Mentalitäten als eines der wichtigsten neuen Forschungsfelder der Revolutionsgeschichte vorstellte, war ich mir durchaus bewußt, einen auf den ersten Blick paradoxen Ansatz vorzuschlagen. Auch ist mir sowohl auf der Tagung in Göttingen als auch kürzlich in Bamberg in verschiedenen Varianten die Frage gestellt worden, ob dieser Umweg über die Mentalitätsgeschichte nicht letztlich doch einen Rückschritt bedeute, einen Rückfall, der am Ende genauso „idealistisch" sei wie die Position F. Furets. Dieser Einwand ist durchaus ernstzunehmen.

Nicht um mich zu verteidigen, sondern um mich besser verständlich zu machen, möchte ich auf eine zugleich sehr simple und relativ neue Tatsache aufmerksam machen: Die jakobinische Geschichtsschreibung, die sich auf den Marxismus beruft, erkennt jetzt in zunehmendem Maße (aber auch die großen Ahnen und Gründungsväter hatten dies bereits bemerkt), daß es keine lineare Geschichte der Bewußtwerdung geben kann; das wäre viel zu einfach und würde gewissermaßen das sogenannte „vulgärmarxistische" Schema unterstellen, nach dem die Überbauten auf jeden einzelnen Fingerzeig des Ökonomischen und Sozialen reagieren. Im Rahmen dieses Bewußtseinswandels einer ganzen historiographischen Strömung haben einige Forscher nun ihr Augenmerk auf die Geschichte der *Widerstände* in den kollektiven Mentalitäten gerichtet, die das dialektische Gegenstück zur Geschichte der Bewußtwerdung, der Leitgedanken und ihrer Verbreitung ist. So hat 1980 in Aix-en-Provence ein internationales Symposium stattgefunden, das sich mit dem keineswegs nur akademischen Thema „Mentalitätsgeschichte als Geschichte von Widerständen – oder: die Gefängnisse der langen Dauer" beschäftigt hat[4]. Es gab also zwei Bezugspunkte, von denen der

[4] Vgl. Vovelle: Histoire des mentalités – histoire des résistences ou les prisons de la longue durée, in: Technologies, idéologies et pratiques, 1.1979, Nr.1, S.16–43. (Anm. d. Übers.).

eine (Mentalitäten als „Widerstand") von Ernest Labrousse und der andere (die „Gefängnisse der langen Dauer") von Fernand Braudel stammt. Eine durchaus listige Verbindung, die aber auch mehr ist als nur eine List und darauf abzielt, von den bremsenden Kräften her die Bewegung wiederzuentdecken. Denn die vielbeschworene „Trägheit der mentalen Strukturen" könnte uns leicht dazu verführen, zwar bequeme, aber rein verbale Erklärungsmuster zu formulieren, zumal wenn man – wie manche Autoren – eine Autonomie der Mentalitäten unterstellt, die auf der Mystifikation eines „kollektiven Unbewußten" beruht[5].

Man muß diese Schemata durchbrechen und nach einem mentalitätshistorischen Ansatz suchen, der sowohl die Kontinuitäten, die Erbschaften und die Widerstände, aber auch die Veränderungen begreiflich macht, indem er die Mentalitäten in das gesamte Netzwerk einordnet, das sie erklärt, prägt und umgekehrt – im dialektischen Austausch- auch durch sie geformt wird. Denn mit Mentalität ist nicht zwangsläufig Unbeweglichkeit gemeint. Am Beispiel eines massiven und einzigartigen historischen Experiments stoßen wir aber erneut auf die Bedeutung der Revolution. Sie konfrontiert uns, wie schon die Lektüre des 3. Teils dieses Buches gezeigt hat, mit dem ungeheuren Problem des *Umbruchs*, der Realität einer Kulturrevolution, einer Transformation der Wertvorstellungen und – um ein schönes Wort von Robert Mandrou aufzugreifen – der „Weltbilder". Darin drückt sich eine wirkliche Kreativität des revolutionären Augenblicks im Rahmen einzigartiger Experimente aus. Das Ereignis erhält damit seine ganze Bedeutung, nicht bloß als Ereignis im traditionellen Sinne der alten politischen Geschichtsschreibung, sondern als Trauma und Gründungserlebnis zugleich. Wie man bemerkt haben wird, besteht zwischen diesem Ansatz und dem von François Furet – trotz einiger formaler Konvergenzen – eine tiefe Kluft.

Es dürfte kaum verwundern, daß wir im Rahmen von Überlegungen zur Mentalitätsgeschichte als „Geschichte von Widerständen" auch den Stellenwert des Ereignisses neu aufgeworfen haben. Dabei ist die Französische Revolution als „pathetisches" Ereignis par excellence kaum zu übergehen. Allerdings muß man sie – ohne irgendeinen Aspekt auszuklammern – in all ihren Dimensionen betrachten, d.h. sowohl als Erbin wie auch als Sanktion und als Vollendung einer Vergangenheit, gemäß der berühmten Formulierung von Jaurès, als er dem von Michelet ge-

[5] Kritische Anspielung auf Philippe Ariès. Siehe Vovelle: Y a-t-il un inconscient collectif?, in: La Pensée, Nr. 205, 1979, S. 125–136 (Anm. d. Übers.).

zeichneten Bild des Elends das Bild der siegreichen Bourgeoisie entgegensetzte. Die Revolution als Erbin ist aber nicht zu erklären ohne den ungeheuren sozialen Wandel, deren Höhepunkt sie bildet. Danach folgt das revolutionäre Ereignis mit einer ganzen vielschichtigen und unmittelbaren Kreativität, das mit einer Vielzahl von Möglichkeiten experimentiert. Und schließlich kommt die Revolution als Gründungsereignis oder Antizipation, deren Nachwirkungen, deren Widerhall und deren verschiedene Interpretationen vom 19. Jahrhundert bis heute noch viel genauer zu erforschen sind.

Wenn ich dieses weitgefaßte, ehrgeizige und komplexe Programm bedenke, habe ich keineswegs den Eindruck, daß das Studium der Französischen Revolution heute eine überholte akademische Stilübung ist. Vielmehr bietet es immer noch ein neuartiges Forschungsfeld.

Michel Vovelle

BIBLIOGRAPHIE

Diese Bibliographie bietet nur eine erste Auswahl. Sie enthält vor allem neuere Arbeiten und Lehrbücher, die die heutige Interpretation der Französischen Revolution illustrieren, und betont das Problem der Mentalitäten.

I. ALLGEMEINE WERKE

1. Handbücher und Bibliographien

1. PIERRE CARON: Manuel pratique pour l'étude de la Révolution Française, nouv. éd., Paris: Picard 1947.
2. GERARD WALTER: Répertoire de l'histoire de la Révolution Française. Travaux publiés de 1800 à 1940, 2 Bde., Paris: Imprimerie Nationale, 1941–1945.

2. Klassische Darstellungen

3. ALEXIS DE TOCQUEVILLE: L'Ancien Régime et la Révolution (1856), Paris: Gallimard 1964; dt.: Der Alte Staat und die Revolution, Reinbek: Rowohlt Taschenbuch 1969.
4. JEAN JAURES: Histoire socialiste de la Révolution Française (1901–1908), éd. revue et annotée par Albert Soboul, 7 Bde., Paris: Editions Sociales 1968–73.
5. GAETANO SALVEMINI: La Rivoluzione francese (1906), Mailand: Feltrinelli 1962.

3. Lehrbücher

Die Revolutionen

6. JACQUES GODECHOT: Les Révolutions (1770–1799), Paris: Presses Universitaires de France 1963.
7. ERIC J. HOBSBAWM: The Age of Revolution, London: Weidenfeld & Nicolson 1962; dt.: Europäische Revolutionen, Zürich: Kindler 1962.

8. ROBERT R. PALMER: The Age of Democtratic Revolution. A Political History of Europe and America, 1760–1800. Bd. 1: The Challenge, Princeton University Press 1959; dt.: Das Zeitalter der demokratischen Revolution. Eine vergleichende Geschichte Europas und Amerikas von 1760 bis zur Französischen Revolution, Frankfurt/M.: Athenaion 1970 (nur Bd. 1 des Originals).

Französische Revolution

9. FRANÇOIS FURET/ DENIS RICHET: La Révolution française, 2 Bde., Paris: Hachette 1965; dt.: Die Französische Revolution, Frankfurt/M.: S. Fischer 1968 (Neudruck München: C. H. Beck 1980).
10. LUCIANO GUERCI: La Rivoluzione francese, Bologna: Zanichelli 1973.
11. GEORGES LEFEBVRE: La Révolution française (1951), Paris: Presses Universitaires de France 1963.
12. GEORGES LEFEBVRE: Etudes sur la Révolution française (1954), nouv. éd., Paris: Presses Universitaires de France 1963.
13. ALBERT MATHIEZ: La Révolution française (1922–27), Paris: Colin 1959; dt.: Die Französische Revolution, 3 Bde., Hamburg: Europäische Verlagsanstalt 1950.
14. ALBERT SOBOUL: Précis d'histoire de la Révolution française, Paris: Editions Sociales 1962; dt.: Die Große Französische Revolution. Ein Abriß ihrer Geschichte (1789–1799), 2 Bde., Frankfurt/M.: Europäische Verlagsanstalt 1973.
15. MICHEL VOVELLE: La chute de la Monarchie, Paris: Le Seuil 1971.

4. Methodenprobleme: Kontroversen und Polemiken

16. ALFRED COBBAN: The Social Interpretation of the French Revolution, Cambridge University Press 1964.
17. ALICE GERARD: La Révolution française, mythes et interprétations (1789–1970), Paris: Flammarion 1970.
18. JACQUES GODECHOT: Un jury pour la Révolution, Paris: Laffont 1970.
19. DANIEL GUERIN: La lutte des classes sous la première République. Bourgeois et bras nus, 2 Bde., Paris: Gallimard 1946; dt. gekürzt: Klassenkampf in Frankreich. Bourgeois und „bras nus" 1793–1795, Frankfurt/M.: Suhrkamp 1979.

20. ELISABETH GUIBERT: Voies idéologiques de la Révolution française, Paris: Editions Sociales 1976.
21. CLAUDE MAZAURIC: Sur la Révolution française. Contributions à l'histoire de la révolution bourgeoise, Paris: Editions Sociales 1970.
22. FRANCO VENTURI: Jean Jaurès. E altri storici della Rivoluzione francese, Turin: Einaudi 1948.

II. ETAPPEN DER REVOLUTION

1. Ursprünge der Revolution

23. JEAN-PAUL BERTAUD (Hg.): Les origines de la Révolution française, Paris: Presses Universitaires de France 1971.
24. PIERRE GOUBERT: L'Ancien Régime, 2 Bde., Paris: Colin 1969–73.
25. ROBERT MANDROU: La France aux XVIIème et XVIIIème siècles, Paris: Presses Universitaires de France 1967.
26. ALBERT SOBOUL: La civilisation et la Révolution française, Bd. 1, Paris: Arthaud 1971.
27. *Sur le féodalisme,* hg. v. Centre d'études et de recherches marxistes, Paris: Editions Sociales 1971.
28. REGINE ROBIN: La société française en 1789: Semur-en-Auxois, Paris: Plon 1970.
29. PIERRE GOUBERT / MICHEL DENIS (Hg.): 1789, les Français ont la parole..., Paris: Julliard 1964.
30. DANIEL MORNET: Les origines intellectuelles de la Révolution, Paris: Colin 1933.

2. Entstehung der Revolution

31. GEORGES LEFEBVRE: Quatre-vingt-neuf (1939), Paris: Editions Sociales 1970.
32. MARCEL REINHARD: La chute de la royauté, Paris: Gallimard 1969.

3. Der Terror

33. MARC BOULOISEAU: Le Comité de salut public, Paris: Presses Universitaires de France 1968.
34. ROBERT PALMER: Twelwe Who Ruled. The Year of the Terror in the French Revolution (1941), Princeton: Princeton University Press 1970.

35. ALBERT SOBOUL: Les Sans-culottes parisiens en l'an II. Mouvement populaire et gouvernement révolutionnaire, 2 juin 1793 – 9 thermidor an II, Paris: Clavreuil 1958; dt. gekürzt: Französische Revolution und Volksbewegung: die Sansculotten. Die Sektionen von Paris im Jahre II, hg. v. WALTER MARKOV, Frankfurt/M.: Suhrkamp 1978.
36. RICHARD COBB: Les Armées révolutionnaires, instruments de la Terreur dans les départements, 2 Bde., Paris: Mouton 1961–1963.
37. PAOLO VIOLA: Il Terrore, 1791–1794, Florenz: Sansoni 1975.

4. Thermidorianische Reaktion und Direktorium

38. KARE D. TØNNESSON: La défaite des sans-culottes: mouvement populaire et réaction bourgeoise en l'an III, Paris: 1959 (Neudr. 1978).
39. ALBERT MEYNIER: Les coups d'Etat du Directoire, 3 Bde., Paris: 1927/28.
40. ISSER WOLOCH: Jacobin Legacy. The Democratic Movement Under the Directory, Princeton: Princeton University Press 1970.
41. CLAUDE MAZAURIC: Babeuf et la conspiration pour l'Egalité, Paris: Editions Sociales 1962.
42. *Babeuf et les problèmes du babouvisme.* Colloque international de Stockholm, Paris: Editions Sociales 1963.

III. ASPEKTE DER REVOLUTION

1. Institutionen und Politik

43. JACQUES GODECHOT: Les institutions de la France sous la Révolution et l'Empire, nouv. éd., Paris: Presses Universitaires de France 1968.
44. GEORGES MARTIN: Les jacobins, Paris: Presses Universitaires de France 1945.

2. Psychologie und Ereignisse

45. RICHARD COBB: The Police and the People. French Popular Protest (1789–1820), Oxford: Oxford University Press 1970; frz.: La protestation populaire en France (1789–1820), Paris: Calmann-Levy 1975.

46. RICHARD COBB: Terreur et subsistances (1793–1795), Paris: Clavreuil 1965.
47. GEORGES LEFEBVRE: La Grande Peur (1932), Paris: Editions Sociales 1963; dt. auszugsweise: Die große Furcht von 1789, in: IRMGART HARTIG (Hg.): Geburt der bürgerlichen Gesellschaft: 1789, Frankfurt: Suhrkamp 1979, S. 88–135.
48. GEORGE RUDE: The Crowd in the French Revolution, Oxford: Clarendon Press 1959; dt.: Die Massen in der Französischen Revolution, München / Wien 1961.

3. Klassenkämpfe

49. PAUL BOIS: Paysans de l'Ouest. Des structures économiques et sociales aux options politiques depuis l'époque révolutionnaire dans la Sarthe, Paris: Vilaire 1960; gekürzte Neuauflage: Flammarion 1975.
50. FLORENCE GAUTHIER: La voie paysanne dans la Révolution française, Paris: Maspero 1977.
51. GEORGES LEFEBVRE: Les paysans du Nord pendant la Révolution française (1924), Nachdruck Paris: A. Colin 1972.
52. ALBERT MATHIEZ: La vie chère et le mouvement social sous la Terreur (1927), Nachdruck Paris: Payot 1973.
53. ALBERT SOBOUL: Paysans, sans-culottes et jacobins, Paris: Clavreuil 1966.
54. EUGEN TARLE: Studien zur Geschichte der Arbeiterklasse in Frankreich während der Revolution: Die Arbeiter der nationalen Manufakturen, 1789–99, nach Urkunden der französischen Archive, Leipzig: Dunckler & Humblot 1908.

4. Konterrevolution und Außenpolitik

Konterrevolution

55. MARC BOULOISEAU: Etude de l'émigration et de la vente des biens des émigrés (1792–1830), Paris: Bibliothèque Nationale 1963.
56. JACQUES GODECHOT: La contre-révolution, doctrine et action, 1789–1804, Paris: Presses Universitaires de France 1961.
57. CHARLES TILLY: The Vendée, Cambridge/Mass.: Havard University Press 1964; frz.: La Vendée, Paris: Fayard 1970.
58. JEAN VIDALENC: Les émigrés français, 1789–1825, Caen: Publications de la Faculté des Lettres 1963.

Armee und Außenpolitik

59. JEAN-PAUL BERTAUD: Valmy, la démocratie en armes, Paris: Julliard 1970.
60. JACQUES DROZ: L'Allemagne et la Révolution française, Paris: 1949.
61. JACQUES GODECHOT: La Grande Nation. L'expansion révolutionnaire de la France dans le monde, 1789–1799, Paris: Presses Universitaires de France 1956.

5. Revolutionäre Mentalität

Religion

62. ALPHONSE LATREILLE: L'Eglise catholique et la Révolution française, 2 Bde., Paris: Hachette 1946–56; gekürzte Neuauflage 1971.
63. ALBERT MATHIEZ: La Théophilantropie et le culte décadaire, 1796–1801 (1903), Nachdruck Genf: Slatkine 1976.
64. BERNARD PLONGERON: Conscience religieuse en révolution. Regards sur l'historiographie religieuse de la Révolution française, Paris: Picard 1969.
65. MICHEL VOVELLE: Religion et Révolution. La déchristianisation de l'an II, Paris: Hachette 1976.

Ideengeschichte

66. MICHEL DE CERTEAU / DOMINIQUE JULIA / JACQUES REVEL: Une politique de la langue: La Révolution française et les patois, Paris: Gallimard 1975.
67. JACQUES GODECHOT: La pensée révolutionnaire en France et en Europe (1789–1799), Paris: Colin 1964.
68. JOANNA KITCHIN: Un jounal „philosophique": *La Décade* (1794–1807), Paris: Minard 1966.
69. JEAN STAROBINSKI: 1789, les emplèmes de la Raison, Paris: Flammarion 1973. dt.: 1789. Die Embleme der Vernunft, Paderborn: Schöningh 1981.

Mentalitäten

70. PAULE-MARIE DUHET (Hg.): Les femmes et la Révolution, 1789–1794, Paris: Julliard 1971.
71. *Les fêtes de la Révolution.* Colloque de Clermont Ferrand (juin 1974), hg. v. JEAN EHRARD / PAUL VIALLANEIX, Paris: Clavreuil 1977.

72. MONA OZOUF: La fête révolutionnaire, 1789–1799, Paris: Gallimard 1876.
73. MICHEL VOVELLE: Les métamorphoses de la fête en Provence, 1750–1820, Paris: Flammarion 1976.

Zeittafel

	1787
22. Februar	Zusammentreten der Notabelnversammlung
8. April	Entlassung des Ministers Calonne, er wird ersetzt durch Loménie de Brienne
25. Mai	Entlassung der Notabelnversammlung
Juni	Reformedikte Loménie de Briennes
16. Juli	Das Parlament von Paris fordert Generalstände
	1788
8. Mai	Justizform Lamoignons. Unruhen in der Provinz (Grenoble)
8. August	Einberufung der Generalstände für den 1. Mai 1789
24./26. August	Der Reformminister Necker wird entlassen und dann zurückgerufen
	1789
März	Wahlen zu den Generalständen. Hungerrevolten in der Provinz (Provence, Picardie)
5. Mai	Königliche Sitzung zur Eröffnung der Generalstände
6. Mai	Der Dritte Stand nimmt die Bezeichnung *Communes* an
17. Juni	Die *Communes* erklären sich zur *Assemblée nationale*
20. Juni	Ballhausschwur
9. Juli	Die Versammlung erklärt sich zur verfassungsgebenden Nationalversammlung
14. Juli	Sturm auf die Bastille
15. Juli	Rückberufung des Ministers Necker
15.–31. Juli	Die „Munzipalrevolte" in der Provinz
20. Juli	Beginn der *Grande Peur*
4. August	„Nacht des 4. August": Abschaffung der Privilegien des Klerus und des Adels
26. August	Erklärung der Menschenrechte
5./6. Oktober	Marsch auf Versailles: der König wird nach Paris geholt
2. November	Die Kirchengüter werden der Nation übereignet

	1790
April–Juni	Unruhen im Südosten (Nîmes, Montauban)
17. April	Die Assignaten erhalten Geldwert
27. April	Gründung des *Cordeliers*-Clubs
12. Juli	Verabschiedung der Zivilverfassung des Klerus
14. Juli	Fest der Föderation in Paris
18. August	Konterrevolutionäres Treffen im Lager von Jalès
31. August	Massaker in Nancy an den patriotischen Schweizergarden von Châteauvieux
27. November	Der Schwur *A la Nation, à la Loi et au Roi* wird allen Staatsbediensteten abverlangt
	1791
Februar	Bildung des verfassungstreuen Klerus
10. März	Papst Pius VI. verurteilt die Zivilverfassung (Breve Quod aliquantum)
2. April	Tod Mirabeaus
22. Mai	Gesetz Le Chapelier gegen Koalitionen, u. a. von Arbeitern
20./21. Juni	Flucht der königlichen Familie und deren Verhaftung in Varennes
13.–16. Juli	Die Nationalversammlung setzt den König wieder ein
16. Juli	Die gemäßigten *Feuillants* treten aus dem Jakobiner-Club aus
17. Juli	Blutbad auf dem Marsfeld
27. August	Erklärung von Pillnitz: Drohungen der Koalitionsmächte gegenüber der Revolution
3. September	Verabschiedung der Verfassung (am 13. September vom König sanktioniert)
1. Oktober	Eröffnungssitzung der *Assemblée Législative*
16. Oktober	Unruhen in Avignon (Blutbad der *Glacière*)
9.–11. November	Veto des Königs gegen ein Dekret gegen die Emigranten
7. Dezember	Bildung eines Kabinetts aus Mitgliedern des *Feuillants*-Clubs
12. Dezember – 2. *Januar*	*Reden Robespierres gegen den Krieg*

	1792
Januar–März	Unruhen in Paris und auf dem Land wegen Versorgungsschwierigkeiten
15. März	‚Jakobinisches' Kabinett mit Roland als Minister
20. April	Kriegserklärung an den „König von Böhmen und Ungarn"
28./29. April	Niederlagen der französischen Truppen an der Nordgrenze
27. Mai	Dekret über die Deportierung nicht vereidigter Priester
4.–11. Juni	Königliches Veto gegen dieses Dekret sowie gegen ein weiteres, das 20 000 Föderierte einberufen soll
12. Juni	Entlassung des Kabinetts Roland
11.–21. Juli	Die Legislative erklärt „Das Vaterland in Gefahr"
25. Juli	„Manifest des Herzogs von Braunschweig". Paris ist bedroht
10. August	Sturm auf die Tuilerien und Sturz der Monarchie
10./11. August	Einberufung eines Nationalkonvents. Allgemeines Wahlrecht
23. August	Einnahme Longwys durch preußische Truppen
2.–6. September	Blutbad in den Gefängnissen von Paris und in der Provinz
20. September	Auflösung der Legislative. Säkularisation des Personenstands. Kannonade von Valmy
21. September	Abschaffung der Monarchie. Jahr I der Republik
24.–29. September	Einmarsch der französischen Truppen in Savoyen und Nizza
Oktober	Rückzug der preußischen Truppen. Die Franzosen besetzen Frankfurt und Mainz.
6. November	Sieg Dumouriez' bei Jemmapes. Besetzung Belgiens
	1793
	(ab 22. September: Jahr II der Republik)
21. Januar	Hinrichtung Ludwigs XVI.
1. Februar	Frankreich erklärt England und Holland den Krieg. Erste Koalition
24. Februar	Aushebung von 300 000 Freiwilligen. Schwierigkeiten in der Provinz

25.–27. Februar	Plünderung der Lebensmittelgeschäfte in Paris. Preisfestsetzungen für Zucker und Seife
10. März	Errichtung des Revolutionstribunals
11. März	Beginn des Aufstands in der Vendée
18. März	Französische Niederlage bei Neerwinden und anschließender Verrat Dumouriez'
6. April	Bildung des Wohlfahrtsausschusses mit Danton
29. April – 29. Mai	Beginn des föderalistischen Aufstands in Marseille und Lyon
31. Mai	Demonstration der Pariser Sansculotten im Konvent gegen die *Gironde*
2. Juni	Erneuter Aufstand: Verhaftung der *Girondins*
24. Juni	Verabschiedung der Verfassung des Jahres I
10. Juli	Erneuerung des Wohlfahrtsausschusses
13. Juli	Ermordung Marats durch Charlotte Corday
27. Juli	Robespierre wird Mitglied des Wohlfahrtsausschusses
25. August	Rückeroberung Marseilles durch Revolutionstruppen
27. August	Die Royalisten liefern Toulon den Engländern aus
4./5. September	Volksbewegung in Paris: Beginn der *Terreur*. Bildung einer Pariser „Revolutionsarmee"
6.–8. September	Französischer Sieg bei Hondschoote
17. September	Gesetz gegen die „Verdächtigen"
29. September	Einführung des „allgemeinen Maximums" auf Lebensmittel und Löhne
10. Oktober	*19. Vendémiaire*. Erklärung „Die Regierung Frankreichs bleibt revolutionär bis zum Frieden"
16. Oktober	*25. Vendémiaire*. Sieg bei Wattignies. Hinrichtung Marie-Antoinettes
30. Oktober	*10. Brumaire*. Hinrichtung der *Girondins*
10. November	*20. Brumaire*. Fest der Freiheit und der Vernunft in der ehemaligen Pariser Notre-Dame-Kirche
21. November	*1. Frimaire*. Robespierre verurteilt die Entchristianisierungsbewegung
12. Dezember	*22. Frimaire*. Vernichtung der Vendéer in der Schlacht bei Le Mans
19. Dezember	*29. Frimaire*. Rückeroberung Toulons

1794
(ab 22. September: Jahr III der Revolution)

4. Februar	*16. Nivôse.* Abschaffung der Sklaverei in den französischen Kolonien.
13. März	*23. Ventôse.* Verhaftung, anschließend Verurteilung und Hinrichtung der Hébertisten (4. Germinal)
27. März	*7. Germinal.* Auflösung der „Revolutionsarmeen"
1. April	*10. Germinal.* Verhaftung, anschließend Verurteilung und Hinrichtung der Dantonisten (16. Germinal)
2. April	*13. Germinal.* Ersetzung der Minister durch Kommissionen
11. Mai	*22. Floréal.* Einrichtung des „Großen Buchs der nationalen Wohltätigkeit"
4. Juni	*16. Prairial.* Robespierre wird Präsident des Konvents
8. Juni	*20. Prairial.* Fest des Höchsten Wesens
10. Juni	*22. Prairial.* Umstrukturierung des Revolutionstribunals: Beginn der „Großen Schreckensherrschaft"
26. Juni	*8. Messidor.* Sieg bei Fleurus über die Österreicher
27. Juli	*9. Thermidor.* Staatsstreich der „Thermidorianer": Sturz der Robespierreisten
24. August	*7. Fructidor.* Neustrukturierung der Regierung in 16 Komitees
18. September	*2ème jour complémentaire.* Die Republik stellt die Zahlungen an alle Religionsgemeinschaften ein
30. Oktober	*9. Brumaire* (Jahr III). Einrichtung der *Ecole Normale Supérieure*
12. November	*22. Brumaire.* Schließung des Jakobiner-Clubs
24. Dezember	*4. Nivôse.* Abschaffung des Maximums

1795
(ab 22. September: Jahr IV der Revolution)

Januar	*Pluviôse.* Besetzung Hollands
17. Februar	*29. Pluviôse.* Vereinbarung von La Jaunaye zwischen Hoche und den Aufständischen in der Vendée
21. Februar	*3. Ventôse.* Religionsfreiheit. Erste Trennung von Staat und Kirche

1. April	*12./13. Germinal.* Volksaufstand in Paris und in der Provinz
5. April	*16. Germinal.* Friedensschluß von Basel zwischen Frankreich und Preußen
Mai-Juni	*Floréal-Prairial.* Der weiße Terror. Massaker an Jakobinern u. a. in Lyon und Marseillc
20.–25. Mai	*1.–4. Pairial.* Volksaufstand in Paris
23.–27. Juni	*5.–9. Messidor.* Landung einer Emigrantenarmee in Quiberon
22. August	*5. Fructidor.* Verabschiedung der Verfassung des Jahres III durch den Konvent
1. Oktober	*9. Vendémiaire* (Jahr IV). Annexion Belgiens
5. Oktober	*13. Vendémiaire.* Royalistischer Aufstand gegen den Konvent
31. Oktober	*9. Brumaire.* Wahl des ersten Direktoriums

1796
(ab 22. September: Jahr V der Revolution)

19. Februar	*30. Pluviôse.* Ersetzung der Assignate durch Territorialmandate
2. März	*12. Ventôse.* Bonaparte wird kommandierender General der Italien-Armee
30. März	*10. Germinal.* Bildung insurrektionellen Komitees der „Verschwörung der Gleichen“
März–April	*Germinal.* Siegreiche Schlachten Bonapartes in Italien: Montenotte, Millesimo, Mondovi . . .
10. Mai	*21. Floréal.* Verhaftung Babeufs und seiner Freunde
9. September	*23. Fructidor.* Fehlgeschlagener Aufstand des Lagers von Grenelle
16. Oktober	*25. Vendémiaire* (Jahr V). Proklamierung der Cispadanischen Republik

1797
(ab 22. September: Jahr VI der Revolution)

14. Januar	*25. Nivôse.* Sieg bei Rivoli
15. Januar	*26. Nivôse.* Beginn des theophilanthropischen Kultes
19. Februar	*1. Ventôse.* Vertrag von Tolentino mit dem Papst
März	*Germinal.* Wahlen zum *Corps légilatif*

18. April	*29. Germinal.* Präliminarfrieden von Leoben
20. April	*1. Floréal.* Französische Offensive im Rheinland
27. Mai	*8. Prairial.* Nach dem Prozeß in Vendôme Hinrichtung Babeufs und seiner Freunde
4. September	*18. Fructidor.* Antiroyalistischer Staatsstreich
30. September	*9. Vendémiaire* (Jahr VI). Bankrott von zwei Dritteln der Staatsschuld
17. Oktober	*26. Vendémiaire.* Friedensschluß von Campo Formio

1798
(ab 22. September: Jahr VII der Revolution)

15. Februar	*27. Pluviôse.* Errichtung der Römischen Republik
April–Mai	*Germinal–Floréal.* Wahlen und anschließend massive Annulierung linker Abgeordnetenmandate
Juli	*Messidor-Thermidor.* Landung Bonapartes in Ägypten. Sieg bei den Pyramiden
5. September	*19. Fructidor.* Gesetz über den Dekadi und die Feste

1799
(ab 22. September: Jahr VIII der Revolution)

März	*Ventôse.* Einnahme Jaffas und Belagerung Akkas in Syrien
März–April	*Germinal.* Französische Niederlagen in Deutschland (Stockach) und Italien
März–April	*Germinal.* Wahlen zum *Corps Législatif*
16.–18. Juni	*28.–30. Prairial.* Die Kammern übernehmen wieder die Kontrolle über das Direktorium: Linkswende der Regierung
19. Juni	*1. Messidor.* Gründung des *Club Jacobin du Manège*
Juli–August	*Thermidor.* In Ägypten Sieg bei Aboukir. Rückschläge in Italien (an der Trebbia)
15. August	*28. Thermidor.* Bonaparte verläßt Ägypten
25.–27. September	*3.–5. Vendémiaire* (Jahr VIII). Französischer Sieg bei Zürich über die Österreicher und Russen
9. Oktober	*17. Vendémiaire.* Bonaparte landet in Fréjus
9. November	*18. Brumaire.* Staatsstreich gegen das Direktorium und die Kammern

Register

(Zusammengestellt von Peter Schöttler)